JN328769

言語人類学から見た
英語教育

綾部保志 編　綾部保志・小山 亘・榎本剛士 著

ひつじ書房

目　次

序章　英語教育と教育現場の限界性と可能性　　1

第1章　社会文化コミュニケーション、文法、英語教育
　　　　：現代言語人類学と記号論の射程　　9
　1．コミュニケーションとコンテクスト　　9
　2．コミュニケーション・モデル
　　　：テクストとコンテクストの理論化　　12
　　（1）サイバネティクス・意味論的なコミュニケーション・モデル　　12
　　（2）ヤコブソン・プラハ学派のコミュニケーション・モデル　　14
　　（3）詩的機能とテクストの生成　　16
　　（4）メタ言語的機能　　19
　　（5）コンテクスト、記号論、言語人類学　　21
　　（6）出来事モデル　　28
　3．言語人類学的な普遍文法の4つの構成要素
　　　：象徴性と指標性の体系　　42
　　（1）言語人類学の歴史　　42
　　（2）文法構造（Ⅰ）：名詞句の階層　　44
　　（3）相互行為の階層　　47
　　（4）オリゴを中心としたコミュニケーションの宇宙　　54
　　（5）名詞句階層、再訪　　55
　　（6）文法範疇（Ⅱ）：述語句・節の階層　　58
　　（7）文法構造（Ⅲ）：言及指示継続の階層　　65
　　（8）文法構造（Ⅳ）：節結合の階層　　68
　4．言語人類学と言語教育　　73

第 2 章　戦後日本のマクロ社会的英語教育文化
　　　　：学習指導要領と社会構造を中心に　　　　　　　　　87

　1. 序論　　　　　　　　　　　　　　　　　　　　　　　87
　　　(1) 英語教育を取り巻く世相と諸問題　　　　　　　　87
　　　(2)「私的英語教育論」の課題と研究目的　　　　　　 93
　　　(3) 既成の英語教育研究の方法論を越えて　　　　　　94
　　　(4) 戦後から現代までの時代区分　　　　　　　　　　95
　2. 復興期（1945 〜 1954 年）　　　　　　　　　　　　　 96
　　　(1) 自由民主主義と保守政策の相克：50 年代前半までの教育政策　97
　　　(2) 1947 年の学習指導要領：戦前の復活と戦後の啓蒙　99
　　　(3) 1951 年の学習指導要領：教養主義と国家主義の連動性　101
　　　(4) 終戦後の「英語会話」をめぐる夢と憧れの表出　　 103
　3. 成長期（1955 〜 1972 年）　　　　　　　　　　　　　105
　　　(1) 逆コースを辿る戦後民主主義：50 年代後半の教育政策　106
　　　(2) 1956 年の高等学校学習指導要領：読解重視と会話軽視　107
　　　(3) 1958 年の中学指導要領と 1960 年の高校指導要領
　　　　：「英語会話」は教育水準が低い！？　　　　　　　 109
　　　(4) 経済合理主義と教育投資論の増大：60 年代の教育政策　111
　　　(5) 1969 年の中学指導要領と 1970 年の高校指導要領
　　　　：世界像の変貌と反システム運動に揺らぐ指導要領　 114
　　　(6) メディア・イヴェントの「生きた英語」　　　　　 117
　4. 移行期（1973 〜 1989 年）　　　　　　　　　　　　　120
　　　(1) 教育構想のパラダイム転換：70 年代の教育政策　　120
　　　(2) 1977 年の中学指導要領と 1978 年の高校指導要領
　　　　：ポスト・モダニズムとコミュニケーション　　　　123
　　　(3) 脱近代と新自由主義の出現：80 年代の教育政策　　125
　　　(4) 1989 年の学習指導要領：コミュニケーション教育への趨勢　128
　　　(5) ポスト・フォーディズムの大量生産型英会話の誕生　131
　5. 社会構造転換期（1990 年以降）　　　　　　　　　　　136
　　　(1) 強い個人と弱い集団の格差社会到来：90 年代以降の教育政策　137

(2) 1998 年の学習指導要領：「地球語」としての英語　　　　140

　　(3) グローバル・メリトクラシー化で幼児から親までをも虜にする
　　　　「使える英語」　　　　　　　　　　　　　　　　　　　143

6. 分析：言語教育観と社会文化コンテクストの関係性　　　　　148

7. 結論：より開かれた英語教育の可能性を求めて　　　　　　　159

第3章　英語教科書登場人物とは誰か？
：「教育」と「コミュニケーション」のイデオロギー的交点
　　　　　　　　　　　　　　　　　　　　　　　　　　　　　195

1. はじめに　　　　　　　　　　　　　　　　　　　　　　　195

2. 戦後英語教科書の題材の変遷と題材批判
　　：その概観と新たな視点の必要性　　　　　　　　　　　　197

　　(1) 戦後英語教科書題材論と題材批判　　　　　　　　　　197

　　(2) 本章における問題意識の所在　　　　　　　　　　　　201

　　(3) 研究方法　　　　　　　　　　　　　　　　　　　　202

3. 英語教科書登場人物は何を語り、何をしているのか
　　：「コミュニケーション」のための教科書を分析する　　　205

　　(1) 登場人物の出身国　　　　　　　　　　　　　　　　205

　　(2) 登場人物によって語られているトピック　　　　　　206

　　(3) コミュニケーションの展開のパタン　　　　　　　　206

　　(4) トピックに関する登場人物の認識　　　　　　　　　212

　　(5) 登場人物はどのような「人間」か？　　　　　　　　223

4. 英語教科書登場人物
　　：「教育」と「コミュニケーション」の交点に浮かび上がるもの　224

　　(1) 現代日本の教育改革の動向：新自由主義と国家主義の融合　224

　　(2) 目指される具体的人間像＝英語教科書登場人物という図式　227

　　(3) 中学英語教科書の「コミュニケーション」が描き出す世界　230

5. おわりに　　　　　　　　　　　　　　　　　　　　　　　233

終章　英語教育研究の向こうに見えてくるもの　　243

あとがき　　257
索引　　261

序章　英語教育と教育現場の限界性と可能性

　現代日本社会に於ける教育の諸相を観ると、「再生」やら「改革」が盛んに叫ばれ、学校などの日常生活世界を取り巻く状況が、急激な変化の様相を呈している。こうした背景には、高度情報消費社会での、グローバル規模の多極的な政治・社会・文化変容があり、国民国家システム下で奔走する諸勢力や諸集団、諸個人に直接的、あるいは間接的に影響を及ぼしている(グローバル・ネットワーク社会)。そして英語教育に関わる世界でも、いわゆる「英語ブーム」と呼称される現象が際限なく拡大し(世に溢れかえる商業的な英語学習関連の出版物や英会話スクールなど)、様々な情報、サービス、論議などが錯綜して、少なからず戸惑いや混乱が生じている。学生やその保護者、更には学校関係者、教育研究者、民間企業人、公務員、政治家達などといった多くの人々が、否応無くその渦中に巻き込まれ影響を受けていると言えるだろう。

　このような複雑な社会情勢に対して、〈英語〉を集中的に扱ってきた学問分野の諸研究は、膨大な研究蓄積を有するが(例えば、英語科教育法、英語教授法、英語学、第2言語習得、英学史、英語史、英米文学など)、この想像以上に大規模で急激な社会変化に十分に追いついていないように感じられる。それは、偉大な先人、先学の業績を軽視しているのではなく、むしろ、現代の時代的・空間的拡がりと変化の速度に、一範囲内の学問領域だけで対処することが、難しくなってきていると思われるからである。総体的に見て、上述した伝統的な英語学系・英語教育学系・英米文学系の研究領域では、〈英語〉を中心的、特権的に扱うことで、一定の成果をあげてきたと言える。しかし、〈英語〉を取り巻く世界的状況を重視して、社会的、文化的、地理的、歴史的な観点から**「複雑系」**として多角的、相対的に位置づけていこうとする姿勢がやや欠如していると指摘できるかもしれない。

そうだとするならば、変化の激しいこれからの時代に求められる研究スタイルの在り方としては、〈英語〉の形式、構造、意味などのコード化された内的特徴と、その教育効果を個別的に描き出すだけではなく、実際の場で行われる社会行為としての言語使用、と言語教育、つまり言語によって何が為されているか、といった側面と、言語と人間を取り巻く環境（コンテクスト）との相互作用の過程を総合的な現象（出来事）として位置付けて、研究対象に十分に含み込むことが必要となるのではないだろうか。

　たしかに近年の英語教育研究は、「認知科学」などを取り入れて新しい分野を開拓し、言語教育研究の地平線を拓いてはいるけれども、残念ながら、未だ言語学、社会学、人類学、記号論など、20世紀現代思想の基底を為す学問領域に踏み込むまでには至っていない。殊更言語学においては、**意味論的な伝統**に属する「コーパス言語学」などは辞書編纂、実用書、語学番組でも頻繁に利用され、商業的に広く世間に知れ渡っているが、言語使用の具体的な状況と、コンテクストの多様性を捉えることを目指す、斬新で鋭敏な才知を備えた「談話分析」、「社会言語学」、「言語人類学」、「マクロ語用論」などの、**社会文化科学**全般からのアプローチは、依然として希薄であると言わざるをえない。その理由としては、これらが包摂する射程の広範さ、分析水準の精確さ、難渋さ、高度さもさることながら、一番の要因は、英語教育研究が長年討究してきた規範性（ネイティヴ志向性）からなかなか研究範囲を広げられず、現代の世界情勢に柔軟に適応できるよう言語・文化の多様性、相対性の知見を取り込もうにも、（近代標準語イデオロギーに縛られ）尻込みしてしまう状況にあると見受けられるからである。

　英語教育研究が、言語の意味内容の理解と近代言語イデオロギーの呪縛に囚われやすく、方法論的に「限界性」が見え隠れしてきているのと同様に、英語教育実践、特に、教育現場にも、ある種の「制約」が存在すると感じられる。一般的に言って、教育を施す学校組織は、個人の人権を尊重しつつ、教育制度、教育法規、教育課程、校則などを媒介して、児童・生徒の日常生活行為を統御しながら、規範性や社会性を内面化し、国家秩序の安定と再生産・選別機能を果たしていることが認められる。

　具体的には、規律訓練的な集団主義、合理主義、管理主義などが各学校で作用し、「教育指導」という名の下で、教化と人格形成、学力向上を推進し

ている。もちろん、個々の教員や組織によって程度の差はあるので、決して一括りには論じられないが、学校現場では、各々異なる人間同士が共同集団生活を送りながらも、こうした見得ざる統治性、権力作用、教育言説などがある程度働いていると考えられる。そうだとすれば、「教育」を視るためには、児童・生徒の実情や実態に目を向けつつ、「教育行為（教育コミュニケーション）」が実際に行なわれる**ミクロ社会的な状況**、それに加えて、上述したような、文化的状況や社会的情勢、時代性や歴史性といった**社会歴史性**にも目を向け、「教育」を「全体性」の中に位置付けて、再帰的、批判的に捉えていくことが必要なのではないだろうか。

　実際に私たちが「教育」について考えるとき、メディアなどが報道する「教育問題（事件）」がきっかけとなることが多い。例を挙げると、単位未履修や特待生制度などの「学校制度問題」、相次ぐ不祥事や信用失墜行為などの「教師個人の問題」、精神的疾患や過労死などの「教師の労働環境問題」、パワハラや日の丸・君が代などの「教師間の問題」、体罰や学級崩壊などの「教師・対・生徒の問題」、親の理不尽な訴訟に備える教師の保険加入や、給食費・授業料滞納などの「学校・対・保護者の問題」、いじめや不登校などの「生徒同士の問題」などがある。

　これら幾多の「教育問題」に対して、教育関係の「有識者」や「専門家」と呼ばれる人達が集まり、新たな「教育政策」や「教育理念」を打ち立てようとしている。こうした組織・集団が、教育問題に一縷の光明を齎すことを期待したいが、議論の報告や結論を見る限りでは、結局は現代の典型的な教育観に帰着するばかりで、既述したような、教育環境、教育空間（ミクロ社会とマクロ社会）をすべて包摂するような、根源的で実践的な理論や方策を構築することは難しいように見受けられる。その主要な要因のひとつは、「教育」を視るときの、上述した「全体論的な視点」が欠けがちだと思われるからである。

　そのような無数の問題系が犇めく中でも、現場の教師たちは、使命感から理想と情熱を持って問題解決と自己研鑽に励むことが求められているが、その意に反して、指導力向上の外部研修の類が提供するものは、「明日の授業で使える」小手先のノウハウ教示が主流であり、目先の利益に目を奪われてしまいがちである。教師に求められる資質や能力は、常識や礼儀作法、豊か

な人間性や社会性、幅広い教養と高い専門知識、学校内に関わる諸般の問題に迅速に対応できる適応的行動能力、クラブ活動で必要な運動能力や芸術感性、その他、生徒指導力、学級経営力、学習指導力などがある。これらに加えて、様々な物事の本質を的確に見極め、行く末を見通す先見的眼識、自らの学校文化を相対化し得る巨視的なメタ認知能力、ミクロ・マクロ次元の思考回路を結合させて得られる批判的理性力など、「部分知」ではない「全体知」を、一教師が獲得することは非常に困難なのが実状である。

　以上、教育に直接携わる経験から、敢えて再帰的な自己批判力を持って教育界、英語教育界を見ると、学校現場、英語教育研究の双方に、多少なりとも「限界性」があると解釈できる。その点を十分認識した上で、それでも〈英語教育〉の全体的な構図を捉えて発展させようとするならば、直観的な経験に頼りがちな学校の現場主義、教師の主情主義や経験論、ロマン主義のみに陥らず、より学術的、理論的性格が強い学問体系、特に実験研究、統計調査、現地調査(フィールドワーク)、文献調査などに宿る科学主義的、実証主義的、抽象概念的な世界観も同時に視角に据えて、これらを対峙させるのではなく「統合」しようとする、広範な見方が不可欠となるだろう。換言すれば、両者(現場と研究)の間には埋め難き深い溝があり、何等かの瑕瑾があることを認めつつも、「教育」を経験的に内から見るか、科学的に外から見るか、という「連続性」があることを再認識し、多面的な視野で両者の融合を図っていく必要があるのではないだろうか。

　その上で本書が目指すのは、「言語教育」といった限られた領域からのアプローチではあるが、ミクロ的な実際の教室空間から、マクロ的な社会文化史や、概念・象徴世界といった超自然界までをも包括的に分析できる、**科学的で普遍的な理論**を呈示して、「教育」に対して何等かの有益な示唆を与えることである。特に、先述したアカデミズムと現場主義、学術的研究と日常的実践との疎隔を統合しようとする何がしかのきっかけになることを期待している。更に、この理論的枠組みを用いることで、英語教育の研究と実践を、今まで以上に発展させていくことに少しでも貢献できたらと思う。

　本書の執筆者たちはいずれも、日々教育の現場に身を置き、そこから**現実的、実際的な経験**を得ながら、言語教育の開かれた可能性を追求し、コミュニケーションが行われる場から切り離すことができない社会、文化、歴史な

どをすべて包含するような**科学的でありながらも、実践的な学問体系**を追い求めている。そして最終的には、そこで学び獲得できる知見を、教育現場に**応用、還元する**ことを目指している。一見、遠回りに見えるかもしれないが、こうした全体的な認識方法と問題設定の仕方は、既成の枠組みに縛られない、新しい議論と自由な発想を生み、縦割り型の独立的研究から、諸学と実践の融合と連携を図る、横断的な相互関連型の研究スタイルを樹立でき、新時代の英語教育、言語教育領域に確かな地歩を築けるものと確信する。

　ここで以下に、本書の執筆者と各章の概要を簡単に紹介する。第1章の論文担当の小山亘氏（立教大学異文化コミュニケーション学部・研究科准教授）は、シカゴ大学博士課程に10年間以上在籍し、北米言語人類学界の第一人者マイケル・シルヴァスティン教授の指導の下、博士論文を執筆、現在は、critical socio-historic pragmatics の理論化、分析を行っている。基本的には、パースの記号論、ヤコブソンの言語論、サピアの社会論、英米言語学・語用論などを批判的に統合し、様々な人間科学によって取り扱われる諸領域を、できるだけ総括的にカヴァーする「全体的かつ批判的人間学」を確立することを目指している。そして、そのような全体的な学（でさえも）が近現代科学として持つ史的・社会的限界を露呈させることを示すという方向で研究活動をしている。本論文では、社会記号論系の言語人類学から見た、コンテクスト概念の歴史と分析、それによるコミュニケーション・モデルの特徴を紹介し、英語教育にとって必須でありながらも、漠然としか捉えられていない「文法」、「社会言語空間」、「コンテクスト」、「コミュニケーション」などの概念を、すべて包括的に統合できる理論的枠組みを導入しようと試みている。

　第2章の担当は筆者（綾部）だが、本論文は、戦後日本の社会文化コンテクストと英語教育の諸々の事象との連続性と断絶を探り、各時代の社会思潮を明らかにすることを目指す。フランス社会学者のピエール・ブルデューらが提起した方法論に立脚し、戦後日本の史的変遷を辿りながら、教育答申、指導要領などの「英語教育」と、海外旅行、私費留学、英会話ブーム、幼児英語、通訳研究、英語検定試験、受験英語、帰国子女研究、サブカルチャー、メディア論などの広範な「英語文化」現象を、社会構造の変質と連結させた社会分析を行う。そこから英語教育と社会構造との歴史的有機的関係を描

き出し、今までの英語教育の総体的な位置付けと問い直しをする。従来はあまり行われてこなかった、立体的な英語教育文化研究とでも呼ぶべき方向性の提示を試みた。

　第3章では、近代以降の英語教育史全般の研究と、実際の教室授業などのミクロ的実践行為の調査を行い、それらを接合することを博士論文の研究テーマとしている、榎本剛士氏による、「批判的談話分析」(CDA：Critical Discourse Analysis) を用いた中学校英語教科書の分析事例研究である。これまでの日本の英語教科書分析の大半は、題材に登場する国家の頻度や、使用される語彙分析に関するものが主流だったが、氏はこの議論を一歩進めて、登場人物の発話行為レヴェルの言表を「批判的談話分析」の理論を使って考察することで、現代の教育イデオロギーが、如何様に登場人物の言説(コミュニケーション行為)に具体的に投影されているのかを明らかにする。外部世界からは見えにくい教育空間を、教科書という媒体、すなわち、日常の教育活動(授業)で全国一律的に使用する教材を、実証的に分析することで、ミクロ世界に潜む既存の枠組みや部分構造を分かりやすく浮かび上がらせてくれる。

　第1章は、独創的でダイナミックな論考である。自然科学と社会科学、壮大なマクロコズムとミクロコズム、法則的科学と個別的科学を横断しながら接合できる包括的な理論を呈示する。そのため、専門的用語も多々現れ、些か難しいかもしれないが、そのスケールの大きさには瞠目すべきものがあろう。第2章は、戦後日本という1つの文化的枠組みに限定して論を進めたものであり、読者が身近に感じられるような万般の事柄が、時系列に沿って並べて分析されているので、経験的に内容は掴み易いかもしれない。これにより、現代日本の英語教育の系譜を、ある程度体系的且つ総合的に捉えられるのではないか。第3章では、教科書という有触れた素材を媒介して、国家的な教育観や規範意識、時代的な心性観や世界観が、題材と登場人物のコミュニケーション行為に、どのように戦略的に埋め込まれてディスコースが形成されているのか、という意外な側面を鮮明にしたという点に於いて画期的である。

　これまで3つの論文の概要を簡単に述べてきたが、最後に、本書の全体的構成について補足追加しておく。それぞれの論文は独自色が強く、異なる

アプローチで対象に迫っている。そのため、一見、本全体としてのまとまりが弱いと感じられるかもしれないが、この点を補うために最後に「終章」を設けた。各論文の総合的な結論と、論文同士の繋がり、今後の展望について説明を加える。その内容について、ここで細密に取り上げることはできないが、端的に言えば、第1章が本書の全体を貫く理論的基盤となっている。第2章と第3章は、その理論の準拠枠を、具体的且つ出来るだけ詳しく明らかにする。その対象および範囲は、第2章が主にマクロ的なコンテクストであり、第3章がミクロ的なコンテクストという構成になっている。

　よって、各論文の並びは、順を追っていくと、記述されるコンテクストが、よりミクロ的(つまり現実的・具体的)になっていくように配列してある。初めから順に読み進めていただくと、その意図に気づかれるだろう。本書は始めに、遥か上空の(自然や宇宙を含む)超自然的次元から広範な世界像を広く見渡し、徐々に降下しながら自文化のマクロ社会的な外輪を把捉し、最終的には、日常生活的なミクロ世界地上へと接近し、そこで知覚し得る自己の認識・体験を再帰的に理解することを照準と定める。こうして、超越論的世界と経験的実世界とが直結し、漠然として断片的だった知識と経験の欠片が、ちょうど1本の太い糸で結ばれた時にこそ、本書の意図した狙いである、分離的事物・現象の結合が達成され、排他的に自己閉塞していた思考観念、行為行動の限界性を超克することが可能となるのである。

　このように、本書を貫徹する志向性は、この混沌とした21世紀の初頭に、近現代の蛸壺化した学問領域が生み出す弊害や限界を充分把握した上で、英語教育研究に対して、言語、思想、社会、文化、歴史、環境、コミュニケーションなど、個人を取り巻く広範囲の意識空間、言説空間、現象空間を接合する、折衷的・横断的・包括的な研究方法を具体的に示すことにある。それにより、私たちが無自覚のうちに前提としている原理が明らかになり、言い換えると、現代言語教育の潮流に纏わる全体的なコンテクスト(現実態)がより鮮明に浮かび上がり、真に本質的で実践的な教育活動、研究活動、人間活動の確立に資する方向性を見出すことができるだろう。こうした正攻法の統合的アプローチが、各方面で今後益々発展していく契機となり、未来への進むべき道標を考える際に、本書が少しでも役立てれば、幸甚である。

　末筆になるが本書の刊行にあたり、優れたご高著を多数参考にさせていただいた。他にも、多くの方々との出会いを通して、多大な恩恵を授かり、長

い年月を経て本書が誕生した。これら全ての方々に、心から感謝の意を表させて頂きたい。

綾部保志

第 1 章　社会文化コミュニケーション、文法、英語教育：
現代言語人類学と記号論の射程

小山亘・綾部保志

　本章は、英語教育で自明視されている「コミュニケーション」、「社会言語空間」、「文法」という個別的概念を再考し、それら全てを繋ぎ合わせられる、経験的な妥当性をもった普遍的な社会文化・言語コミュニケーション理論を呈示する。この理論の射程範囲は、世界の言語、人間の相互行為全般、「今・ここ」の場から社会文化的な象徴世界にまで及ぶものである。その基盤となるのが、「言語人類学」と「記号論」という2つの学問領域であるが、これらの領域は、一般読者にとって馴染みの薄い分野かもしれない。そのため、これら2つの学問の特徴と形成過程を簡単に記述し、理論的な根拠となる考え方や背景を比較的、丁寧に解説する。そうしたプロセスを通して、つまり、言語やコミュニケーションを批判的に再吟味することで、表層的になりがちな英語教育論の地平を抜け出て、この領域の再編成を図り、今後の研究実践に関する新たな視座を提供したい。

1.　コミュニケーションとコンテクスト

　異文化間交流や企業広告のキャッチ・フレーズは言うに及ばず、現代の英語教育においても、「コミュニケーション」の重要性が言われるようになってから久しい。「コミュニケーション」という用語は、「円滑な人間関係の構築」などといった文脈で、組織内や国家間の交渉など、殆どありとあらゆる場面で使われているようである。もはや「コミュニケーション」という概念は、社会的正当性を獲得しており、その重要性は疑う余地のないもので

あるかのようにさえ見える。だが、「コミュニケーション」という言葉は、「マナー」や「スキル」、「心（の在り方）」や「人間性」、「人間関係」などと結び付けられ、漠然と理解されているに過ぎず、その内実を根源的に問うことは余りなされているとは言い難い。「コミュニケーション」という言葉だけが、時代の雰囲気に迎合した、半ば空虚なスローガン、バズ・ワード（buzz word）として流布している感がある。

　例えば、英語教育では、1970年代中葉から主流となってきた指導法である、「コミュニカティヴ・アプローチ」（CLT）においてさえ、得てしてインフォメーション・ギャップやタスク活動などに焦点が置かれ（cf. Ellis, 2003）、「言語」や「コミュニケーション」を、情報伝達の媒体（言及指示の手段）としてのみ捉えたり、あるいは、「コミュニケーション」を謳う学校の授業実践でも、社会文化的アイデンティティや権力の問題を捨象して、「ディスカッション」や「スピーチ」、「ディベート」、「ロールプレイ」など、基本的には明治以来変わらない旧套の枠組に固執し、狭い意味での相互行為（インタラクション）のみを強調する傾向が見られる。また、国家の教育施策も、これも幕末・明治以来の実学主義に立脚し、「コミュニケーション」という用語を、「文法」や「訳読」を排除するための、現代英語教育の革新的スローガンとして、つまり、新自由主義的なイデオロギー装置の一部として、使用するような向きが、今もって主流を成していると言えるのではないだろうか。

　本章では、このような「陳腐」とも取れる理解を超えて、「コミュニケーションとは一体何か」という根本的な問いを立て、コミュニケーションの持つ多様な機能（詩、感情、行為遂行、権力関係、アイデンティティの表示など）に焦点を当て、その中で「言語」、「英語」、「英語教育」を再考しようと試みる。言語、行為、認識、感情、社会的アイデンティティなどは全て、コミュニケーションの場（＝コンテクスト[1]）で共起しており、そしてこれらは、コミュニケーションの場に参加する者たちが織り成す〈世界〉――つまり、（教育機関を含む）社会――を構成している。換言すれば、コミュニケーション参加者たちが示す感情、アイデンティティの表示、相手に向かう姿勢や態度、接触する媒体（メディア）、そしてメッセージがとる形態、文化的な差異、これら全てが、実際のコンテクストで使用される、言語などの「記号」（非言語を含む）によって示され、作られているのである（cf. Wertsch,

1985; Wortham, 2006)。このような、現代社会科学(とくに、言語人類学[2])に見られるコミュニケーション理論の視点から「言語」について再考する時、「文法」や情報伝達(意味の伝達)を中心とした言語教育に代わって、コードやメッセージ、接触媒体や感情表現、行為や出来事、社会や文化などが融合し、相互関与しながら一体となって現れるコンテクストという包括的な「場」の中で起こる、諸々のコミュニケーション機能を中心にした言語教育の可能性が示唆されうる (cf. Candlin & Mercer, 2001; Cazden, 2001; Collins, 1996; Collins & Blot, 2003; McKay & Hornberger, 1996; Norton, 2000; Norton & Toohey, 2004)。

したがって、コミュニケーションを再考する本論文では、始めに、様々なコミュニケーション機能を捨象することなく全体として把握するための、確固とした理論的枠組みと成りうる「記号論」に基づいて、幾つかの主要なコミュニケーション・モデルを概観する。周知のように、近代記号論の系譜は、17世紀イングランドの思想家ジョン・ロック(1632–1704)に始まり、その後、カント(1724–1804)の批判哲学へと継承され、やがて、アメリカ・プラグマティズムの科学哲学者パース(1839–1914)によって体系化されたものである。以降、パースの記号論は、20世紀半ばに、言語学者のローマン・ヤコブソン(1896–1982)によって言語研究へと援用され、その後、デル・ハイムズ(1927–)やマイケル・シルヴァスティン(1945–)などといった多くの言語人類学者によって、社会文化研究へと、その射程を広げていった。本章でも、この系譜に従い、とくにシルヴァスティン(シカゴ大学人類学部、言語学部、心理学部)の言語人類学、記号論系の言語人類学のコミュニケーション理論 (cf. Koyama, 2005a, b, c; 小山, 2008a) に則って、文法、社会、文化を研究する現代言語人類学のコミュニケーション理論を解説し、この理論において、どのように、文法、語用、社会文化を包含するものとして、コミュニケーションが理論化されているか、その概要を示す。そうした上で、最後に、この社会記号論的なコミュニケーション理論と「英語教育」との接点の幾つかを素描し、どのようにして、英語教育を、一般コミュニケーション理論へと接合できるか、その道筋を示したい。

このように、本論文の目的は、現代記号論に依拠することで、「コミュニケーション」や「コンテクスト」など、現代英語教育で重視されつつも、その実、抽象的・感覚的にしか捉えられていない概念を、理論的、具体的、か

つ包括的に描き出してゆくことにある。それを通して、コミュニケーションの多機能性、そして実際のコンテクストにおける多様な記号（言語、および非言語の諸々の記号）の相互作用などに焦点を当て、実際の、現実の社会で観察されるコミュニケーションの有り様を正しく把握できるような「コミュニケーション理論」の枠組を示したい。そして、そのようなコミュニケーション理論に則った場合、英語教育で「コミュニケーション」は、どのように理解されるべきであるのか、コミュニケーションに焦点を据えた英語教育は、どのような姿をとるべきであるのか、以上について、概略、その含意を示唆する。

2. コミュニケーション・モデル：テクストとコンテクストの理論化

(1) サイバネティクス・意味論的なコミュニケーション・モデル

　前節の導入部では、本論文の構成と研究目的について、その大概を述べたが、本節では、「コミュニケーション」という概念が、言語学や（ミクロ社会学や人類学などの）社会科学、およびその周辺で、どのように理論化されてきたかを体系立てて追っていく。以下、まず、議論を全体的に把握しやすくするため、上述の諸分野で、これまで提示されてきた諸々のコミュニケーション理論を図式化したものを、3つ、挙げる。図1は、「意味」、すなわち情報内容を中核としたコミュニケーション観で、言語学やサイバネティクス（情報理論）などで、よく見られるものである。他方、図2は、「機能」を中心としたコミュニケーション観で、機能主義言語学や文学理論の一部、ミクロ社会学などで主に観察されるものである。最後に、図3は、「出来事」を中心として見たコミュニケーション観で、現象学系の心理学（アフォーダンス理論など）やミクロ社会学（エスノメソドロジーなど）、言語人類学などに主に見られるものである。一般の人々が持つ「コミュニケーション」観は、図1のサイバネティクス・意味論的なコミュニケーション・モデルに最も近く、これが一番分かりやすいと思われるので、このモデルから順に見ていく。

　図1を見れば一目瞭然であろうが、このモデルに見られるコミュニケーション観を一応、説明しておく[3]。まず、コミュニケーションが成立するに

情報・機械論的な記号論（シャノン・モデル）

```
          ┌─────────────────┐
          │  解釈コード（文法） │
          └─────────────────┘
                  │
          接触回路（メディア）
          ┌─────────────────┐
送り手     │    メッセージ     │    受け手
(話し手、─→│ （信号、テクスト、─→│ （聞き手、
書き手)    │    記号）        │    読み手）
          └─────────────────┘
                  │
                  ↓
          （言及対象・指示対象）
```

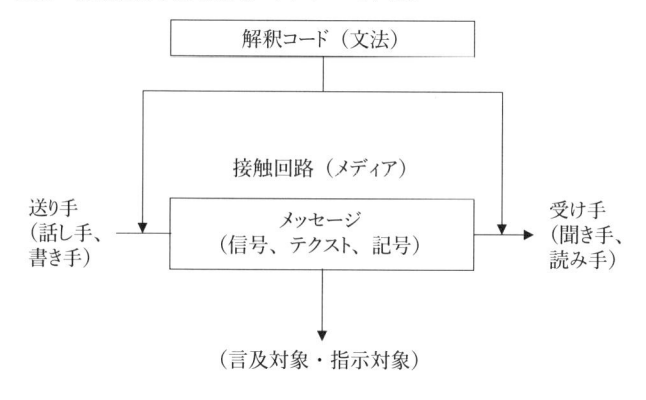

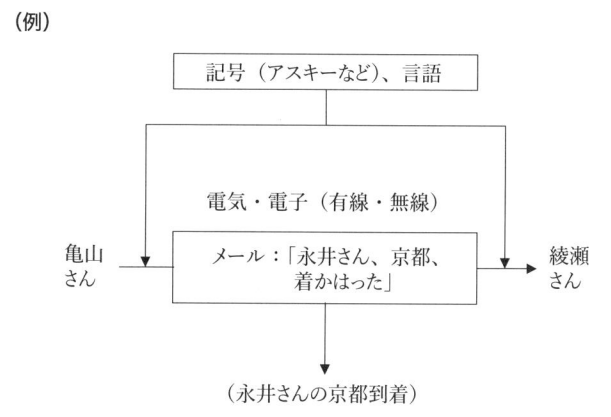

（例）

```
          ┌─────────────────┐
          │ 記号（アスキーなど）、言語 │
          └─────────────────┘
                  │
          電気・電子（有線・無線）
          ┌─────────────────┐
亀山       │ メール：「永井さん、京都、│    綾瀬
さん   ─→ │    着かはった」    │ ─→ さん
          └─────────────────┘
                  │
                  ↓
          （永井さんの京都到着）
```

図1　サイバネティクスの意味論的なコミュニケーション・モデル（導管メタファー（conduit metaphor）に基づくモデル）

は、(1) 送り手がいて、(2) 受け手がいなければならない。送り手は、もう既に完成している (3) メッセージ（信号、テクスト、記号）を受け手に送ろうとする。そのためには、送り手と受け手との間に何らかの (4) 接触回路（メディア）がないといけない。（さもなくば、メッセージは、送れない。）また、メッセージが送り手と受け手との間で共有され、両者によって同じように理解されるためには、メッセージを解釈する (5) コード（文法）が、送り手と受け手とによって共有されていなければならない。そして、最後に、メッセージによって言及される事物、つまり (6) 言及対象（指示対象）が、コミュニケーションの6番目の要素として仮定されているのだが、厳密に言

えば、言及対象、言及行為など、コンテクストに存在する、あるいはコンテクストで生起する事象は、この、形式主義的なコード中心のモデルの埒外にある。

　後述する他のコミュニケーション・モデルと比較した場合、以上のようなサイバネティクス系のモデルに特有の特徴は何かと言うと、(1)メッセージを解読するために不可欠な解釈**コード**（文法）に焦点が置かれているということ、したがって、コンテクストが重視されていないということと、(2)テクスト（メッセージ）が、コミュニケーションを通して作られるものではなく、コミュニケーションに先立って存在する「所与のもの」と仮定されている（たとえば、話し手の頭の中で既に出来あがっているものと考えられている）ことである。この情報伝達モデルを考案したのは、ともに数学者である、シャノン（Claude E. Shannon, 1916–2001; デジタル回路設計の創始者）とウィーバー（Warren Weaver, 1894–1978）であるという事実が示唆するように、このモデルの性格は、極めて工学的なものであると言えよう。事実、このモデルは、情報理論、符号（記号）理論の古典的モデルとなり、その後、人工知能、サイバネティクス、情報学、システム工学などの展開に大きく寄与した。このモデルは、現代の通信技術の基礎理論となっていると言っても過言ではない。明らかに、数学言語（論理言語）やコンピュータ言語など、人工言語のモデルとしては、大いに活用できるが、他方で、実際の人間同士の言語使用を説明するには、あまりにも単純化が過ぎて、現実世界のコミュニケーション行為のモデルには適さず、また、その理解に役立つようなものでもなかったと総括できる。

(2) ヤコブソン・プラハ学派のコミュニケーション・モデル

　さて、次の図2に移るが、これはロシアの生んだ文学者・言語学者、ヤコブソン（Roman Jakobson, 1896–1982）の、プラハ構造主義コミュニケーション・モデルである。先ほどの、機械論的なコミュニケーション・モデル（図1）と比較すると、(1)コミュニケーションに関わる諸要素が示す**様々な「機能」**の側面が重視されていること、そして、(2)コードではなく、メッセージに焦点が当たっており、**コミュニケーションを通して、メッセージが構成されていく、つまり「テクスト」となっていく**という考えが、このモデルを特徴づけるものとなっている。

構造主義・機能論的な記号論（ヤコブソン）

```
                    解釈コード（メタ言語的機能＝言語やコミュ
                    ニケーションについてのコミュニケーション）
                                │
                    接触回路
                    （交話的機能＝送り手と受け
                    手の接触を確立・保持）
                                │
   送り手                                        受け手
   （表出的機能         メッセージ                （動態的機能
   ＝送り手自身の  →  （詩的機能＝テクストの構造化） →  ＝相手への働
   心情・信条・                                   きかけ）
   様態の表出）                │
                                ↓
                    言及対象
                    （言及指示機能＝対象の言及）
```

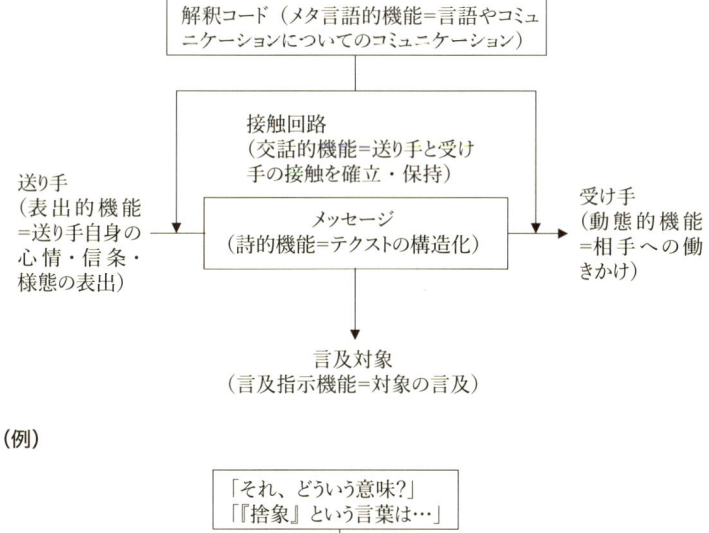

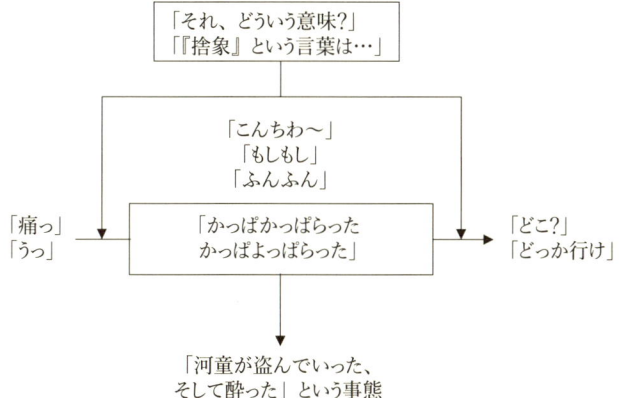

（例）

```
              「それ、どういう意味?」
              「『捨象』という言葉は…」
                      │
              「こんちわ〜」
              「もしもし」
              「ふんふん」
                      │
  「痛っ」       「かっぱかっぱらった        「どこ?」
  「うっ」   →   かっぱよっぱらった」    →  「どっか行け」
                      │
                      ↓
              「河童が盗んでいった、
              そして酔った」という事態
```

図2 ヤコブソン・プラハ構造主義のコミュニケーション・モデル（6機能モデル、機能主義のモデル）

　まず(1)について簡単に説明すると、ヤコブソンのモデルでは、コミュニケーションに関与する6つの要素が明示的に同定され、これらの要素のそれぞれに焦点を当てる6個の機能が、コミュニケーションの6機能として提示されている[4]。それらの機能を順に挙げれば、①メッセージ（テクスト）が、それを取り巻く**コンテクストにある事物**を指していく（たとえば、言及していく）という「言及指示的機能」(referential function)、②**送り手**自身の心情や信条、様態が表出される「表出的機能」(emotive function)、③たとえば、

叱責や依頼、命令などの発話行為に典型的に見られるような、**受け手**に対して働き掛ける「**動能的機能**」(conative function)、④言葉の意味の (言語による) 説明、コミュニケーションの意図の (コミュニケーションによる) 説明など、**言語についての言語**、**コミュニケーションについてのコミュニケーション**に顕著に見られる「メタ言語的機能」(metalingual function)、⑤送り手と受け手との接触を確立、保持、あるいは遮断するなど、**接触回路**に関わる「**交話的機能**」(phatic function)、⑥メッセージを構造化 (テクスト化) するなど、**メッセージ**自体に関わり、メッセージを、それを取り巻くコンテクストから際立たせる働きをする「**詩的機能**」(poetic function)、以上、6つが、ヤコブソンによって同定された、コミュニケーションの主要6機能である。（詳細は、Jakobson (1990), 池上 (2002) を参照されたい。）これを「6機能モデル」と呼ぶが、重要なことは、ある特定のコミュニケーションにおいて、たった1つの機能しか作用していないのではなく、6つの機能全てが、少なくともある程度は作用しているという点、そして、その一方で、全ての機能が同等に作用しているのでもなく、たとえば古典的な詩 (韻文) のようなジャンルでは、詩的機能が顕著 (ドミナント)、他方で、命令や質問のような行為においては動能的機能が顕著、などといったふうに、ジャンルや行為・出来事の種類により、異なった機能が卓立性 (顕著さ) を帯びる、という点である。コードを中心に、情報伝達機能を主に扱い、これをもって「コミュニケーション」とするシャノンのモデル (上記参照) と比較した場合、ヤコブソンのモデルの持つ多角性、包括性は歴然としている。

(3) 詩的機能とテクストの生成

　図2が示すように、このモデルの中心にはメッセージが置かれており、また、上記(2)でも指摘したように、このモデルの特徴の1つは、「メッセージ」が所与のものではなく、コミュニケーションによって「テクスト」として構成されるという洞察にある。そして、とくに、このテクスト生成のメカニズムを解明した点に、このモデルの重要性がある。これに関して、とくに「詩的機能」と「メタ言語的機能」を取り上げ、やや詳細に解説してみよう。

　まず第1に、コミュニケーションにおいて、メッセージは、周りを取り囲むコンテクストから区別されることでテクスト[5]へと構成される。（区別されない場合、メッセージはコンテクストに、いわば埋没し、始まりと終わり

など、はっきりとした輪郭を持つ「かたち」（形象、フィギュール、テクスト）を成さない。）換言すれば、コンテクストは、テクスト（図、フィギュア）の背景（Ground、background）になるわけだが、ここで問題となるのは、テクストをコンテクストから区別して、テクストを浮き上がらせるものは何かということである。

その「何か」、つまり、テクストを創り出すものとしてヤコブソンが見いだしたのが、「詩的機能」（poetic function）である。上でも明記したように、「詩的機能」とは、メッセージ自体を焦点化するもの、メッセージ自体を志向する機能、たとえば、人々の関心をコンテクストにある事物などにではなく、メッセージ自体に向けさせ、テクストを生成させるコミュニケーション機能である。このことを、詩（**韻文**）と、他方、**散文**的な喋り（特に日常会話）を対比させながら示してみよう。まず詩、とくに古典的な詩には、始まりと終わりが普通、明確にあるが、対照的に、普段我々が毎日行っているコミュニケーションは、どこから始まって、どこで終わるのかが、非常に不確定的である。たとえば友人同士の雑話を思い浮かべてみれば自明であると思うが、一般的に会話は、セリフ、沈黙、話題の展開、時間的長さ、これらを正確に決定・推定することが難しく、その構造は極めて流動的、換言すれば、構造化の度合い（つまり、テクスト性）が低い。要は、散文的な喋りは、テクストがコンテクストに、かなりな程度、埋没しており、会話（コミュニケーション）参加者たちの関心も、普通、メッセージ自体、つまりメッセージの形態自体にではなく、言われている内容（何が言われているか）、そしてとくに、言われていることが指し示す現実世界ないし仮想世界の事物（たとえば、昨日、何が起こったか、今、何が起こっているか、など）という、コミュニケーションの**コンテクスト**で起こった（あるいは、起こっている、起こるだろう）物事に向かっている。（つまり、言及指示機能（上記参照）がドミナントである。）

対照的に、（古典的な）詩では、たとえば韻を踏むなど、韻律的な反復構造[6]、加えて、意味的な反復構造などにより、強い構造化が見られ（つまり、内的構造がはっきりとしており）、したがって、どこから詩が始まるのか、どこでこの詩が終わるのか、そして、どのような単位からこの詩はできているのか、など、テクストとしての自律性（つまり、テクストの、コンテクストからの自律性）が顕著に見られる[7]。このようにして、古典的な詩、つま

り韻文の場合、コミュニケーション参加者たちの関心は、何が言われているのか、とくに、メッセージが指し示す現実世界（コンテクスト）にある事物などにではなく、むしろ、メッセージ自体へと、換言すれば、「何が言われているのか」というよりも、「どのように言われているのか」、つまり、言葉がどのように構成されているのか（テクスト化しているのか）へと、向けられがちである。（こうして、日常会話に比べて、詩は、完結した「作品」として理解される傾向が強くなる。）反復などに顕著に見られる詩的機能により、メッセージ（言葉）は、コンテクストから浮かび上がり、テクストとなるのである。（そして、コンテクストから分離され、1個の「作品」となったテクストは、異なったコンテクストに挿入、すなわち、引用（quote, cite）されることを許す。たとえば、詩の朗読会（recital）や、あるいは詩集その他の「文芸作品」に見られるように。）

　詩（韻文）が、上のような特徴、すなわち、始まり、終わり、内的構造がはっきりしていることなどの特徴を持っていることを指摘し、それに関する一般コミュニケーション論的な理論化を行ったのは、上述したように、ヤコブソンであったのだが、その後、この洞察は、ヤコブソンに学んだ言語人類学者たち（ポール・フリードリック、シルヴァスティンなど）によって、社会文化的な行為の領域へと、もたらされることになる。つまり、韻文という言語的なジャンルが示す特徴と、同じような特徴が、行為論のレヴェルでは、儀礼に見出されるということ、言い換えれば、詩などの韻文と、日常会話などの散文との間に見られるのと同じような関係が、行為のレヴェルでは、儀礼と日常行為との間に見られるということが、ヤコブソンの弟子であったシルヴァスティンなどの言語人類学者によって発見された。概括すると、文化社会的な行為の次元で、言語における詩にあたるのが、人類学や比較社会学で言う「儀礼」であり、儀礼とは、いわば、「行為の詩」と呼べるものだということである。上述したように、詩の特徴は、「韻を踏む」ことなどに見られる反復構造、それに基づく重層的構造化、比較的強固な構造化（テクスト化）であるのだが、これらの特徴は、儀礼にも顕著に見られ、たとえば、卒業式、修了式、開会式など、始まり、終わり、内部構造などが明確で、少し詳細に見れば、数々の反復的行為（たとえば、礼、起立・着席などの繰り返し）が行われていることは明らかだろう。加えて、儀礼では、**行為自体の形態**（形式）に焦点が当てられがちであることも、上述した、韻文におけるメッセー

ジの焦点化と同一である。

(4) メタ言語的機能

　以上、メッセージおよび行為に関わる（つまり、韻文や儀礼に顕著に見られる）「詩的機能」について、極めて大まかに概観した。次に、「メタ言語的機能」について、これも簡単に論述する。「言語」には、言語学者のソシュール (Ferdinand de Saussure, 1857–1913) が「ラング」(langue) と呼んだ、形式コード化された「意味」の側面と、他方、ソシュールが「パロール」(parole) と呼んだ、実際の言語使用（コミュニケーション過程、つまり「語用」）の側面、これら両面があるのだから、「メタ言語的機能」も、大別すると、(1)「メタ意味論的機能」(metasemantic function) と (2)「メタ語用論的機能」(metapragmatic function) に分かれる。

　(1) の「メタ意味論的機能」とは、単純化して簡単に言えば、「単語などの言葉の意味についてのコミュニケーション」である。1つ例を挙げると、ある言語表現に対する「辞書の定義」に当たるようなものにメタ意味論的機能が顕著に見られると考えて差し支えない。言語は、世界（コンテクスト）に存在する（あるいは存在しうる）何かの事物を指し示す（指標する）ためにも使用できるが（つまり、言及指示機能（上記参照）もあるのだが）、言葉について、つまり「意味のコード」（語彙・文法の体系）としての言語自体について語ることもできる。その場合、たとえば、「「樫」とは常緑樹の一種です。」、「"oak" とは、「樫」や「楢」のことです。」などと、ある言葉を別の言葉（あるいは一連の言葉）で置き換えて説明するわけであるが、このようにコード（語彙・文法）に焦点を当てる機能が、「メタ意味論的機能」である。

　他方、(2)「メタ語用論的機能」とは、「コミュニケーション（＝言語使用など）についてのコミュニケーション」である。たとえば、文化人類学者の Bateson (1987) が、「メタ・コミュニケーション」と呼び、言語人類学者・社会言語学者の Gumperz (1982a) が「コンテクスト化の合図」(contextualization cue) と呼んだものが、この「メタ語用論的機能」の顕著な例となる。以下、これらの概念について、簡略、説明する。まず注目して頂きたいのは、発話参加者たちが、相互理解行為の過程で、ほとんど常にコンテクストの枠組の意味（フレーム）を認識・解釈しながら会話を進めていっているという事実である。たとえば、この書物を読んでいる読者は、「これはアカデミックな

論文である」といった解釈に基づき、ここに書かれていることを理解なさっているであろうし、テレビ・ドラマを観ている人は、「これは、テレビ・ドラマだ。フィクションだ。」などといった理解（解釈の枠組）に基づき、そこで言われていること・為されていることを解釈しているだろう。もちろん、真剣な、まじめな話だと思って聞いていたのが、後で実はジョークだったことが判明する、というようなことは、まま、あるのだが、このような「どんでん返し」の例は、それが持つインパクト（予想外の展開が起こったことによる効果）によって、いかに、我々発話参加者たちが、普段、フレーム（解釈の枠組）に則って、コミュニケーションで「言われていること」、「為されていること」を解釈しているかを示すものであると言える。

　こうして、我々は、一定の「解釈の枠組」に則って、コミュニケーションに参加しているのだが、この「解釈の枠組」は、どのようにして設定されているのだろうか。明らかに、これもまたコミュニケーションによってである。たとえば、前述のテレビ・ドラマの例では、まさしくテレビという装置、そして、普通、番組の始めに流れる「ドラマ」という標示、あるいはドラマであることを強く示唆するタイトル（番組名）や音楽、出演者（芸能人）など、加えて、普通、番組の最後に位置する「このドラマはフィクションであり、云々」という標示、これらが、その番組で流れる（言語的および画像的）メッセージをどのように解釈するべきかに関する強力なキュー（合図、記号）を出している（つまり、解釈の枠組を設定している）と言えよう。

　日常会話の場合も同様である。たとえば、親しい友達にジョークを言うとき、「これって冗談なんだけどさ」などと、語りの始めで、明示的な「解釈枠組」（フレーム）の標示をすることもあれば、あるいは、より非明示的に、ちょっと口を歪めながらしゃべってみせるとか、微笑みながら語るとか、「このメッセージは、真剣にとるな。ジョークだ。」ということを臭わせるキュー（記号、サイン）が出ているのが通常である。このような、メッセージに対する解釈の枠組を示唆するキューのことを、「コンテクスト化の合図」（cf. Gumperz, 1982a）と言うのであるが、そのようなキューには、とにかく、メッセージや場面の性格を解釈する手がかりとして機能するものであれば何でも含まれ、たとえば、語彙、統語、アクセント、イントネーション、プロソディ（韻律）、表情、ジェスチャー、姿勢など、様々な言語的・非言語的要素が、これに該当する。

このようなキュー、そしてそれによって示される解釈枠組は非常に強力なもので、メッセージの意味を捻ったり、覆したりすることも容易にできる。例えば、話者がニタニタと笑いながら、悪びれた様子もなく、「本当に反省しております。」と言う場面を想像してもらいたい。発話者は字義的には反省をしている、ということになるが、普通、聞き手は言語外的要素（ニタニタ笑いなど）を含むコンテクストと結び付けてテクスト（メッセージ）を把握、解釈、形成し、「不敵で露骨な反抗的イロニー（反語、皮肉）」などといった解釈枠組に則ってメッセージの字義的な意味とは対照的な解釈を下し、おそらく、怒り出すかもしれない。こうして、「コンテクスト化の合図」は、メッセージやコミュニケーションをどう解釈すべきかについてのメタ・メッセージを放つ（つまり、メタ・コミュニケーション機能、メタ語用論的機能を示す）のだが、こうしたメタ語用論的機能が、コミュニケーション行為の理解にとって、そして実際、コミュニケーションにとって不可欠のものであることは明らかである。

(5) コンテクスト、記号論、言語人類学

以上、ヤコブソンの6機能モデルについて簡単に見た。これで、2つのコミュニケーション・モデルを概観してきたことになる。これらについて、ここで再び簡潔に今までの話を要約しておく。先の情報論的なコミュニケーション・モデルでは、所与のテクスト（メッセージ）をコード化し、それを、メディアを媒介させて受け手へと伝達し、受け手は、送り手側と同じコードによって、そのメッセージを読み解く、などといった過程がコミュニケーションであると考えられており、その力点は、コード（文法）に置かれていた。ところが、プラハ構造主義（ヤコブソン）のコミュニケーション・モデルでは、メッセージが中心に置かれ、メッセージがどのようにしてテクストとなるか、どのようにしてコンテクストから浮かび上がるか、など、テクストとコンテクストの双方を絡めて、コミュニケーションが理解されていた。メッセージ（＝記号、テクスト）とコンテクストの両方がモデルの中心に据えられたことで、次に紹介する「出来事モデル」への契機が開かれている。詳しくは以下で述べるが、記号（sign）を、より動的に「記号作用」(signification) として捉え、メッセージの代わりに出来事をモデルの中心に置くことにより、3番目の「出来事モデル」への転換が図れる。ここで、次

のコミュニケーション・モデル（出来事モデル）への橋渡しをするために、前出の「コンテクスト」という用語が、どのように言語研究、言語教育研究、文化科学研究で頻繁に援用されるに至ったのか、その歴史的系譜を補足的に説明しておきたい。

　まずはパース記号論を用いて 20 世紀の言語学界を超領域的に横断した思想家、ローマン・ヤコブソン（既述）について、再び触れなければならないだろう。ヤコブソンは、ロシヤでフッサール現象学、ソシュール言語学、カザン学派の学説をいち早く吸収し、ロシヤ形式主義の革命的文学理論運動（ロシヤ・フォルマリズム[8]）に参与し、次にプラハで言語学サークルの確立に参加、形式主義（ラング、言語のコード研究）と機能主義（パロール、言語の指標的言及機能研究）のヘーゲル的な統合を「構造主義」の旗の下で企てた後、ナチスに追われてアメリカに渡り、ボアス系北米人類学を学び、パースの記号論をハーヴァードの図書館で発見し、その記号論に基づき言語学の再構成を試みた。その研究領域は多岐にわたり、音声学、音韻論、スラヴ言語学と民俗学、文学、詩学、比較韻律学、比較印欧神話学、言語病理学、言語心理学、児童言語学、記号論にまで及び、生涯 600 以上の著書・論文を執筆した。

　この膨大なヤコブソンの研究業績の 1 つに、1957 年の "Shifters and verbal categories" という非常に重要な論文があり（cf. Jakobson, 1971 [1957]）、その中では、「語りの出来事」(speech event) という概念が、理論上、際立った役割を付与されている。言語には名詞や動詞などの品詞、そして、ムード（法―命令や疑問、希求など、発話行為のもつ性格に関わる範疇）やモダリティ（様態―話し手の心的態度・判断に関わる範疇）など色々な文法範疇があるが（本章第 3 節参照）、この論文でヤコブソンは、それら文法範疇を明白に定義するには、スピーチ・イヴェント（語りの出来事）を理論的に考慮する必要があることを示した。別言すれば（「スピーチ・イヴェント」とは、要は、コミュニケーションの出来事、つまり、コンテクストで生起するコミュニケーション出来事のことなのだから）、コンテクストの範疇に言語構造（文法、コード）を基礎づける必要があるということである。バンヴェニスト (1902–76)、クリロビッツ (1895–78)、そしてヤコブソン (1896–1982) 自身も含む、20 世紀ヨーロッパ大陸構造主義言語学の大家たちを大きな例外として、それまでの科学的言語学、特に 19 世紀青年文法学派の歴史言語学、

アメリカのネオ・ブルームフィールド系の構造主義言語学（および、その後裔たるチョムスキー系の生成文法主義）などにおいては、スピーチ・イヴェント（語りの出来事）を無視した文法研究が主流となっていた。（つまり、現実の複雑な言語環境、コンテクストを捨象することで、科学的根拠を得ようとしていた。）このような学術史的文脈を鑑みれば、このヤコブソンの論文の革新性が、文法範疇の定義、言語理解においても、スピーチ・イヴェントは欠かせないという、語りの出来事の重要性を、（20世紀中葉以降の北米という文脈においては）かなり早い段階（1957年）で指摘し、1970年代以降における北米、欧州などでの、コンテクストを抹消した意味論的な言語研究から、コンテクストを重視した実践的、かつ体系的な言語科学研究（語用論、談話分析、ミクロ社会言語学などに見られる、コミュニケーションに焦点を据えた言語研究）への移行を促したことにあることが了解できるだろう。

　このようなヤコブソンの営為の延長線上に、現代の言語人類学のコミュニケーション理論は位置づけられているのだが、そのような研究の嚆矢となったのは、1960年代から70年代にかけて、言語人類学者ハイムズ（Dell Hymes, 1927- ）によって主導された、「ことばの民俗誌」(ethnography of speaking)、「コミュニケーションの民俗誌」(ethnography of communication)である（cf. Bauman & Sherzer, 1974; Hymes, 1974）[9]。ハイムズは、言語の多機能性、文法のコンテクスト依存性（上記参照）を理論化することに成功したヤコブソンと、他方、「状況のコンテクスト」(context of situation)、「文化のコンテクスト」(context of culture) の重要性を早くから説いてきたマリノフスキー系の機能主義人類学（cf. Malinowski, 1989 ［1923］）の融合、つまり、言語（テクスト）と文化（コンテクスト）との統合を目指し、そのための基盤を整える役割を果たしたとも言えよう。とくに、状況や文化のコンテクストの重要性を謳いつつ、それを記述するための理論的枠組、概念を十分に展開することができなかったマリノフスキーの機能主義人類学と比較した場合（cf. Henson, 1974）、ハイムズが、様々な文化社会で行われるフィールド・ワーク（現地調査）で使用可能な、つまり実践的な枠組として、主要なコミュニケーションの要素を網羅的に扱いうる一種のグリッド（メタ語用論的枠組）を提示したことは注目に値する。すなわち、彼は、フィールド・ワーカー（参与観察者）がフィールド（現地）に赴き、そこで行われているコミュニケーション行為を観察し、記述するのに、注意しなくてはならないこ

とを、(混沌としたフィールド・ワークの中でも、頭文字によって簡単に想起できるように)SPEAKING (= **S**etting, **P**articipants, **E**nds, **A**ct sequence, **K**ey, **I**nstrumentalities, **N**orms, **G**enre; 場面、参加者、目的、行為の連鎖、調子、メディア、規範、ジャンル)という用語で具体的に提示した。言い換えれば、実際のフィールド・ワークの経験に基づき、ハイムズは、これらの要素が、様々な文化社会で行われるコミュニケーションにおいて重要な役割を果たしうる範疇であることを悟り、これらの範疇から成る枠組を、コミュニケーションの比較文化論的な基底として提示したわけである。ここにおいて、ヤコブソンによって提唱されたスピーチ・イヴェントの概念は、フィールド・ワークに根ざした経験的な学知である人類学の研究にも使用可能なほどの実践性をもった分析的枠組へと展開していったと言ってよいだろう。この辺りから、「コンテクスト」という概念が、全ての言語研究、社会研究、文化研究の支柱となるという洞察、そして、そのような包括的な概念であるにもかかわらず、「コンテクスト」は厳密に理論化できるということ、つまり、「コンテクスト」という概念を基軸に据えれば、実際にフィールドで観察される事象を、具体的に、かつ分析的精緻さと、理論的な堅固さをもって、扱いうるという確信が、言語・語用に関わる諸学、たとえば、会話分析、談話分析、社会言語学、語用論、言語教育などの領域で、ある程度、共有され、これらの分野における集中的なコンテクスト研究へと繋がっていったものと思われる (cf. Duranti & Goodwin, 1992)。

　以上、言語研究において「コンテクスト」が、どのようなかたちで着目され、この概念が現在、言語研究において占めている重要性を付与されるに至ったのか、その概要を、非常に簡単に見てきたが、次に、それでは、現在の(記号論系)言語人類学の研究において、コンテクストがどのように理解されているかについて、とくに、コミュニケーション出来事(の参加者たちなど)が**前提として指標する**コンテクストと、そのように前提的にコンテクストを指標することなどによって**創り出される**文化社会的「意味」(テクスト、コンテクスト)について、論じたい。すなわち、上述した「コミュニケーションの民俗誌」のハイムズ、そして「談話分析」(discourse analysis)の創始者であるガンパーズ (cf. Gumperz, 1982a, 1982b)、彼らによって示唆された、(1) コンテクストの過程論的理解、つまり、「コンテクスト化」(contextualization)と、それに付随する「テクスト化」((en-) textualization)、これら2局面から

成る過程（プロセス）としてのコミュニケーションという理解、加えて、(2)「状況的コード・スイッチング」(situational code-switching)と「隠喩的（＝創造的）コード・スイッチング」(metaphorical code-switching)[10] とを峻別したガンパーズ、加えて、ハイムズ等の他の言語人類学者によっても示唆された、「適切さ」(appropriateness)と「効果」(effectiveness)という２面を持ったものとしてのコミュニケーション過程の理解、これら２点に焦点を当てて、コンテクストに関する現代言語人類学の理論の大枠を解説する。

　まず、適切さと効果の区分について論述しよう。ある場所（コンテクスト）でコミュニケーションが実際に行われているとき、その特定の社会文化的状況に位置づけて、つまり状況的な適切さを鑑みて、発話行為や振舞い方などが**適切**であるかどうかということが、相互作用の展開において重要な問題となるのは自明であろう。（これは、主に、ミクロ的状況（コンテクスト）、そしてマクロ的なコンテクスト、両者に関わる。）しかし、コミュニケーションの、もう１つの局面として、そのコミュニケーションが実際に為されることによって、次にどのような新しい状況がその場で生起するのか（作り出されていくのか）という**創出的な効果**の側面があり（これは、とくにミクロ社会的コンテクストに関与する）、この両局面がコミュニケーションの分析に不可欠であるということが、言語人類学の研究によって明らかにされてきた。

　上記の論点を、分かりやすく図式化したものが図３である。ここで着眼すべき点は、「主体」ではなく、「行為」と「出来事」が、外界認知を含む社会構成（つまり、コンテクスト（再）形成）の中心に座っていることである。つまり、現代言語人類学が描く世界は、主体などの個人ではなく、行為や出来事を中心に、社会文化が構成されており、そこに、知識などの認知的な事象も包含されている世界なのである。そして、そのような世界の中軸には、コミュニケーション行為・出来事があり、そこを基点に、それを取り囲むコンテクスト（つまり、社会文化コンテクスト）が開かれている。そのようなコンテクストには、（本質的に社会文化的なものである）「知識」や、「成文化」(codification)された既定の言語コード（文法書や辞書に見られる類のもの）、そして、共同体の社会文化的な規範意識なども含まれ、そのような、コミュニケーション出来事によって前提的に指標されるコンテクスト的要因に、そのコミュニケーション出来事で為されていることが、どれだけフィット（合致）するかどうか、という問題に関わるのが、「適切さ」の局面であると理

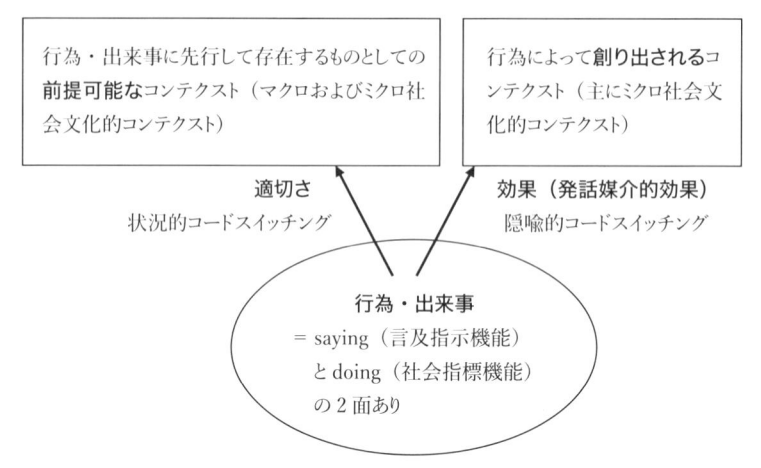

```
┌─────────────────────────────┐     ┌─────────────────────────────┐
│ 行為・出来事に先行して存在す │     │ 行為によって創り出されるコ   │
│ るものとしての前提可能なコン │     │ ンテクスト（主にミクロ社会文 │
│ テクスト（マクロおよびミクロ │     │ 化的コンテクスト）           │
│ 社会文化的コンテクスト）     │     │                              │
└─────────────────────────────┘     └─────────────────────────────┘
              ↑                                   ↑
          適切さ                          効果（発話媒介的効果）
     状況的コードスイッチング            隠喩的コードスイッチング

                    ╱─────────────────────╲
                   │      行為・出来事      │
                   │  = saying（言及指示機能）│
                   │   と doing（社会指標機能）│
                   │    の 2 面あり          │
                    ╲─────────────────────╱
```

図3　コンテクストが持つ2つの機能性：「適切さ」と「効果」の次元

論化できる。そして、コミュニケーション出来事の持つもう1つの局面は、そのような、前提とされる知識、コード、規範性などに適合する、あるいは適合しないことによって、生み出される**効果**の側面である。この両者の側面を併せ持つかたちで、コミュニケーション行為・出来事という、可変的な総合体が形成されている。（紙幅の都合上、詳説はしないが、相互行為（コミュニケーション）を、このように解釈した場合、意味伝達内容の誤解や多義性、コンテクスト解釈の不一致など、これら全てを含意・説明できる点を指摘しておく）。

　コミュニケーションという包括的、かつ複雑で多層的な現象を的確に理解する際、重要となるもう1つの点は、コミュニケーション行為・出来事が、上で既述した「適切さ」（＝前提的指標）と「効果」（＝創出的指標）という次元とは、また別の次元も含んでおり、それは、何かについて「言うこと」（つまり言及指示機能）と、他方、言うことなどによって、何かを「すること」（つまり社会指標機能）、これら2機能から成る次元である、ということである。

　言及指示機能は、言語の構造的、意味論的範疇に関わるものであり、「言われていること」（what is said）が主な関心事であるが、社会指標機能（これは、「相互行為機能」とも呼ばれる）は、オースティンやサールなどの日常言語学派が説いた「発話行為」（speech act）も含み、たとえば、依頼、拒絶、約束、命令、懇請、脅し、引っ掛け、あるいは更に、地域的アイデンティ

ティ、ジェンダー・アイデンティティや権力関係の指示など、言語や非言語を媒介にしてなにがしかの社会的行為が「為されること」(what is done)に焦点を当てる。社会指標機能においては、言語や非言語のコミュニケーションの持つ、社会的な相互行為としての側面が焦点化されるため、諸々の社会的範疇、すなわち、社会階層、階級、民族、ジェンダーなどといった比較的マクロな社会的範疇から、そのコミュニケーションが起こっている場における「話者」や「聞き手」、「傍聴者」などといったコミュニケーション役割のミクロな社会的範疇まで、コミュニケーション出来事参加者たちのアイデンティティや権力関係に関わる、多種多様な社会文化的範疇が関与することになる。

　約言すれば、（言語を含む）コミュニケーションと呼ばれる相互行為には、情報伝達（命題伝達）的な側面だけではなく、行為遂行的な、真に社会文化的と呼びうるような側面（＝社会指標機能）が、常に存在している。したがって、命題の伝達、言われた内容の伝達、意味内容の伝達だけを、コミュニケーションと考えるのは誤認である。コミュニケーションは、その根底において、社会文化的な相互行為であることを銘記されたい。

　そのような相互行為であるコミュニケーションは、当然、社会的な諸因によって拘束を受けている。（いつでもどこでも、どのようにでもしゃべることが許されているわけではなく、たとえば、儀礼などでは一定のしゃべり方をすることが義務付けられているという周知の事実を参照されたい。）そのような社会的拘束が存在する限り、コミュニケーションについて考察するとき、我々は、社会階層、文化規範、文化的制度などの社会的事象も考慮しなければならない。その際に重要になるのが、「言語変種」（社会方言、地域方言）と呼ばれる現象である。

　言語変種(linguistic variety)とは、社会言語学、言語人類学などで使われる専門用語で、ある社会的状況（コンテクスト）の中で、そのコミュニケーション出来事に参加する者たちが所属する集団、職業、ジェンダー、場面などに応じて異なる（あるいは、変化する）語彙・統語・発音・言語使用（"fashions of speaking"）などの特徴によって差異化される（つまり、差異的に指標される）社会文化的な範疇のことを指す(cf. Labov, 1972a, b)。この言語変種に着目することで、どのような集団や構成員がコミュニケーションに参与しているのかを特定すること、より一般的には、言語使用・コミュニケーションの

背景にある、社会体系、社会指標性、文化的価値、マクロ的コンテクストを読み取ることが可能に（あるいは容易に）なる。

　さて、ここまで、現代の科学的な言語研究（つまり、社会言語学や言語人類学における言語・社会文化研究）において礎石となっている「コンテクスト」という概念について、プラハ構造主義的なコミュニケーション・モデルから始め、歴史軸に沿って論じ、この概念の持つ意義を確認してきた。今までの話の延長線上で、改めて特記しておくべき点は、言語や文法、そしてそれらを含むコミュニケーションを、社会文化的なコンテクストの中で起こる出来事を中心に捉えるという包括的なコミュニケーション理論が、(1) ソシュール以降の近代言語学、とくにチョムスキー系の形式コード（ラング）のみを研究対象とした形式主義言語学からではなく、(2) 綿密な社会調査を行った、ラボヴ (William Labov, 1927–) に代表される社会言語学や、自然環境、言語、歴史、文化の四領域を統合的に扱った、ボアス系の言語人類学（第3節参照）など、社会科学、文化科学の文脈から提示されてきたことであろう。言語とは、構造的特徴や形式構造のみに収斂するようなものではなく、社会文化的なコミュニケーションの一環を成すものなのであり、そのようなものとして、つまり、社会文化的なコンテクストとの関係において、言語や文法は、理論化されるべきものである。

(6) 出来事モデル

　以上を明記したうえで、3つ目のコミュニケーション・モデルである「出来事モデル」へと話を進めたい。このモデルは、今まで論述してきたことを、総合して纏め上げたような性質のものである。これまでの議論を簡単に要約すると、まず、言語やコミュニケーションには2つの側面があった。前提的指標（「適切さ」に対応）と創出的指標（「効果」に対応）である。加えて、これと交叉する別の次元として、「言うこと (saying; 言及指示行為)」と「すること (doing; 非言及指示的遂行; 社会指標行為)」の区別があった（上記参照）。更に別の側面としては、ヤコブソンの詩的機能の箇所で述べた「テクスト化」と、ガンパーズによって着目された「コンテクスト化」という事象、これら両者からなる次元もある。（この次元は、テクストとコンテクストとの関係、とくに、テクストがどのように作られていくのか、そして、コンテクストがどのように創り出され指標されるか、以上に関するものである。）

以上、3つの次元を中軸として、第3のコミュニケーション・モデルは構成されていると言ってよい。

このモデルにおいて、コンテクストがどのように理解されているかを把握する鍵となるものの1つは、コミュニケーションがそのなかで起こるコンテクストをどのように捉えるかという点である。普通、まず一定のコンテクストが存在し、そこでコミュニケーション（出来事）が起こり、その結果、コンテクストが何らかの変容を蒙る、といったふうな因果論的（古典物理学的、ニュートン＝ラプラス的）構図に従って、コンテクストは理解されがちである。ところが、記号論的な発想、つまり現代言語人類学の発想では、これとは違った構図、すなわち、コンテクストの中で起こるコミュニケーション出来事の中心であるオリゴ (deictic center) を基点として、（コンテクストを含む）コミュニケーションの全体を考えるという構図が明瞭に打ち出されている。（オリゴとは、そのコミュニケーションにとっての「今・ここ」、つまり、コミュニケーションが行われている場所・時点のことである。詳細は、Hanks (1990, 1992, 1996)、小山 (2008a, b) などを参照。）このような構図に則った場合、普通、コミュニケーションに先行して既に確固として存在しているとみなされがちなコンテクストは、実は、既に完成・完結している所与のものではなくて、「今・ここ」で起こる行為・出来事によって、前提可能なコンテクストとして指示（指標）されるものであるということ、つまり、「コンテクスト化」(contextualize) されるということが明らかになる。（既に存在しているものの全て（これらは無限に存在する）が、コミュニケーション出来事にとってのコンテクストとなるのではなく、そのなかの一部のみが、コミュニケーション出来事によって選択され、コンテクストとなるという事実に注意されたい。）言い換えれば、「今・この場所」（オリゴの近隣）で行われているコミュニケーション行為・出来事の過程はオリゴ（「今・ここ」）を中心に展開し、オリゴを取り囲む社会的・自然的環境のうち、この過程に巻き込まれたものがコンテクストになるということである。

以上を明記したうえで、このモデルで提示されているコンテクストの過程論的有り様について、さらに説明してゆく。まず、注記すべきは、(1)「今ここ」のコミュニケーション行為・出来事により、**「先行するコンテクスト」が変容していく**ということと、それと同時に、(2)「今ここ」で生起する「生(なま)の」出来事・行為は、コンテクストを前提的に指標し、変容させるこ

とを通して、自らも新しい「テクスト」、つまり社会文化的に〈意味〉を持つ形態（フィギュア）へと変質するということである（これが「テクスト化」である）。より詳しくは、図4を用いながら論述する。

図4は、コンテクスト化、およびテクスト化の一連の経過、その動態的過程を図に表したものである。この図にもあるように、現代言語人類学のコミュニケーション理論では、今・ここで起こっているコミュニケーション行為・出来事を中心に、他の全ての事象が構成されていると考える。そして、行為・出来事自体は、いわば、不定形のマグマ、あるいは突発的な爆発のようなもので、それ自体は社会文化的に定立・認識できる構造（つまり、テクスト性）を持っておらず、単なる生の出来事に過ぎない。

この単なる偶発的な事件（contingent happening）に過ぎないような出来事が、社会的に意味を与えることができる「もの」（つまり、本章で言う「テクスト」）に、どのように変容していくのかという過程について考えてみよう。まず、行為や出来事は、それ自体として、確定的な意味を持つものではないことに注意されたい。たとえば、眼差しを下に向ける行為は、社会文化的なコンテクストを捨象して考えれば、受諾とも、拒絶とも、はにかみ

| 行為・出来事に先行して存在するものとして**前提可能なコンテクスト**（マクロおよびミクロ社会文化的コンテクスト）　**バックグランド** | (1)変容　行為・出来事が、コンテクストを前提的に指標することにより、(1)コンテクストを変容させ、また(2)行為・出来事も、社会文化的に意味を持つ「テクスト」（社会文化的な構築物）へと変容する。**フィギュア** |

（適切さ）
前提的指標
コンテクスト化

(2)変容

（効果）
創出的指標
テクスト化
（形態化、構造化）

行為・出来事

「今ここ」の行為・出来事が中心

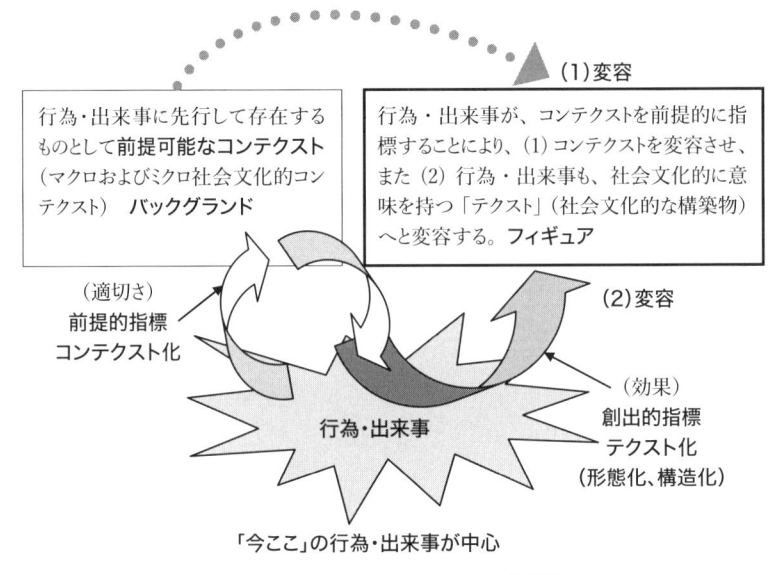

図4　コンテクスト化とテクスト化の連動的プロセス

とも、あるいは抑圧された怒りの表出であるとさえ解釈できるし、更に言えば、その行為自体が、何か意味を持つ(コミュニケーションの)単位(ユニット)であるかどうかさえ判然としない。単なる生(なま)の行為・出来事が、意味を担う単位として認知可能なものとなるためには、それを取り巻く社会文化的なコンテクストを考慮することが必要であることが分かるだろう。換言すれば、生(なま)の行為・出来事は、それを取り巻き包含するコンテクストを指標することにより、何らかの、同定可能な社会文化的意味を持ちうる単位(ユニット、テクスト)と成るのである。繰り返せば、行為・出来事は、その周りにあるコンテクストを指す(指標する)ことによって、意味づけられるテクストに変化する。そして、それと同時に、コンテクストも、偶発的に生起する行為・出来事によって指標されることにより、変容していく。たとえば、既に起こった出来事の幾つかは、後に起こる出来事により指標されることにより、テクスト性(同定・前提可能性)を高め、「確固とした周知の事実」であると見なされるようになる一方で、後に起こる出来事により指標されなかった出来事は、テクスト性(同定・前提可能性)を喪失し、忘れ去られ、灰色の歴史(コンテクスト)の中へと埋没していってしまうかもしれない。また、既に起こった出来事の幾つかは、後に起こる出来事により指標されるとき、異なった解釈を付与されるかもしれない。(事故死であると思われていた出来事が、後に発見された事物によって、実は、自殺であったことが示された場合、その事物の発見という出来事が、先行する出来事(=事故死であると思われていた出来事)の意味を変容させたと言えるだろう。)このようにして、出来事は、先行するコンテクストによって意味を付与されるだけでなく、先行するコンテクストの意味を変容させもするのである。

　以上を確認したうえで、ここで、第3のコミュニケーション・モデルである「出来事モデル」を、サイバネティクスのモデルやプラハ構造主義(ヤコブソン)の6機能モデルなどを解説するときに用いた「話し手」(送り手、行為者)、「受け手」、「媒介作用」(接触回路)、「コンテクスト」などといった要素との関係で、特徴づけてみよう(図5参照)。

　図5にも示唆されているように、このモデルでは、コミュニケーション出来事(=記号化作用)が中心に据えられており、この出来事が、行為者、受け手などを含むミクロ・コンテクスト、そして、社会文化的なマクロ・コンテクストを指標する、というかたちで、コミュニケーションの全体が構想さ

れている。加えて、図5では、作図の都合上、明示されていないが、下で図示するように（図7〜9参照）、真の意味で語用論的な（＝過程論的、弁証法的な）言語人類学のコミュニケーション・モデル（出来事モデル）では、社会文化的なコンテクスト自体も常時変動し、ミクロな次元（「今・ここ」）で起こる行為や出来事と、そこから遠く離れた、マクロな文化社会コンテクストが、コミュニケーション行為を通して一体として結びつき、相互作用しながら、同時に変容するものであると考えられている。そして、ここで言う「マクロ・コンテクスト」とは、社会・歴史的なコンテクストの総体を（潜在的には）含むものであり、したがって、コスモロジー（宇宙観、世界観）、イデオロギー（思想）、概念、そして言語構造（文法コード）などの（記号論で言う）「象徴」（下記参照）、加えて、いわゆる「自然環境」も含み込んでいる。このモデルでは、自然と社会とは二項対立的に考えられておらず、自然は、コミュニケーションを通して社会的に構築（構成、テクスト化）されるもの、コミュニケーションを通して社会的に現れるものであると見なされている。ミクロ・レヴェルで起こるコミュニケーション出来事が、社会的コンテクストの中で起こり、そのようなコミュニケーションを通して社会が構成されていくように、社会がその中で構築されていく自然もまた、コミュニケーションを通して構成されているのである。更に、そのような出来事や社会、自然

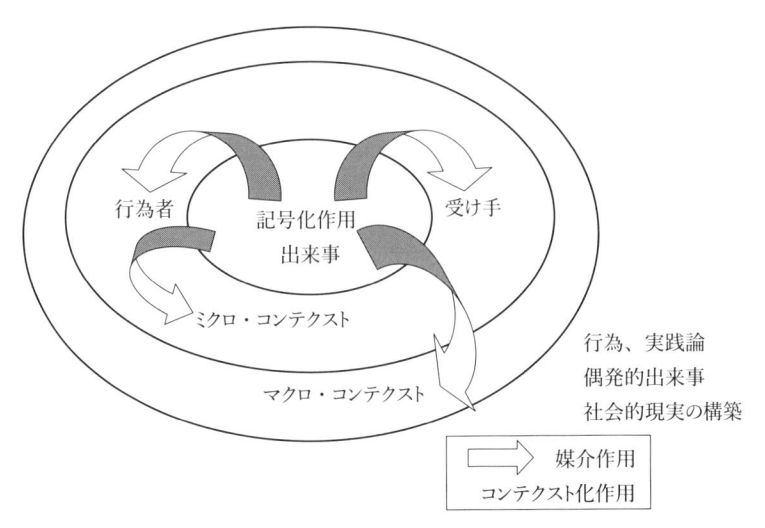

図5　言語人類学の出来事モデル

の彼岸には、超自然的な世界、つまり神話などの神的なもの、あるいは概念や意味の体系（言語構造など）を含む、人間にとっては直接、経験・体験できない（触ったり、臭いを嗅いだり、食べたりできない）**概念（イデア）**の世界（超越界）、すなわち、記号論で言う「象徴」の世界が広がっている。そして、そのような、文法コードなどの象徴の世界もまた、コミュニケーションを通して指標され、構築（創出）されているのである（以上についての詳細は、第3節で後述する「名詞句階層」などを参照）。このようにして、コミュニケーション出来事は、それを包含する社会、自然、概念といったコンテクストを指標し、構成し、変容させてゆき、その過程で、社会環境・自然環境（つまり、コンテクスト）、および概念（範疇）によって意味を付与されてゆく。

　換言すれば、このモデルによれば、遥か遠方にある世界、更には、人間にとって直接、手に触るなど経験・体験可能でない概念（意味）の世界、それらを含む全宇宙（コスモス）は、「今・ここ」のミクロなコンテクストで生起するコミュニケーション行為や出来事を基点として開かれていると言ってよい。当然、このコミュニケーション行為・出来事は、この世に1つしか存在しないものではなく、それぞれの場でそれぞれに固有な出来事が発生し、それぞれの宇宙（コスモス）を形成している。コミュニケーションの数だけ、つまり無限個の、「宇宙」（世界）が存在し、ある時点をとってみても、コミュニケーションを通して、あちこちで膨大な数の宇宙（世界）が同時に展開していると言える。いわば、それぞれの場所に、それぞれの宇宙が展開しているのである。そして、当然、これらの宇宙は相互に閉じたものではなく、相互関連し、働き合っており、したがって、それぞれのコミュニケーション間で、協調や衝突、分裂、結合などが起こりうる。

　つまり、コミュニケーションは、それに関与する人々、環境などを結び付けているだけでなく、他のコミュニケーション、そして後者に関与する人々、環境などとも結びつき、そのようにして、緩いネットワークのようなかたちで、複合体として社会が構成されていると、現代の言語人類学のコミュニケーション・モデルでは考えられている。すなわち、社会文化的なコンテクストの中で生起するコミュニケーション出来事を通して、それらの出来事によって指標されるコンテクスト（社会、環境、概念世界など）が重なり合い、様々なアソシエーション（連動体、運動体）が構築されていくと

見なされている。このような、現代言語人類学に見られる社会観は、独立した個々人が、社会契約によって、言語や法律などの共通のコードを構築し、それに準拠して社会を形成していくというジョン・ロック的な社会観とは異なっており、また、そのような意識的に、人工的・人為的に作られたコードを中心に、諸個人間の情報伝達としてコミュニケーションを捉えるサイバネティクス的なコミュニケーション論（上記参照）とも、言語人類学が提示する、出来事とコンテクストとの相互過程を中核としたコミュニケーション論は異なっている。ロック的な社会観、そしてサイバネティクス的なコミュニケーション論では、人間社会やコミュニケーションというものが、コンテクスト、環境、自然とは対立的に思考され、後者は単なる背景として軽視、ないし排除されているが、現代言語人類学の提示する社会観やコミュニケーション論では、人間社会やコミュニケーションは、あくまでも、特定の社会歴史的なコンテクスト、環境、自然の中で生起し、そして同時に、後者を構築していくものであると、相互関連的に、「弁証法的」（対話的 ; dialectic）に考えられている。

　また、言語人類学の社会観によれば、サイバネティクス・モデルの基底を成すロック的な契約社会観と違い、個人が、社会文化的アイデンティティや権力関係とは独立に存在するとは見なされておらず、不可分に、社会文化的アイデンティティや権力関係と絡み合ったものとして——社会文化的なコンテクストの中で生起するコミュニケーションを通して構築されるものとして——個人や主体というものが構想されていることに注意されたい。（出来事モデルが、情報を伝達する個人ではなく、まさしく出来事を中心に置くコミュニケーションのモデルであることを想起してほしい。）言語人類学によれば、社会とは、様々な宇宙、規範、コード・意味体系、社会関係の複合体であり、この社会という場において、異なった宇宙、宇宙観、規範、意味体系などが鬩ぎ合い、様々なアイデンティティや権力関係を作り出し、変容させていく。（そして、上述したような、地域方言や職業語、女性語・男性語、敬語、標準語などといった「言語変種」や「レジスター」の現象が、このような、様々なアイデンティティや力の鬩ぎあいの場としての社会の有り様を、露骨に示していると言えよう。）

　このようにして、オリゴを中心に展開するコミュニケーションの宇宙では、諸個人の社会文化的アイデンティティ、集団の持つ力、その集団同士の

力関係など、そしてそれを取り巻く環境が、相互に絡み合いながら形成されてゆく。そのような環境（コンテクスト）には、いわゆる自然環境も含まれるが、それに加えて、信念体系のような「抽象的」な（触ったり、嗅いだり、食べたりできないものから成る）世界も、これに含まれる。後者は、言語構造にコード化された意味の体系、そして文化的知識などから成る。（言語人類学では、人間に関わるもの全てを「社会文化的」だと見なすので、文化的知識とは、私達が「科学的知識」と呼ぶものを含む知識全般のことを指す。）つまり、この言語人類学の出来事モデルに依拠すれば、文化的知識、特定の帰属集団とその権力関係、その発話参加者達の発話行為（相互作用）が、それぞれどのように結びつき、影響し合うのか、などという、全体的なコンテクスト、言い換えれば、コミュニケーションに絡む全ての事象を分析対象とし、経験的に研究することが可能となるのである（cf. 小山, 2008a）。

以上のようなものであるコミュニケーションが、どのように、刻々と移り変わる、動的な性格を持っているのか、一連の図をもって素描したい。

まず、図6は、いわば第1段階を示しているもので、この初期的なフェーズでは、コミュニケーション行為・出来事が、特定の社会歴史的コンテクストの中で生起し、そのコンテクスト（出来事の参加者たちも含む）を指標していっている。この段階では、まだ行為や出来事に特別な意味は付与されていないが、既に、出来事は、それを取り巻く状況の一部を、前提可能なコンテクストとして指標することにより（つまり、コンテクスト化することにより）、社会文化的に同定可能な意味の、出来事への付与（テクスト化、出来事の意味の限定化）に向けての過程に入っている。

第2段階を示す図7では、コミュニケーションの（社会文化史的な）効果・意味（つまり、何が言われて、何が為されたのか）が「規定」（限定）されてい

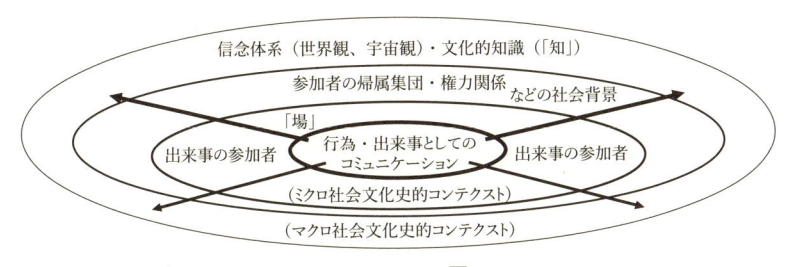

図6

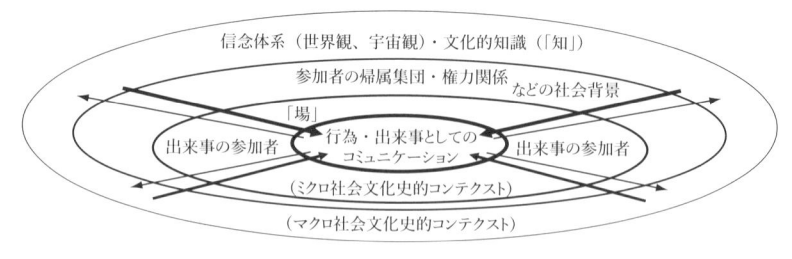

図 7

く過程が示されている。先程の図（＝図6）で、ミクロなコンテクストで生起する行為・出来事から、外側に（つまり、マクロなコンテクストに）向かって放たれた指標の矢は、環境の一部をコンテクスト化し、こうしてコンテクスト化された規範、意味の体系（コード）などの要素は、この図（＝図7）において外側から内側に向かう矢印によって示されているように、今度は、行為・出来事の社会文化的な意味（つまり、この行為・出来事で「何が言われているのか」、そして「何が為されているのか」）を規定するよう働く（いわば、動員される）のである。こうして、行為・出来事はテクスト化されてゆく。

　以上のような過程を通して、「何が言われているのか」に関わる解釈（知識）のテクストと、「何が為されているのか」に関わる相互行為（実践）のテクストが生成するのだが (cf. Koyama, 1997; Silverstein, 1993)、これら、コンテクストによって限定された社会文化史的な意味、効果から成る、解釈と相互行為のテクストは、次に起こるコミュニケーションの「場」（つまり、社会文化史的コンテクスト）の一部となる。すなわち、図8に示されているよ

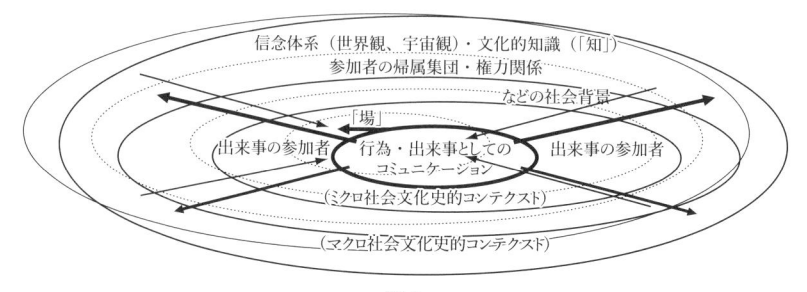

図 8

うに、次に起こるコミュニケーションは、既に行われたコミュニケーションが創り出した相互行為と知識のテクストを、「前提」として（社会文化史的コンテクストの一部として）指し示していく（つまり、テクストをコンテクスト化する）。そして、コミュニケーションが進行するにつれ、コミュニケーションにとっての「今・ここ」（コミュニケーションの起こっているコンテクストの中心に位置するオリゴ）は、当然、それにつれて、刻一刻と動いていき、かつての「今・ここ」は、次の時点では、もはや「今・ここ」ではなく、「かつて・（あ）そこ」に成っていく。現行の「今・ここ」（オリゴ、deictic center）を中心に生起しているコミュニケーションは、先に起こったコミュニケーションによって生成されたテクストを、コンテクストとして前提的に指標し、それにより、そのテクストの意味を更に限定したり、変容させたり、時には全く覆すことさえできる（上記、「どんでん返し」の例などを想起されたい。小山 (2008a: 第2章) も参照）。

　そして、そのような前提的指標を通して、現行のコミュニケーションのテクスト化が行われ、その意味、効果が、規定（限定）されていく。以下、コミュニケーションが起こり続ける限り、同様の過程が反復、継続していくことになる。以上が、出来事を中心としたコミュニケーション理論に見られる歴史的過程の理解の概要となる (cf. Silverstein, 1992; Koyama, 2001)。

　このような、コミュニケーションの有り様は、言語人類学において為されてきた様々な社会文化において起こっている実際のコミュニケーションに関する調査・研究に基づいて一般化されたものであり (cf. Parmentier, 1987, 1994, 1997; Silverstein, 1993)、経験科学的には妥当性を持つものであると言えるが、これが、どれほど、一般に見られるコミュニケーションに関する理

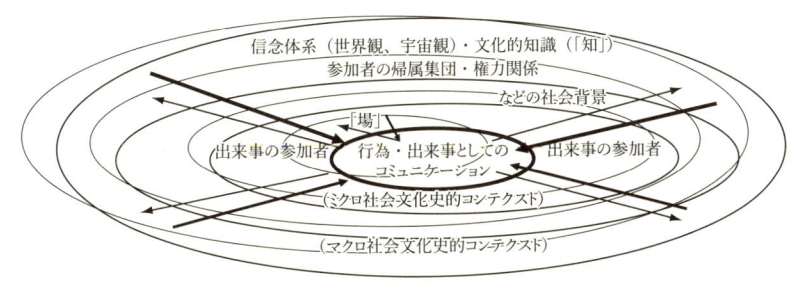

図9

解、つまり、コミュニケーションは、「情報伝達」、「メッセージのやり取り」であり、個人の親和的態度や、対人との友好的関係性に関わるものであるなどといった理解と、かけ離れたものであるか、ここで一考してみるのも有益であろう。もちろん、このような乖離は、一般に見られるコミュニケーション理解が、「間違っている」ことを示しているのではない。そうではなくて、我々の社会が、言語人類学の経験科学的な研究が示すようなコミュニケーションの有り様を、どのように捉えているのか、換言すれば、我々の社会のコミュニケーション理解の特殊性、我々の社会の特殊性を映し出すものとして、このような乖離は理解されねばならない。

つまり、我々の社会は、サイバネティクス的な、情報伝達的なコミュニケーション観が強く、主にロック的な社会観に則って、コミュニケーション、社会、人間、自然というものを理解しているのであるが、そのような社会観、世界観を相対化する契機を与えてくれているものとして、上のような乖離は理解されねばならない。そしてそのような、自己相対化を促進することにこそ、つまり、自分、あるいは自分の社会の持っている世界観を相対化できるような批判的理性を育成することにこそ、教育の主要な意義の１つが見出されるのではないだろうか。教育者としての我々の任務、とくに、英語、その他の言語など、コミュニケーションに主に関わる科目に関与する教育者としての我々の任務は、コミュニケーションというものが、常に社会文化的なコンテクストの中で行われ、そして同時に、社会文化的なコンテクストを作り出しているものであることを、つまり、コミュニケーションを通して社会や文化は作られていっているのだということを、自らもって、そして生徒と共に、認識し、加えて、コミュニケーションだけでなく、コミュニケーション観（我々が、「コミュニケーション」を、どのようなものだと思っているのか）もまた、社会的なものであるという認識、そのような批判的な思考力、メタ認知能力を、育むような社会、教育、文化を構築してゆくこと、そこにこそ、コミュニケーションに関わる科目に関与する教育者としての、我々の使命があるのではないだろうか（本章第４節参照）。

とくに、我々は、コミュニケーションには〈力〉がある、つまり、コミュニケーションには、社会を作り出す力があることを示していかなければならない。上述したように、現代言語人類学の社会科学的なコミュニケーション理解によれば、コミュニケーション行為・出来事には終わりがなく、既に為

されたことは、次に起こる新たなコミュニケーションの前提的背景へと塗り替えられて変容される。(ある出来事の意味は最終的には決定できない。出来事の意味は、歴史的に作られ、作り変えられていく。)後に起こるコミュニケーションによって、以前に起こったコミュニケーションの意味、効果が、大きく覆されるということも有りうる。(コミュニケーションには、そのような、既に起こったこと、つまり歴史を、新たに作り変えてゆく力がある。)例えば、上でも既に示唆したように、真剣な話だと思って聞いていると、最後に、ジョークであったことが分かった、というような、「どんでん返し」の場合がある。これは、「真剣な話」が結果的に、「ジョーク」へと変貌したと言えるだろう。この例が示すのは、端的に言うと、コミュニケーション出来事の系譜、つまり歴史過程は、過去から現在、そして未来へと、いわば「前」から「後」へとだけ動くのではなく、「後」から「前」へと、「今・ここ」から「既に為されたこと、既に言われたこと」へという方向でも働く、双方向的な、対話的な(dialectic)過程であるということである。コミュニケーションというものは、テクスト化とコンテクスト化の不断の連続であり、この運動が相互に相乗りして、「弁証法的」(対話的)に、双方向的に延々と続いていくプロセスである。そのような過程を通して、文化社会が作られていく。あるいは、そのような過程自体が、文化社会なのである。

　以上、現代言語人類学の出来事モデルに見られるコミュニケーションの特

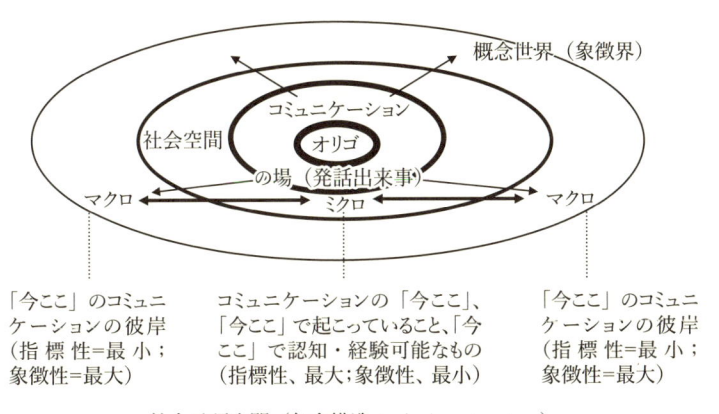

社会言語空間（包含構造 inclusive structure）

図10

性、とくに、その動態的性格（流動性）、社会文化的歴史性、包括性、反転可能性などを、複数の図を用いて見てきたが、今までの議論から得られた知見を、記号論の理論に即して整理したのが図10である。記号論は、現代言語人類学の理論的な根幹を成すものであるが、「類像性」(iconicity)、「指標性」(indexicality)、「象徴性」(symbolicity)、「1回的（個）記号」(sinsign)、「規則性記号」(legisign)など、記号論の用語は、やや特殊なものなので、まず、簡単に記号論の基礎を説明しておく。

　プラグマティズムの創始者チャールズ・パース(Charles Sanders Peirce, 1830–1914)が生み出した記号論によれば、世界は、「類像」、「指標」、「象徴」という3つの記号作用により構成されている。記号作用(signification)とは、何かが何かを指すことを言うが、パースの理論では、「存在する」とは、すなわち、何かによってその存在を示されること、つまり、何かによって指されることである。したがって、「指す」、「指される」という指示過程(signification)によって世界は構成されていることになると、概略、言えるだろう。このような、「指す」、「指される」という指示過程が生まれるとき、指す物と指される物との間に、何らかの関係が成立する。パースによれば、指す物と指される物との間の関係には3種類のものがあり、それが、「類像」(icon)、「指標」(index)、「象徴」(symbol)の3種である。

　まず、類像とは、指す物と指される物との間に類似的関係性があるもので、たとえば、ある似顔絵がある人物を指す、あるいは、口真似・物真似が、ある人物を指す、などといった場合が、これに当たる。次に、「指標」とは、指す物と指される物との間に隣接的関係性があるもので、たとえば、指差しによってある人物を指す、あるいは、黒雲が、雨の到来を指す、などといった場合がこれに当たる。最後に、「象徴」とは、社会（集団）的表象、規約的・慣習的関係性などにより、指示が行われるもので、たとえば、ある身振りが、特定の文化では怒りを指し、別の文化では賞賛を指す、あるいは、ある特定の兆号（たとえば、数字）が、規約や慣習により、ある特定の対象（たとえば、数）を指すなどといった場合がこれに当たる。

　指標と象徴とを比較した場合、指標は、状況依存性（コンテクスト依存性）が極めて高く、他方、象徴は、状況依存性（コンテクスト依存性）が比較的低いことが分かる。たとえば、上述の、「指差しによってある人物を指す」場合、指示が行われている場所（コンテクスト）に、その人物がいなければ、

その人物を指すことは難しくなるが、他方、たとえば赤いバラが、ある特定の集団を指すことが、規定あるいは慣習により決まっていれば、その集団が、指示の行われている場（つまり、コミュニケーションの行われているミクロ・コンテクスト）にいなくとも、その集団を指すことができるだろう。このように、指標は、コンテクスト依存性が極めて高く、コミュニケーションの行われている場、つまり、「今・ここ」のオリゴとの関係において指示が行われるが、他方、象徴は、コンテクスト依存性が比較的低く、象徴による指示は、「今・ここ」のオリゴとの関係性が比較的、不明瞭、間接的なものとなる。

　以上を確認したうえで、再び、図10を見てみよう。上述したように、現代（記号論系）言語人類学のコミュニケーション理論によれば、コミュニケーションの地平は、コミュニケーションの行われている場の中心（オリゴ）を基点として開かれている。このオリゴのある場所、つまり、コミュニケーションの行われている「今・ここ」が、指標性（隣接的関係性）が最も強い場である。（「今・ここ」で起こっていること、「今・ここ」で触れるもの、見られるもの（経験・体験可能なもの）、「今・ここ」の近くにあるものは、当然、「今・ここ」で生起しているコミュニケーション行為・出来事（signification、指示過程）と**隣接**した関係にあることに注意されたい。）逆に、「今・ここ」で触れないもの、5感によって経験できないものは、指標性が弱いものである。とくに、「今・ここ」を中心に開けている行為や出来事の世界、経験・体験可能なものの世界を超えたもの、つまり、経験可能な、触知可能な具体的な形を持たないようなもの、換言すれば、観念（イデア）、文化的概念、意味などの抽象的なものの世界は、指標性が最も弱くなる。観念、文化的概念、そして「意味の体系」である文法コード、これらは、象徴性（規約的・慣習的関係性）が高く、コミュニケーションの「今・ここ」との関係が、比較的不明瞭、不透明なのだが、しかしそれでも、コミュニケーションによって指標され、「今・ここ」のコミュニケーションにおいて為されていること、そして言われていることの意味を規定する働き（機能）を持つ。たとえば、我々が、今、ここにあるバラを見て、「これはバラだ。」と思うとき、そのとき「バラ」という言語的な意味範疇とそれに纏わる文法範疇（名詞、具体、無生、可算など）と、「世界」に関わる百科全書的な概念体系（「バラは植物である。」「バラには棘がある。」など）が用いられているこ

とに注意されたい。このような事実が示唆するように、(形の見えない)意味の世界は、オリゴを中心に広がるコミュニケーションの世界の一部を成しており、行為・出来事が生起する経験可能な世界と一体となって、コミュニケーションの動的な過程の一環を担っているのである。言い換えれば、次節で詳説する名詞句階層が示すように、意味の世界、文法コードの世界も、コミュニケーション行為・出来事の中心に位置するオリゴに「投錨されている」(基底を持つ)。

　本節では、コミュニケーション理論の3つの典型的なモデルを概観し、とくに言語人類学の出来事モデルについて詳説した。その過程で、コミュニケーションというものが、いかに、我々の社会文化の根底を成すものであるかを示唆できたのではないかと思う。とくに言語教育に関して言えば、コミュニケーションの持つ動態的性格(流動性)、社会文化的歴史性、包括性、創造力(テクスト生成力)、そして、コミュニケーションについて思考することによって得られる批判的思考力、社会的思考力、これらを、英語教育などの、コミュニケーションに関連した科目では、今まで以上に重視したカリキュラムや活動を行っていく必要があるだろう。(そして、高等教育の選定基準も、そのようなものに焦点を合わせる必要がある。高等教育の存在意義が、批判的思考力、社会的思考力の育成にあるのだとするならば。)

　以上を踏まえ、次節では、本節で扱った出来事モデルを生み出した言語人類学、およびその母体となったボアス人類学、その性格を簡単に記述したうえで、言語人類学に見られる文法理論を解説する。コミュニケーションに関して、本節で詳説したような出来事モデルを提示した言語人類学が、どのように、このモデルに基づき、文法を理論化し、分析しているか、瞥見してゆく。

3. 言語人類学的な普遍文法の4つの構成要素：象徴性と指標性の体系

(1) 言語人類学の歴史

　前節では、言語人類学に見られるコミュニケーション理論の特徴を論述してきた。本節では、まず簡単に、この言語人類学という学問の歴史、そして特徴を俯瞰したうえで、現代言語人類学に見られる文法理論を解説する。

現代の言語・文化人類学という分野は、19世紀末までの帝国主義と結託していた人種主義や社会進化主義を批判し、個々の文化、そして個々の言語の独立性・自律性（文化相対主義）を謳い、それをフィールド・ワークに基づく経験科学的な調査により実証しようとしたフランツ・ボアス (Franz Boas, 1858–1942) によって創始されたものである。ボアスによって構想された「人間の学」としての人類学は、(1) 考古学、(2) 形質人類学（生物人類学）、(3) 言語人類学、(4) 文化人類学という4分野を下位分野として含み、(2) 人間の生物学的、自然科学的（法則定立科学的）側面を扱う形質人類学、(4) 文化的な意味の領域、文化学的（個性記述科学的）側面を扱う文化人類学、そして、(3) これら両者の橋渡しの役割を担う位置にある言語人類学、加えて、(1) これら3者に通底する歴史の問題を集中的に扱う考古学、といった構成になっていた。

　このうち、文法（ラング）などといった極めて法則的、規則的な現象と、他方、実際の個々の発話行為などの出来事（パロール）といった極めて個的な、ユニークな、コンテクスト化された現象、これら両者を包含する「言語」を主な対象とする言語人類学は、上述したように、法則定立的 (nomothetic) な性格の強い形質人類学と、他方、個性記述的 (idiographic) な性格の強い文化人類学、これら両者を統合し、人間の全体に迫ろうと目論んだボアス人類学の構想において、ちょうど、要石の位置にあったと言ってよい。ボアス以降、言語人類学の研究は、ボアス (1858–1942) の弟子のサピア (1884–1939)、その弟子であったスタンリー・ニューマン (1905–84)、メアリ・ハース (1910–96)、スワデシュ (1909–67)、ベンジャミン・ウォーフ (1897–1941) などへと引き継がれ、その後、ウィリアム・シプリー (1921–)、「談話分析」のジョン・ガンパーズ (1922–)、上述のデル・ハイムズ (1927–)、ウィリアム・ブライト (1928–2006)、マイケル・シルヴァスティン (1945–) などへと展開して現在に至っているのだが、この100年ほどの歴史を通して、言語人類学を一貫して構成してきたテーマは、文法に典型的に見られるような規則の現象と、他方、出来事に典型的に見られるような個別的、コンテクスト化された現象、これら両者を接合するような包括的枠組を模索、構築することであった。

　つまり、文化などの独自性、個別性、特有性を唱える相対主義的な文化人類学と、他方、古典的な自然科学に倣い、規則性、象徴性、規則的体系を求

める普遍主義的な傾向の強い形質人類学の、ちょうど中間に位置する言語人類学は、社会学や人類学、歴史学や文学研究、美学、プラグマティズムなどの、典型的な社会科学や人文学が取り扱う、個別性や独自性が高い（つまり指標性が高い）行為や出来事、個別事例だけを研究対象としてきたのではなく、論理学や分析哲学、自然科学系学問が扱う、規則（法則）、定式やコード、意味（概念）、論理範疇、文法の側面にもしっかりと目を向け、象徴性や一般的な規則性が高い研究も、同時に平行して行ってきた（図11参照）。このようなわけで、言語人類学は、個別的な出来事に中心を据えつつ、他方で、文法コードなどの規則的な意味の体系も射程に入れた包括的なコミュニケーション理論を打ち立てるに至ったわけである。

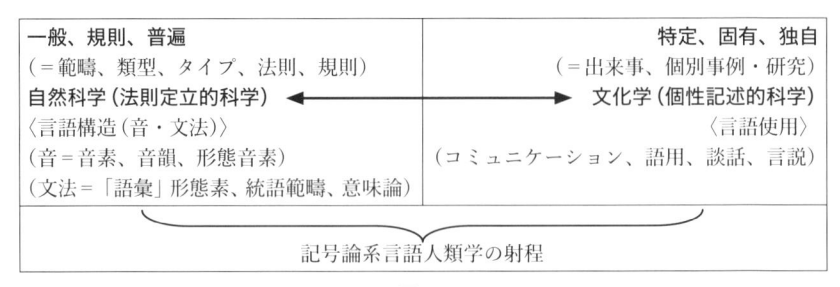

一般、規則、普遍 （＝範疇、類型、タイプ、法則、規則） 自然科学（法則定立的科学）　← 〈言語構造（音・文法）〉 （音＝音素、音韻、形態音素） （文法＝「語彙」形態素、統語範疇、意味論）	特定、固有、独自 （＝出来事、個別事例・研究） →　文化学（個性記述的科学） 〈言語使用〉 （コミュニケーション、語用、談話、言説）
記号論系言語人類学の射程	

図11

(2) 文法構造（Ⅰ）：名詞句の階層

　以下、そのような言語人類学の一般コミュニケーション論において、名詞句範疇などの文法範疇、そして、社会行為の範疇、これらがどのように理解されているのかを概観する。まず、要点だけ最初に述べておくと、前節で説明したコミュニケーションの構図、つまり、「今・ここ」（オリゴ）を中心に、最も指標性の高いものから低いものへ（逆に言うと、最も象徴性の低いものから高いものへ）という原理に則って、名詞句範疇などの文法範疇、そして、社会行為の範疇も、構成されている。

　そのような構成が存在することが最初に発見されたのは、名詞句の領域であり、その後、この名詞句範疇を雛形として、その他の文法範疇や社会行為の範疇にも同様の構成が存在することが詳細に示されるようになっていったという歴史的経緯を鑑み、まず、名詞句範疇について、非常に簡単に説明し

ておく。

　名詞句階層 (Noun-Phrase Hierarchy) は、1960 年代末から 1970 年代の初頭にかけて、印欧諸語、アメリカ先住民諸語、オーストラリア先住民諸語など、広範な言語のデータを基に、言語人類学者のシルヴァスティンによって発見されたもので (cf. Silverstein, 1976)、現在までに知られている全ての言語に関して妥当することが示されている、極めて普遍性の高い文法規則である。図 12 にあるように、名詞句階層は、1 人称代名詞、2 人称代名詞、3 人称代名詞、指示詞、固有名詞、(離散的) 具体名詞、空間名詞、抽象名詞など、様々な名詞句の範疇が、ある一定の秩序、すなわち、最も指標性の高い (コンテクスト依存性の高い) ものから最も指標性の低い (コンテクスト依存性の低い) ものへ、という序列に従い階層化されているものである[11]。

　この階層秩序は、様々な文法現象によって示される。元々、シルヴァスティンによる名詞句階層の発見に繋がったのは格 (case)、とくに、(英語や日本語などに見られる) 対格型言語と (豪州先住民諸語、北米先住民諸語、コーカサス諸語などによく見られる) 能格型言語に関する格標示の問題であったが、これは、話が極めて専門的となるため、ここでは割愛し (詳しくは、Comrie (1989) [1981]、Blake (1994)、Dixon (1979)、角田 (1991)、小山 (2008a, b, 2009)、Koyama (1999, 2000, forthcoming) などを参照されたい)、その他の比較的理解しやすい文法現象で名詞句階層に強く関与するものを幾つか挙げておく。

　たとえば、まず、英語などの欧州諸語の所有格は、この名詞句階層に沿って規則的に構成されていることが知られている。標準英語を例にとれば、1 人称代名詞から 3 人称代名詞までは、固有の所有格形 (my, our, your, her, his, its, their など) を有するが、固有名詞からは、そのような固有の所有格形を持たず、's という形態素が付くことにより、所有格が示される (e.g., Mary's, John's, etc.)。普通名詞も同様であるが、普通名詞でも、人間名詞 (e.g., student's, chairperson's)、その他の有生 (= 動物) 名詞 (e.g., tiger's, dog's) を超えて、無生名詞 (e.g., table's, pen's, apple's) に至ると、所有格が取られる頻度は下がり、やがて抽象名詞 (e.g., beauty's, truth's, false's) になると、普通、所有格は極めて現れにくくなる。このように所有格の標示は、名詞句階層に沿って規則的に展開しているわけである。

　同様の現象は、たとえば、冠詞の標示に関しても見られ、現代英語を例に

46

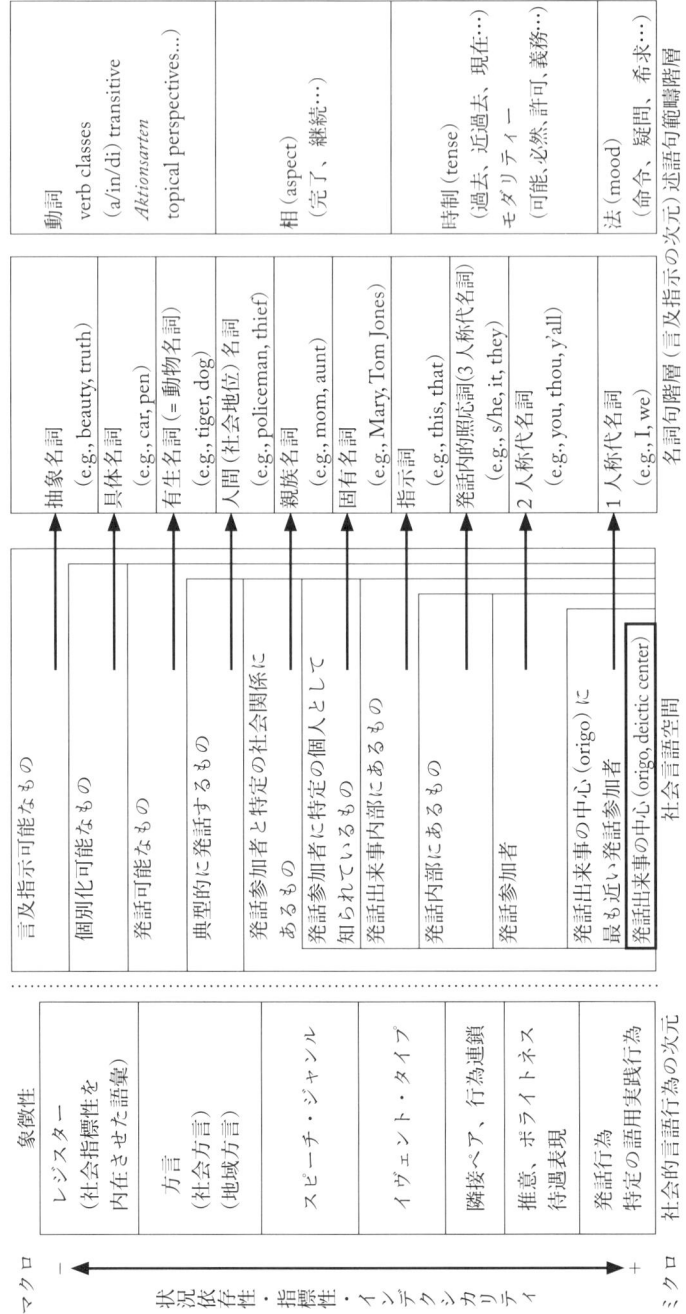

象徴性				
レジスター (社会指標性を 内在させた語彙)		言及指示可能なもの		動詞
		個別化可能なもの	抽象名詞 (e.g., beauty, truth)	verb classes (a/in/di) transitive Aktionsarten topical perspectives...
方言 (社会方言) (地域方言)		発話可能なもの	具体名詞 (e.g., car, pen)	
		典型的に発話するもの	有生名詞 (= 動物名詞) (e.g., tiger, dog)	相 (aspect) (完了、継続…)
スピーチ・ジャンル		発話参加者と特定の社会関係に あるもの	人間 (社会地位) 名詞 (e.g., policeman, thief)	
		発話参加者に特定の個人として 知られているもの	親族名詞 (e.g., mom, aunt)	
イヴェント・タイプ		発話出来事内部にあるもの	固有名詞 (e.g., Mary, Tom Jones)	時制 (tense) (過去、近過去、現在…) モダリティー (可能、必然、許可、義務…)
隣接ペア、行為連鎖			指示詞 (e.g., this, that)	
推意、ポライトネス 待遇表現		発話内照応詞 (3人称代名詞) (e.g., s/he, it, they)		
		発話参加者	2人称代名詞 (e.g., you, thou, y'all)	法 (mood) (命令、疑問、希求…)
発話行為 特定の語用実践行為		発話出来事の中心 (origo) に 最も近い発話参加者		
		発話出来事の中心 (origo, deictic center)	1人称代名詞 (e.g., I, we)	

マクロ ←→ ミクロ

状況依存性・指標性・インデクシカリティ − / +

社会言語空間

社会的言語行為の次元　　名詞句階層 (言及指示の次元) 述語句範疇駆動階層

図 12

社会言語空間は「発話出来事の中心 (origo, deictic center)」を中心に同心円状に広がっている

観察すると、人称代名詞や指示詞は原則として冠詞(a や the)を取らず、固有名詞も少数の例外を除き冠詞を取らないが、普通名詞に至ると冠詞が頻出するようになる。更に、不可算の具体名詞、空間名詞、そして抽象名詞に至ると、不定冠詞はかなり現れにくくなる。(このような規則性の背景には、明らかに、指標性(コンテクスト依存性)の高い人称代名詞や指示詞、固有名詞は、コンテクストにより、その対象が限定化されているので、いわば「(限)定冠詞」が名詞自体に内在化しており、したがって、わざわざ冠詞を付ける必要はないが、普通名詞は、より指標性が低く、したがって、対象が限定化されているのか、いないのかを示す冠詞((限)定冠詞、不定冠詞)を明示する必要があり、他方、不可算の具体名詞、空間名詞、抽象名詞などは、個体化・個別化(individuate)できないほど抽象性(象徴性)が高いので(つまり、指標性が低いので)、不定冠詞を取りにくい、などといった原理が作用している。)

これと同様の現象は、受身(受動態)にも観察され、指標性の低い名詞句(典型的には、抽象名詞)は、受動態の「主語」(トピック、題目)になりにくいが、指標性の高い名詞句(典型的には、代名詞)は、受動態の「主語」になりやすい。同様に、とくに文(センテンス)や節の動詞が動作動詞(e.g., hit, kill, kick, etc.)である場合、能動態の「主語」になる頻度が最も高いのも代名詞であり、他方、「客語」(「目的語」)になる頻度が最も高いのは、無生名詞から抽象名詞にかけての普通名詞となる。

(3) 相互行為の階層

以上、名詞句階層に関して一瞥したが、名詞句階層や述語句範疇階層(図12の右端の列を参照)などの文法範疇の説明に入る前に、まず、社会的な範疇、つまり相互行為的な範疇(図12の左端の列を参照)について、これも簡単に説明する。上で瞥見した名詞句範疇と同様、社会的な範疇も、また、状況依存性(指標性)が高いミクロなものから、象徴性が高くて指標性が低いものへと階層化されていることが分かるだろう。図12の左端の列だけ取り出して、水平に表わすと図13のようになる。

1) 語用実践行為

まず、発話出来事、コミュニケーション出来事の中心、オリゴに最も近

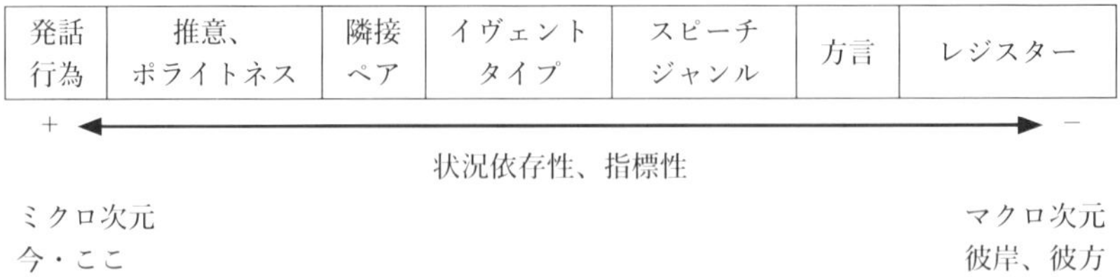

48

| 発話行為 | 推意、ポライトネス | 隣接ペア | イヴェントタイプ | スピーチジャンル | 方言 | レジスター |

　　　　　＋　←―――――――　状況依存性、指標性　―――――――→　−

ミクロ次元　　　　　　　　　　　　　　　　　　　　　　　　マクロ次元
今・ここ　　　　　　　　　　　　　　　　　　　　　　　　　彼岸、彼方

図 13

いところに位置する範疇として、「今・ここ、このコミュニケーションで為されていること」、つまり（広義の）「発話行為」が挙げられる。「発話行為」は、日常言語哲学者のオースティン（J. L. Austin, 1911–1960）やサール（John Searle, 1932– ）の唱えた「発話行為理論」において提示された、やや抽象性の高い概念であるが（cf. Searle, 1969）、言語人類学者や社会語用論のメイ（2005）などにより、「社会文化的相互行為」、あるいは「語用実践行為（pragmatic act）」などといったふうに書き換えられ、より具体的、より社会文化的、より歴史的にコンテクスト化された実践・行為を指して用いられるようになったものである。この範疇は、特定の、具体的なコミュニケーションの場で何が為されているか、たとえば、コミュニケーション出来事の参加者たちの社会関係、彼ら・彼女らのアイデンティティ、力関係が、どのように示され、そして変容していくのか、彼ら・彼女らは、特定のコミュニケーションに従事することにより、一体何を為しているのか、などに関わるもので、当然のことながら、極めて指標性（コンテクスト依存性、コンテクスト的特定性）が高いものである。

　上のような意味での「発話行為」は、特定のコンテクストによって規定された、1回的な出来事としての性格が極めて強いのだが、コミュニケーション出来事には、ある程度の規則性も観察され、そのような規則性の比較的高い現象には、推意、ポライトネス、待遇表現などと呼ばれる類のものが含まれる。これらの概念については、よく知られているものなので、ここでは詳述せず、概略だけ述べる。

2) 推意・ポライトネス・待遇表現など

　まず、「推意」とは、基本的に、非明示的に伝達される意味のことを指し、言語哲学者のグライスにより提示され、後に、ホーン（cf. メイ, 2005, pp.

133–136)や、スペルベルとウィルソンの「関連性理論」(Sperber & Wilson, 1986)によって展開されたものである。他方、「ポライトネス」(politeness)とは、ブラウン&レヴィンソン(Brown & Levinson, 1987)によって理論化された概念で、人間の行動には、自分や相手の面子(face)を潰したり、脅かしたりする行為(face-threatening act)をできるだけ避けようとすることが普遍的に見られる(普遍的な規則である)という仮説に基づいて定式化されたものである。これは、明らかに待遇表現の一種であるが、これも、上の推意と同じく、コミュニケーション行為・出来事に見られる規則性に関する理論であることは自明であろう。加えて、これらが、コミュニケーション出来事自体に関わる(つまり、コミュニケーション出来事で、何が為されているかに関わる)現象というよりも、むしろ、コミュニケーション出来事に参加している話し手や聞き手(行為者たち)が、彼ら・彼女らが参加しているコミュニケーション行為・出来事に対して、どのような解釈を行っているか、あるいは、相互行為の相手に対してどのようなスタンスを取っているかに関わるものであることに注意されたい。すなわち、上で説明した名詞句階層で、コミュニケーション出来事の中心にあるオリゴに対して、話し手や聞き手が置かれている関係と同様の関係が、コミュニケーション出来事で為されていることと、推意およびポライトネスなどの待遇表現との間には観察される。換言すれば、話し手や聞き手が、指標野(Zeigfeld、コミュニケーション出来事の地平)の中心に位置するオリゴ(deictic center)の近隣に位置しているように、推意およびポライトネスなどの待遇表現も、オリゴを中心に展開する「今・ここで為されていること」の近隣に位置する現象なのである。

3) 隣接ペア・行為連鎖・順番交替

　以上に概説した推意およびポライトネスなどの待遇表現よりも、より指標性の低い次の範疇は、以下に説明する「隣接ペア」や「行為連鎖」などであり、これらは、個々の行為・出来事ではなく、むしろ、行為・出来事の連関、連鎖などに直接的に関わるものである。その意味で、名詞句階層における発話内照応詞(主に、3人称代名詞[12]など)に対応するレヴェルのものであると言えよう。(発話内照応詞が、発話内部の言及指示行為の連鎖に関わるものであることに注意されたい。たとえば、I met a guy yesterday. He was... という文において、発話内照応詞である he による言及は、最初のセンテンス

で為された a guy による言及に依拠し(「かかり」)、発話内で連鎖を成すことによって為されている。詳細は、後述する言及指示継続を参照。)

以下、隣接ペア(adjacency pair)、そして「順番交替」(turn-taking)という種類の行為連鎖について、極めて簡単に説明したい。これらの概念は、主に平易な日常会話の中に存在する秩序や構造を即物的に記述・同定しようとする「会話分析」(Conversation Analysis)という研究分野で提示されたものである。まず、隣接ペアの例を挙げれば、表1のようになる(cf. Levinson, 1983, p. 336)。

表1

話し手	受け手	
挨拶 →	挨拶	無視
質問 →	答え	無視
依頼 →	受諾	拒絶
命令 →	受諾	拒絶
謝罪 →	受諾	拒絶
勧誘 →	受諾	拒絶

表1が示すように、たとえば、もしも話し手が質問と取れるような行為をした場合、典型的に、次に聞き手はそれに対する応答(答えか無視か)を行うという規則性が、会話には観察される。その他、依頼、命令などについても同様である(表1参照)。重要な点としては、まず、これは、日常的コミュニケーションに見られる**規則性**に関わる現象であるということ、次に、先述したように、これは、発話行為の**連鎖**に関わるものであり、したがって、発話行為や待遇表現など、基本的には**個別的**な行為に比べ、よりマクロな性格を持つこと、以上の2点が挙げられる。もちろん、「隣接」という言葉が示すように、ペアに属する2対の行為間には強い隣接性(=連続性、指標性)があり、また、隣接ペアは、指標性の最も強い、コミュニケーション行為・出来事の中心(オリゴ)の周辺で展開する現象ではあるのだが、(上で解説したような意味での)発話行為や、あるいは待遇表現などと比較した場合、相対的に規則性、非・個別性(マクロ性)が強く、したがって、オリゴからの距離は相対的に遠くなる(つまり、指標性は、相対的に低くなる)。

同様のことは、同じく会話分析によって研究されてきた「順番交替」

(turn-taking) にも妥当する。順番交替とは、その名の通り、(一方の人だけが話し手の役割を独占し、延々としゃべり続ける講義や講談、演説などとは対照的に) 日常的な会話などに普通、観察される、「話す順番を、発話参加者の間で交代すること」を意味する。順番交替は、それ自体、日常的な会話などで典型的に見られる規則的な現象なのだが、それに加えて、順番交替が起こるメカニズムにも、ある程度の規則性が存在することが、会話分析によって明らかになっている。たとえば、会話の流れの中で順番交替が起こりがちな場所を「交替適合箇所」(transition-relevance place, TRP) と呼び、話し手が息継ぎをする箇所などがこれに当たる。どのような箇所が交替適合箇所と見なされるか、そしてその箇所で、コミュニケーション参加者たちがどのような行動をとるか (たとえば、聞き手が、「ふんふん」などと相槌 (back-channel) を打ち、「話し続けなさい」という記号・シグナルを送るなど)、これらについて、かなり強い規則性が、とくに同一のコミュニケーション規範 (メタ語用論的な規範) を共有する集団の内部では観察できることが分かっている。このように、上述の隣接ペアと同じく、順番交替は、個々の行為・出来事ではなく、行為・出来事の連鎖に関与し、比較的強い規則性を示す現象である。

4) イヴェント・タイプなど

次に、隣接ペアや行為連鎖などより指標性の低い次の範疇は、行動類型 (activity type) あるいは出来事類型 (event type) であり、たとえば、〈冗談〉とか、〈喧嘩〉、〈議論〉、〈広告〉、〈クイズ〉、〈なぞなぞ〉、〈結婚式でのスピーチ〉、〈レストランでの注文〉など、行動や出来事の類型がこれに属する。明らかに、これらは、行動や出来事の**類型** (タイプ) に関するものであり、したがって、個々の具体的な出来事や、あるいは出来事の連鎖が示す規則性と比べても、より規則性・抽象度の高い**タイプ・レヴェル**の現象となる。コミュニケーション出来事に関わる範疇であるという点においては、名詞句階層における指示詞 (＝コミュニケーション出来事の内部にあるものを、「これ」、「それ」、「あれ」などと指標する名詞句) や固有名詞などに対応する社会行為的な範疇であると言えよう。また、出来事類型が、隣接ペアや行為連鎖に比べて、より射程の広い、マクロ社会的な現象であることは自明であろう。

5) スピーチ・ジャンル

　出来事類型よりも、より指標性の低い次の範疇は、「スピーチ・ジャンル」(speech genre) となり、これは、〈小説（の語り）〉、〈新聞記事（の語り）〉、〈雑誌（の語り）〉、〈広告（の語り）〉、〈民話（の語り）〉、〈法律語（の語り）〉、〈学術語（の語り）〉、〈外人向けの語り (foreigner talk)〉、〈先生語 (teacher talk)〉などを含む。(出来事類型とジャンルの区別は、離散的でなく、両者は連続体を成す。) ジャンルは、出来事類型と同じく、明らかに類型（タイプ）レヴェルの現象なのだが、出来事類型に比べて、ジャンルの方が、より形式性、テクスト性が高く（つまり、より脱コンテクスト化されており）、したがって、指標性が低く、象徴性が高い。(これについての詳細は、小山 (2008a) などを参照されたい。)

6) 方言

　ジャンルよりも、より指標性が低く、象徴性が高い社会行為の範疇は、「方言」(dialect) である。(ここでも、ジャンルと方言の区別は、離散的でなく、両者は連続体を成すことに留意されたい。) 最も指標性の高い「今・ここ」で起こっている行為・出来事と、他方、最も象徴性の高い形式的なコード（語彙・文法の、とくに形式的な側面）、これら両者から成る軸を基準に見た場合、ジャンルには、出来事的側面があり、また、特定の語彙・文法的特徴によって規定されるという傾向はそれほど強くないが、方言は、出来事というよりは、言語体系（語彙・文法）によって特徴づけられる側面が、かなり強いことが示すように、ジャンルよりも方言の方が、一般に、指標性が低く、象徴性が高くなる。

　「方言」には大きく分けて 2 種類あり、それらは、「地域方言」(dialect) と「社会方言」(sociolect) である。(当然、両者の間には重複がある。) 地域方言とは、例えば、「茨城弁」、「東京弁」、「山の手言葉」、"Southern American English"、"Singlish (Singaporean English)"、"Manglish (Malaysian English)" などと呼ばれるものを含み、地理的ないし地政的範疇によって主に同定され、語彙、文法、発音、あるいは語用的規則性などの言語的要素（変異）によって特徴づけられるものである。明らかに、地域方言には、社会指標性があり、話し手の地域的アイデンティティを示したり、あるいは話し手と聞き手の間の社会関係（同郷性、親密さなど）、そして、場のフォーマリ

ティ等も示しうる。もう一方の、「社会方言」(別名、社会集団語)とは、年齢、階層、階級、世代、ジェンダー、民族(エスニシティー)、職業など、地域性以外の社会的範疇によって同定されるもので、これも地域方言と同じく、言語的変異によって特徴づけられ、また、(話し手、聞き手など、コミュニケーション出来事参加者たちのアイデンティティ、力関係などに関わる)社会指標性も地域方言と同様に示す。幾つか例を挙げれば、"Black English Vernacular"、「標準語」、「若者言葉」、「女言葉」、「敬語・敬意表現」、「卑罵語」(derogative)、指小辞[13] (diminutive; vs. augmentative)等が挙げられよう。(これらの社会方言の一部は、下述する「レジスター」を構成する。上記の地域方言についても同様である。)明らかに、このような方言には、比較的強い指標性があるのであるが、これまで見てきた社会的範疇と比較した場合、上述の理由により、相対的に指標性は低いものとなる。

7) レジスター

　最後に、最も指標性が低く、象徴性が高い社会行為的範疇として、レジスター(register)がある。レジスターは、上述の方言の下位範疇を成すのだが、単なる方言ではなく、形式的な言語構造(語彙・文法)の単位、とくに語彙に、方言が持つ社会指標性(上記参照)が内在化されたもの、換言すれば、社会指標性を付与された、言語構造的な単位(とくに語彙)から成る。やや難しい概念なので、例を用いて説明しよう。たとえば、社会方言としての「敬語・敬意表現」は、丁寧な言い回し、丁寧な口調(抑揚、速度、発音の明瞭さ等)などの音声的、語用的特徴(語用的規則性)も持ち、したがってコンテクスト依存性が比較的高い現象となるが、レジスターとしての敬語の場合、標準日本語を例にとれば、いわゆる「丁寧語」(です・ます)、「尊敬語」、「謙譲語」、「美化語」など、主に語彙にその射程は限定され、これらの語彙(＝形式的、象徴的な意味の体系である言語構造の単位)は、「(聞き手への)丁寧さ」、「(主語の言及指示対象への、話し手の)尊敬」、「(非主語の言及指示対象に対する、主語の言及指示対象による)謙譲」、「美」などといった、究極的には、話し手・聞き手などコミュニケーション参加者たちや言及指示対象の力関係やアイデンティティに関わる社会指標的意味を**内包**していると(内在的に抱えていると)見なされている。このように、レジスターは、単なる方言と違い、**象徴的なコード**である言語構造の単位(語彙など)に、社

会指標的な意味が内在化(内包化、intensionalize, "illocutionarize")されていると見なされている点において、方言よりも象徴性の高い範疇となる。

(4) オリゴを中心としたコミュニケーションの宇宙

　以上、社会的な範疇に関して、「今・ここ」で行われている特定の、社会歴史的にコンテクスト化された行為・出来事という、最も指標性の高い範疇から、最も象徴性の高いレジスターまで、主要な範疇を概説したが、ここで見た社会行為的な範疇が、名詞句階層とパラレルな階層を成して構成されていることが明らかになったのではないかと思う。次に、再び名詞句階層に戻り、やや詳細に諸々の名詞句範疇を説明するが、その前に、名詞句階層や社会的行為の範疇(社会指標的範疇)は、言語学や社会科学の専門的知識がないと、やや分かりにくいのではないかと危惧されるので、社会的行為の範疇、そしてとくに名詞句範疇が示唆する、コミュニケーション出来事を中心とした「宇宙」(世界)の有り様を図示・説明することにより、前節の議論と本節での議論との間の関係性を明確にするとともに、後者の理解を促進したい(図14参照)。

　図14では、左端にオリゴ、つまり「今・ここ」で生起するコミュニケー

比較社会学的・人類学的・言語学的に観察される、人間による宇宙のカテゴリー化の典型 (コミュニケーションの場を中心に、社会環境、自然環境と、同心円状に構成されている)								
人間社会				自然界			超自然界[14]	
発話出来事の参加者(コミュニケーション)	親族	族・氏など	人間	動物 家畜・小動物	物 野獣	植物	無生物のもの	空間・宇宙 此岸 この世	彼岸 あの世 象徴空間 (神話世界)
ミクロ ← コミュニケーションを取り巻く環境 → マクロ								

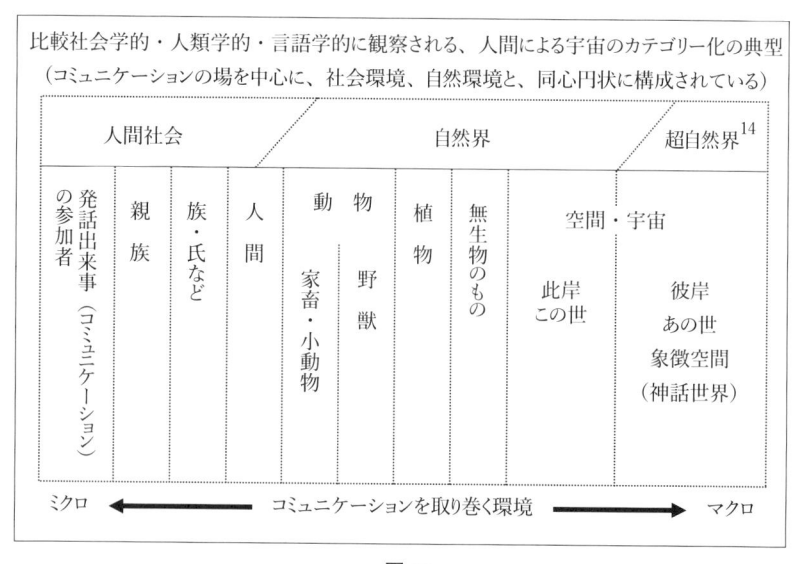

図14

ション行為・出来事の中心が置かれており、これを基点として、それを取り巻く世界が、包含構造を成して構成されている様子が、平面的に描かれている。オリゴの近隣、周辺には、コミュニケーション行為・出来事の参加者を含むミクロ・コンテクストがあり、それを取り囲み包含するかたちで、参加者たちの属する社会集団（親族、族、民族、世代、ジェンダー、階級、階層、職業などに関わる社会組織、社会範疇）の空間があり、それをまた包含するかたちで、（人間、人間社会がその一部を成す）動物の空間、さらに後者を包含するかたちで（人間を含む動物がその一部を成す）生物の空間、さらにそれを包含するかたちで（生物がその一部を成す）個物（もの）の空間、それを包含するかたちで（個物を包み込む）空間・宇宙が広がっており、そして、オリゴから最も離れたところには、「今・ここ」で行われている、このコミュニケーションが起こっている世界（つまり「此岸」、人間にとって経験可能な世界）を超えた「彼岸」、つまり、現世（＝経験界）に生きる人間にとっては触知できないような、概念や意味や、あるいは死者たちや神（々）の世界（象徴界）が位置づけられる。

　このような、コミュニケーションの宇宙の有り様は、前節で、コミュニケーション理論、とくに出来事モデルに関して、素描したものであるが、上の図12で表した名詞句階層（および、社会行為範疇の階層）が、この図式に概ね妥当するようなかたちで構成されていることに注意されたい。このようにして、現代言語人類学のモデルでは、コミュニケーション、文法、社会的行為、そしてコスモロジー（宇宙論）が、統一的な構図で理解され、その構図に則って、様々な現象が、経験的に探求されている。

(5) 名詞句階層、再訪

　以上を確認した上で、もう一度、名詞句階層に戻り、とくに近現代英語の名詞句を例に取って検討してみる（図15参照）。図15は、基本的に図14と同じ枠組、つまり、言語人類学が、比較言語、比較文化、比較社会的な研究を通して同定した、（コミュニケーション出来事を中心に据えた）世界の有り様の枠組の中で、英語の名詞句範疇を位置づけたものである。（したがって、当然、図12に示した名詞句階層の構成とも一致を示す。）図15を一瞥すれば明らかなように、英語の名詞句の空間も、コミュニケーション出来事を中心にして、その参加者や、その場（ミクロ・コンテクスト）に存在する

比較社会学的・人類学的・言語学的に観察される、人間による宇宙のカテゴリー化の典型
（コミュニケーションの場を中心に、社会環境、自然環境と、同心円状に構成されている）

人間社会			自然界		超自然界
発話出来事の内部にあるもの		発話参加者との関係	発話可能	個別化可能	言及指示可能
代名詞 1人称（I, we） 2人称 （you, thou） 3人称 （s/he, it, they）	指示詞 (this, that)	固有名詞 (Mary, Tom) 親族名詞 (mom, aunt) 人間名詞 (boss, thief)	有生名詞 動物名詞 (tiger, dog)	具体名詞 物質名詞 (pen, car)	抽象名詞 (love, truth)
ミクロ ←		コミュニケーションを取り巻く環境			→ マクロ

図 15

ものを指標する代名詞・指示詞、次に固有名詞、そして親族名詞、人間名詞、有生名詞、具体名詞、最後に、象徴世界にある抽象名詞へ、といった序列で階層化されている。

　以下、理解の確認のためもあり、もう一度、今度は図 15 に基づき、名詞句階層を説明する。繰り返すが、名詞句階層は、コミュニケーション出来事の核（オリゴ）から広がる、人間社会と「自然環境」を含む、同心円状のコミュニケーション空間に沿って構成されている。コミュニケーション出来事の中心にはオリゴがあり、それに最も近い発話参加者は、普通、話し手であり[15]、それを指示する名詞句が、1 人称形である。次いで、普通、オリゴの最も近くに位置する話し手のみならず、それ以外のコミュニケーション出来事参加者たちも包含する空間があり、その中には、当然、聞き手も含まれているのだが、この聞き手を指標する名詞句が、2 人称形（you）となる。

　次に、「コミュニケーション」の空間があり、これは、当然、話し手や聞き手も含むが、それに加えて、話し手や聞き手のように、コミュニケーション出来事の直接の参加者ではないが、コミュニケーション出来事で「言われたこと」の領域の中に位置づけられるものも含まれ、それを指示するのが、発話内照応詞（anaphora）である。英語の 3 人称形（she, he, it, they）は、発話内照応の機能だけでなく、発話外にある者・物を指す機能も持つが、I hate

John. He is such a jerk. などといった文での he は、発話内照応の機能を果たしている。

　その次に、「コミュニケーション出来事の場（ミクロ・コンテクスト）」の空間があり、これには当然、話し手・聞き手などのコミュニケーション出来事参加者、そしてコミュニケーション出来事で既に言及されたものなども含まれるのだが、それに加えて、出来事参加者以外でその場にあるものも含まれ、後者を指すために主に使われるのが「指示詞」(demonstrative)である。英語では、"this"や"that"、日本語では「こ・そ・あ・ど（れ）」が、これに当たる。当然、これらの指示詞には、発話内照応の機能もあるが（たとえば、誰かが何かを言ったのに対して、もう1人が What do you mean by that? と言った場合、この that は、既に言われたことに対して発話内照応している）、指示詞を特徴付けるのは、コミュニケーション出来事の場にあるものを外示する機能(exophoric reference)であろう。

　次に、発話参加者に特定の個人・個体として知られているものの空間がある。これは、当然、話し手・聞き手などのコミュニケーション出来事参加者、そしてコミュニケーション出来事で既に言及されたもの、また、コミュニケーション出来事の場にあるその他のものも含むが、それに加えて、コミュニケーションの場にはいないかもしれないが、発話参加者に特定の個人・個体として知られている人・物も含まれ、この後者を特定的に指標する名詞句が固有名詞である。固有名(proper names)は、普通名詞と違い、それ自体意味を持たない言葉である。例えば、「メアリー」と言っても、そもそも、コミュニケーション出来事参加者が、その「メアリー」と呼ばれる人物を知っていないと、その人物に言及する（つまり、その人物を指標する）ことはできない。このようにして、固有名というものは、コミュニケーション出来事参加者に知られている特定のものを指すのだが、それとは対照的に、親族名詞(kinship terms: e.g., mother, brother, aunt, nephew)や人間（社会地位）名詞(human status terms: e.g., chairperson, student, teacher, postmaster, farmer, stranger, visitor)は、それ自体、何らかの意味を持っている語（普通名詞）であり、したがって、これらの語（名詞句）を使って誰かを指すためには、必ずしも、コミュニケーション出来事参加者が、その人物を知っている必要はない。すなわち、親族名詞や人間名詞は、「コミュニケーション出来事参加者と何らかの社会的な関係にある者」という、コミュニケーション出来事参

加者や、コミュニケーション出来事で既に言われたもの、コミュニケーション出来事の場所にあるその他のもの、あるいは、コミュニケーション出来事参加者によって特定の個人として知られているもの、以上も含みつつ、それ以外のものも含む空間の中で、とくに後者を指す時に使われる名詞句である。固有名詞の場合と違い、親族名詞や人間名詞の場合、コミュニケーション出来事参加者と、言及対象（指示対象）との関係は、直接的なものである必要はなく、間接的なものであっても十分であり、コミュニケーション出来事参加者たちは、言及対象を特定の個人として知っている必要はない。

　人間名詞を超えて、（オリゴに対して）更に遠方に向かえば、典型的に発話するもの（人間を含む動物など）といったように、益々、コミュニケーション出来事の参加者や、コミュニケーション出来事との関連性が希薄になり（コンテクスト依存性が弱まり）、逆に象徴性や抽象性が高まっていく。つまり、コミュニケーション行為・出来事、とくに発話行為・出来事の参加者たりうるもの、すなわち、人間を含む動物を指す動物名詞（有生名詞）、つぎに、コミュニケーション行為・出来事内に存在しうる個物、すなわち、動物を含む個物を指す（離散的）具体名詞、そして、コミュニケーション行為・出来事を取り囲み包含しうる空間を指す空間名詞、そしてついには、そのような空間の彼岸にあるものも含む、ただ単に言及可能なもののうち、とくに直接、経験可能でないものを指す抽象名詞、といったふうに、より象徴性の高いもの、指標性の低いものへと、名詞句範疇は階層化されている。

(6) 文法範疇（Ⅱ）：述語句・節の階層

　以上、名詞句に関して論述したが、周知のように、文法（言語構造）は、名詞句だけでなく、述語句（動詞句）・節、言及指示継続（reference maintenance）、節結合（interclausal linkage）、以上、4つの基本的な構成要素から主に成っている（cf. Foley & Van Valin, 1984; Silverstein, 1976; Koyama, 1999, 2000, forthcoming; 小山、2008b, 2009）。（最後の2つは、やや専門的な説明を要するが、これらについては後述する。また、形容詞句は、たとえば、beauty という抽象名詞と beautiful という形容詞が、ほぼ同義であること、あるいは、(be) fond of という形容詞句と like という動詞がほぼ同義であることが示すように、名詞句、とくに抽象名詞と、動詞句、とくに状態動詞（state verb）との中間に位置するものであり、文法の基本的要素ではない

ので、ここでは詳述しない (cf. Dixon, 1982))。

　これら、名詞句以外の3つの文法の主要な構成要素に関して、以下に説明を試みる。まず、述語句(動詞句)・節から始める。図12で見たように、述語範疇 (predicate categories) も、名詞句範疇や社会行為範疇と同じく、コミュニケーション出来事のオリゴを中心に構成されている空間の中で、指標性の大小に基づき、階層を成しているのだが、これを平面上に表したものが、図16である。

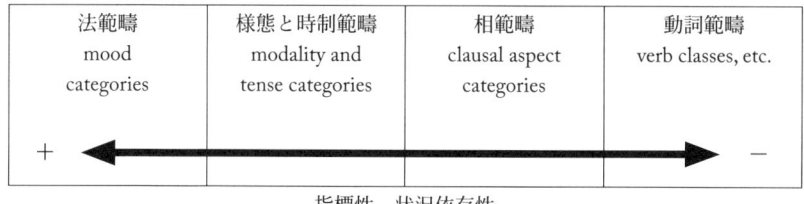

法範疇 mood categories	様態と時制範疇 modality and tense categories	相範疇 clausal aspect categories	動詞範疇 verb classes, etc.
+ ←			→ −

指標性、状況依存性

図 16

　まず、図16に配列された述語句範疇のそれぞれを簡単に解説したうえで、これらの文法範疇が、指標性の大小に基づき階層化されていることを論述する。最初に、法(ムード)範疇であるが、英語では、ある事柄の事実を述べる「直説法」(indicative mood)、相手に直接的に行為遂行を要求する「命令法」(imperative mood)、加えて、ある事柄を心の中で想定して述べる「叙想法」(subjunctive mood) の3種類があると、普通、言われている。(「叙想法」については、純然たる「法」とは、やや言い難く、様態の要素も多分に含む。また、以上の3種に、相手に対して疑問を伝える「疑問法」(interrogative mood) を加える文法家もいる。) 一瞥すれば分かるように、これらは発話行為(前述)の範疇である「疑問」、「命令」、「叙述」、「叙想」などと(同一ではないが)対応しており、発話行為が、「今・ここ」で行われているコミュニケーション行為・出来事で何が為されているかに関わる範疇であったことを想起すれば明らかなように、法(ムード)範疇も同様に、「今・ここ」(オリゴの近隣)で行われているコミュニケーション行為・出来事で何が為されているかに関わる文法範疇であり、したがって、その指標性は極めて高い。

　法(ムード)範疇の次に、「様態」(modality)と「時制」(tense)の範疇がある。まず、前者から取り上げると、様態(モダリティ)は、法(ムード)が、

「今・ここ」で行われているコミュニケーション行為・出来事で何が為されているかに関わる文法範疇であったのに対して、コミュニケーション行為・出来事の参加者、とくに話し手などが、そのコミュニケーション行為・出来事で言われていること・ものに対してどのような態度・判断を持っているかに関する範疇であり、そのような態度・判断には、認識的なもの（epistemic modality）と倫理・行為的なもの（deontic modality）がある（cf. Lyons, 1977）。前者は、たとえば、言われていることの「確実性」、「可能性」、「必然性」などの判断であり、後者は、言われていることの「義務」、「許可」などに関する判断となる。言うまでもなく、現代英語では、「法助動詞（法動詞）」などとも呼ばれる、"can (could)"、"may (might)"、"must"、"will (would)"、"shall (should)" などが、これに該当する。

このような様態の（助）動詞は、「今・ここ」で行われているコミュニケーション行為・出来事で何が為されているか、ではなく、そのコミュニケーション行為・出来事の参加者（とくに話し手）が、言われていることに対してどのような態度・判断を持っているかを示すという点において（つまり、「今・ここ」ではなく、「今・ここ」と**言われていることとの関係**についての範疇であるという点において）、先述した法（ムード）の範疇よりも、（「今・ここ」で極大となる）指標性の度合いは低くなる。同様のことは、「時制」（tense）についても言える（cf. Comrie, 1985）。時制とは、「今・ここ」の時点と、言われていることとの間の時間的な前後・同時関係を表わす概念で、現代英語では、過去（past）と非過去（non-past）の2つがある。基本的に、コミュニケーション出来事が行われている「今・ここ」から見て、そこで言われていることが、既に起こったことであることを示すのが過去形で、それ以外の場合は非過去形が用いられ、現在、未来、法則（nomic）、あるいは、無・時制を指標する[16]。明らかに、時制も、モダリティ（様態）と同じく、「今・ここ」の時点と、言われていることとの間の（時間的な）関係を表わす範疇である限り、「今・ここ」で行われていることに関わる範疇である法（ムード）よりも指標性は低くなる。

つぎに、「今・ここ」とは関わりなく、言われていること自体の「量化可能」（quantifiable）な構成・性質、たとえば、時間的な構成・性質に関わる範疇として、「相」（aspect）がある（cf. Comrie, 1976）。現代英語では、アスペクトには「進行相」（progressive aspect）と「完了相」（perfect aspect）の2種類が

存在すると、普通、考えられる。時制が、「今・ここ」と、言われていることとの時間的な関係について示す範疇であったのに対して、アスペクト（相）は、コミュニケーション出来事が行われている「今・ここ」とは、基本的に関係なく、言われていること自体の（時間などの）量化可能な性格について言及するものである。例を挙げれば、進行相は、言われていること（＝言及されている出来事）が、（「今・ここ」の時点ではなく、言われていることの時点で）継続中の出来事・行為であることを示し、他方、完了相は、言われていることが、同じく、「今・ここ」の時点ではなく、言われていることの時点で、完了している出来事・行為であることを示す。このように、アスペクト（相）は、コミュニケーション出来事が起こっている「今・ここ」とは基本的に無関係に、言われていることの時間的な性格を示すものであり、したがって、時制よりも指標性が低く、象徴性が高い。（言うまでもなく、相は、法や時制と一緒に使われることが多く、その場合、時制が「今・ここ」との時間的な関係を示す。たとえば、I was watching the TV when John came in. という文の場合、進行形は、ジョンが入ってきたときに、私がテレビを見るという動作・出来事が進行中（継続中）であったことを示し、過去形が、その進行中であった出来事が、今から見て、過去のものであったことを示す。）

　しかし、アスペクト（相）に、指標性が全く欠如している、言い換えると、コミュニケーション出来事が行われている「今・ここ」には全く関係なく、単に、言われたことのみに関与しているかというと、そうではない。「アスペクト」（相）という名前が示唆するように、この範疇は、時間に関して、言われていることの、どの**相**を、コミュニケーション行為・出来事参加者たちが捉えているか、換言すれば、時間に関して、言及されている出来事を、コミュニケーション行為・出来事参加者たちが、どのように捉えているか、も示す。たとえば、「テレビを見た」という行為・出来事は、I watched the TV. とも、I was watching the TV. とも表現できるものであり、その出来事を、コミュニケーション行為・出来事参加者、とくに話し手が、どう捉えているか、どのように語っているかによって、どのようなアスペクト（相）が使われるかが変わってくる。その出来事を、何か他の出来事が起こったときに、起こっていたこととして話し手が提示しようとすれば、進行形が使われるだろうし、そうではなくて、単に、その出来事が起こったということだけ取り

上げて語ろうとすれば非・進行形が使われるだろう。このように、アスペクト（相）は、コミュニケーション行為・出来事の参加者、とくに話し手が、言われていること（＝言及されている出来事）を、どのように捉えているかを指標するものであり、したがって、ある程度の指標性を持つ。（詳細は、Hopper (1982) 参照。）

　以上に見てきた述語句（動詞句）・節範疇、つまり、法（ムード）、様態（モダリティ）、時制（テンス）、相（アスペクト）は、文（センテンス）や節に関わるものであったが、述語句・節範疇には、動詞句自体に関わるものもあり、それらは、動詞類 (verb class; denotational class)、他動性 (transitivity; atransitive, intransitive, transitive, ditransitive)、必要な名詞の数 (number of arguments; いくつの名詞を動詞がとるかについての範疇)、格関係 (case-relations; 主格、対格（目的格）、絶対格、能格、与格、属格（所有格）、場所格など)、Aktionsarten (節ではなく、動詞自体の持つアスペクト)、視点・トピック性（たとえば、Jim gave it to John. と John received it from Jim. という２つの文の間に見られる視点の違いに関するもの）などの範疇である (cf. Silverstein, 1987)。

　これら全てについて説明すると煩雑となり、非常に専門的な議論となるので、ここでは、動詞類についてのみ、簡単に触れる。動詞類には、状態動詞 (state verbs)、所有・場所動詞 (verbs of possession / position)、動作動詞 (action verbs)、感情動詞 (verbs of emotion)、認知動詞 (verbs of cognition)、発話動詞 (verbs of saying)、授受動詞 (verbs of giving and receiving) などがあり、それぞれ、動詞に関わる他の述語句範疇（上記参照）と一定の相関を示す。たとえば、感情動詞 (e.g., hate, like, love) や認知動詞 (e.g., perceive, see, smell) は、動作動詞 (kick, kill, push) よりも他動性が低く、したがって、とくに目的語が無生名詞の場合、非常に受身（受動態）にしにくいなどの規則性を示す。また、当然、動詞類は、格関係とも相関しており、たとえば、動作動詞は、（自動詞の場合）主格、（他動詞の場合）主格と対格をとるが、発話動詞 (e.g., say, tell, promise, persuade, command) は主格と与格ないし対格をとり、授受動詞 (e.g., give, receive, get) は、主格、対格（直接目的語）、与格（間接目的語）をとる、などの規則性も観察される。このように、動詞に関わる他の述語句範疇と強い相関を示す動詞類であるが、一瞥すれば明らかなように、動詞類は、動詞に関わる他の述語句範疇と同様、言われていること（＝言及されて

いる出来事)に関わる範疇であり、したがって、全体として見た場合[17]、指標性は、法、様態、時制、相などの範疇よりも低く、象徴性が高くなる。

以上、法、様態、時制、相、動詞範疇(動詞類など)に関して、これらの述語句(動詞句・節)範疇が、名詞句と同じく、指標性の大小の原理に則って階層を成していることを見た。当然ながら、このような階層は、様々な文法現象に関与して現れる。たとえば、言語学で「射程」(スコープ)と呼ばれる現象に、述語句範疇は深く関与するのであるが、その例証として、次の文を考察していただきたい。

He may have been eating spaghetti.

この文のスコープは、概ね、次のように表わせる入れ子型を成している。

[He [may [have [been [eat (ing) spaghetti]]]]].

説明しよう。まず、動詞はeatであり、動詞句は、eat spaghettiである。この動作が進行中のものであると捉えられていることを示す進行相(be -ing)が、この動詞句の周りに来ており、そして、ここでは、その進行中の動作が「今・ここ」から見て過去の出来事であったことを示す完了形が、その周りに来ている[18]。更に、それを取り囲んでいるのは、その過去の進行中の動作に関する、「今・ここ」にいる話し手の判断(可能性)を示すmay(様態の(助)動詞・現在形)で、そして最後に、文(センテンス)全体が、主語を伴い、倒置などなしで構成されており、直説法(indicative mood)という法を示している。このように、英語の文・節は、法を表わす統語的配置が最もスコープが大きく(スコープは文・節全体)、以降、順を追って、文・節の中に、様態を表わす助動詞(e.g., may)および時制を表わす助動詞(e.g., may)ないし時制を表わす動詞を含む句(phrase)が現れ、その中に、相を表わす助動詞を含む句が現れ、その中に、動詞句(主動詞)が現れる、という入れ子型の構造をしているわけだが、明らかに、このような構造は、これらの文法範疇の指標性の大小に基づいて構成されている。(つまり、指標性の最も大きい方が、最もスコープが大きく、指標性の最も小さい動詞句が、最もスコープが小さい、などといった構造となっている。)

付言すれば、日本語でも同様の現象が観察できる。以下の文を参照されたい。

　　彼は、スパゲティを食べていたかもしれない。

この文のスコープは、概略、以下のような構造になっている。

　　［彼は、［［［［［スパゲティを食べ］てい］た］かもしれな］い］］。

まず、「スパゲティを食べ（る）」という動詞句の周りに「てい（る）」という進行相・結果相に関わる範疇を示す形態が来、次に、「た」という完了相に関わる範疇を示す形態、そして、「かもしれな（い）」という様態に関わる範疇を示す形態、続いて、「い」という非過去（現在）を示す範疇[19]の形態、最後に、文全体は、文末に疑問の「か」、あるいは命令形などをとっていないため、直説法を示している。このように、英語でも日本語でも、同様の原理、つまり、指標性の大小に基づく述語句・節範疇の階層化に従い、文・節が構成されているのである。そして、これは、日本語や英語のみに妥当するのではなく、基本的に、全ての言語に関して妥当する原理である（cf. Foley & Van Valin, 1984; Van Valin 1993）。つまり、本章で紹介・説明している文法理論の枠組は、普遍的なコミュニケーション理論に立脚したものであることからも分かるように（前節参照）、全ての言語に妥当する**普遍的な文法**の枠組なのである。

　以上、名詞句範疇と述語句（動詞句）・節範疇について見た。言うまでもなく、名詞句範疇は、言及指示行為（referring）という発話行為に基づく範疇であり、述語句・節範疇は、述定（tensed & modalized predication）という発話行為に基づく範疇である。（言い換えると、何かに言及するという行為において典型的に用いられる範疇が名詞句範疇で、（言及された何かについて）何かを述べるという行為に典型的に用いられる範疇が述語句範疇である。）こうして、名詞句範疇と述語句・節範疇は、コミュニケーション行為・出来事（ここでは、言及指示行為と述定行為）に根ざした範疇であり、したがって、**全ての**言語、つまり、言及指示と述定に用いられる形式的な言語構造（文法）には、**普遍的に**観察される範疇であるのだが、上述したように、普遍的な文法構造には、名詞句範疇と述語句・節範疇に加えて、言及指示継続

(reference maintenance)範疇、および節結合(interclausal linkage)範疇も含まれる。名詞句範疇と述語句・節範疇が、**単体**として取り出した場合の名詞句あるいは述語句(動詞句)・節に関するものであったのに対して、言及指示継続は、名詞句と名詞句との**連鎖**、節結合は、節(ないし動詞句)と節(ないし動詞句)との**連鎖・結合**に関する範疇となる。(専門的には、名詞句範疇と述語句・節範疇は、範疇列(パラダイム、paradigm)に属し、言及指示継続と節結合は、連辞(シンタグム、syntagm)に属する現象であると言われる。)以下、まず、言及指示継続について論議する。

(7) 文法構造(Ⅲ):言及指示継続の階層

言及指示継続は、名詞句と名詞句との連鎖に関する現象で、主に、新出情報(レーマ、rheme)と既出情報(テーマ、theme)が、どのように、ディスコース(談話)の中で展開し、談話にテクスト性(Halliday & Hasan, 1976)が生じるかに関わるものである。(新出・既出情報は、動詞句にも関わるが、ここでは、とくに名詞句に絞って論議する。)新出・既出情報に関しては、既によく知られているので詳述はしないが、たとえば、「あるところに<u>おじいさんとおばあさん</u>がいました。<u>おじいさん</u>は山へ芝刈りに、<u>おばあさん</u>は川に洗濯にいきました。」という文では、最初の、「が」をとっている「おじいさん」、「おばあさん」が新出情報で、次の、「は」をとっている「おじいさん」、「おばあさん」が既出情報となる。新出情報、既出情報(「旧情報」とも呼ばれる)を担っている主な単位は名詞句なので(上の例では、「おじいさん」、「おばあさん」という擬似・親族名詞、人間名詞)、当然、言及指示継続は、名詞句、とくに名詞句階層と強い相関を示す。たとえば、以下の英語の文を参照されたい。

(a) Yesterday, I met <u>a guy who wore a red hat</u>. <u>He</u> was really weird.
(b) I saw <u>Jim</u> last night. <u>He</u> was really upset. I wondered why.

上の文(a)で、最初に出てくる名詞句は、1人称代名詞の I で、これは、コミュニケーション出来事のオリゴに非常に近い(つまり、指標性の高い)名詞句である(上記参照)。次に出てくる名詞句は、一般的な人間名詞である guy を核(「主要部」)としているので**指標性が比較的低く**、**新情報**となってい

る。指標性が低いということは、つまり、そのコミュニケーション出来事の中にいないもの、あるいはそのコミュニケーション出来事で既に言及されていないもの、などといった意味であるから（上記参照）、当然、それが、誰なのか（あるいは、何なのか）、この時点では、比較的不明瞭である。(「男」であることしか分からない。）したがって、限定的に関係節が用いられ、その男に関する情報（赤い帽子を被っていた）が与えられ、それによって、その人物を同定しやすくする役割が果たされている。（限定的な用法の関係節は、普通、このような役割を果たすために、談話で用いられる（cf. Comrie, 1989 [1981]; Koyama, 1999））。そして、これに続くセンテンスの「主語」（トピック）に、この人物がなり、この時点では、既にこの人物は既知（既出）なので（つまり、このコミュニケーション出来事で既に言及されているので）、指標性が高く、したがって、人間名詞の guy よりも指標性の高い3人称代名詞（発話内照応詞）の he が使われて、この人物への言及指示が為されている（継続されている）。

　2番目の文 (b) でも同様であり、最初の文のトピック（主語）は、指標性の極めて高い（オリゴに近い）1人称代名詞 (I)、そして2番目に現れる名詞句が固有名詞の Jim で、これは固有名詞なので、既にコミュニケーション出来事の参加者たち（話し手や聞き手）が知っている人物であろうから、当然、限定的関係節は使用されていない。そして、この Jim が既出情報として2回目に言及されるとき、he という指標性の高い3人称代名詞（発話内照応詞）が使われるわけである。そして次の文、I wondered why. では、3人称代名詞さえ現れず、Jim への直接的な言及指示は全く見られないのだが、I wondered why. が、I wondered why [Jim was so upset]. というような文の省略形だと解釈できることから、既に二度言及され非常に指標性の高いテーマ（既出情報）となっている Jim は、ここでは、コミュニケーション出来事内で極めて前提可能性が高いものを指して用いられるゼロ照応詞（zero-anaphora）によって非明示的に言及指示されていると理解できる。

　このように、新出から既出へという言及指示継続（連辞範疇）に関わる談話の流れは、普通名詞から3人称代名詞へ、あるいは固有名詞から3人称代名詞へ、そしてゼロ照応詞へ、以上、総括すると、［普通名詞 → 固有名詞 → 3人称代名詞 → ゼロ照応詞］という順番で、つまり、名詞句階層に沿って、指標性の低いものから高いものへと進行するという一般的な規則性が、

普遍的に観察される。こうして、言及指示継続も、名詞句階層と平行して階層化されているわけである。

それに加えて、「新出情報」、「既出情報」という言及指示継続の範疇が、コミュニケーション出来事のオリゴに依拠した概念であることにも注意されたい。すなわち、「新出情報」とは、**コミュニケーション出来事のある時点で**「新しく導入された情報」であり、「既出情報」とは、**コミュニケーション出来事のある時点で**「既に導入されている情報」を意味する。コミュニケーションのある時点で新出情報だったものは、その後、コミュニケーションが進行し、オリゴが違った地点に移った時、「既に言われていること」、つまり既出情報となるのである。

以上、言及指示継続の最も重要な範疇である「新出情報」、「既出情報」に関して、名詞句階層との関係で記述した。最後に、それ以外の範疇で、言及指示継続に関わるものを概観しておく。まず、上の「おじいさん」、「おばあさん」に出てきた「は」と「が」のような、既出情報、新出情報をマークする形態があり、これらは、それぞれ、「題目標示」(topic-marker) ないし「テーマ標示」、そして「レーマ標示」などと呼ばれる (cf. Daneš, 1970; Koyama, 1999)。（標準日本語の「が」には、その他、主格標示 (nominative case-marking)、焦点標示 (focus-marking)、属格標示 (genitive case-marking) などの機能があり、「は」には、総称 (generic denotation)、排他的対照 (exclusive contrastiveness) などの機能もあることに注意されたい (cf. Koyama, 1999)）。これら以外の、言及指示継続に関わる範疇には、ジェンダー（より一般には、名詞類 (noun class)）があり、たとえば、

(c)　I saw a cave and a lake. It was so beautiful.
(d)　I met Mary and John. She looked so happy.

という2つの文を比較した場合、(c) では、無生・単数の照応代名詞の it が、cave を指しているのか、lake を指しているのか判然としないが、(d) で、女性・単数の照応代名詞 she が指しているのは、明らかに John でなく、Mary である。このように、ジェンダーは、言及指示継続に貢献する。（詳細は、Zubin & Köpcke (1986) を参照。日本語に顕著に見られる「類量詞」(nominal classifiers)、たとえば、「3 **匹**」、「5 **人**」、「5 **体**」、「2 **頭**」なども同様の機能を

持つことも付記しておく。)また、名詞句だけでなく、述語句(動詞句・節)範疇も、言及指示継続に貢献する。以下の例を参照されたい。

(e) Sue told Mary to come.   [Sue told Mary [Ø to come]]
(f) Sue promised Mary to come. [Sue promised Mary [Ø to come]]

前者の例(e)では、動詞句内、come という動作を行う主体は Mary であり、したがって、動詞句内の意味上の「主語」(動作の主体)に当たるゼロ照応詞(Ø)は、主節の目的語(主節の行為の受け手) Mary に前方照応している(「かかっている」)のだが、他方、(f)では、動詞句内、come という動作の主体は Sue であり、したがって、動詞句内の意味上の「主語」に当たるゼロ照応詞(Ø)は、主節の主語(主節の行為の主体) Sue に前方照応している。このような違いは、一重に、主節の動詞の違い、すなわち、tell と promise の差に求められるわけだから、要は、動詞句の種類が、言及指示継続に貢献していることになる。(ちなみに、チョムスキー派などの形式文法、つまり、コミュニケーション論に基盤を持たない似非「普遍文法」では、この最後の種類の現象だけが集中的に扱われたりしたのであるが、そこでは、この種の現象が、言及指示継続の範疇に関わること、そして言及指示継続が、本章で示したように、コミュニケーション出来事の基点(オリゴ)を中心とした指標性の原理に基づく現象であることが全く認識されておらず、結果として、研究プログラムが破綻した[20]ことを注記しておく。)[21]

(8) 文法構造(Ⅳ):節結合の階層

　次に、普遍文法を構成する4つの主要な範疇の、最後の1つ、節結合 (interclausal linkage) について概説する。節結合とは、節と節・動詞句との結合に関するもので、たとえば、(1) 節と節の並置、(2) and、or、but などによる等位接続、(3) 一方の節が他方の節(=主節)に従属する「従属接続」(従属節は、when、while、after、although、as、since、because など、時間・原因・譲歩などを示す接続詞によって導かれる)、(4) 一方の節が他方の節(=主節)の中に関係節として埋め込まれるタイプ、(5) 動詞句が節の中に埋め込まれるタイプ(たとえば、上記(e)、(f) などがこれにあたり、そこでは、[Ø to come] という動詞句が、主節の中に埋め込まれている)、そして、(6)

動詞句が、主節の中に吸収され、単純に、節のみとなったもの(たとえば、Tom caused Jim to die. は、上記(5)のタイプに当たるが、それに対して、Tom killed Jim. は、(6)のタイプに該当する)などがある。一瞥すれば明らかなように、(1)から(6)へと、徐々に節結合の度合いが強まっていく。言い換えると、最初はそれぞれ独立した2つの節であったのが、(6)の方に向かうにつれ、一方の節の独立性が弱まり、(5)に至って、節ではなくなり句になり、そして(6)で、ついに、他方の節に完全に吸収されるに至る。

　このようにして、節結合の範疇は、結合の度合いにより、階層を成す。そして、後述するように、節結合の、この階層もまた、指標性の大小の原理によって構成されている。すなわち、上で見たように、言及指示継続の「新出情報」、「既出情報」の推移のパターンは、名詞句階層に沿って展開しており、したがって、指標性の大小の原理によって構成されていたのだが、丁度これと同じように、上述した節結合の階層は、これも既述の述語句(動詞句)・節階層に沿って展開し(下述)、したがって、指標性の大小の原理によって構成されているわけである。(述語句(動詞句)・節階層が、指標性の大小の原理によって構成されていたことを想起されたい。)このような、節結合の階層と、述語句(動詞句)・節階層との間の、指標性の大小の原理に基づく相関を図示したのが図17である (cf. Givón, 1980; Lehmann, 1988; Silverstein, 1976)。

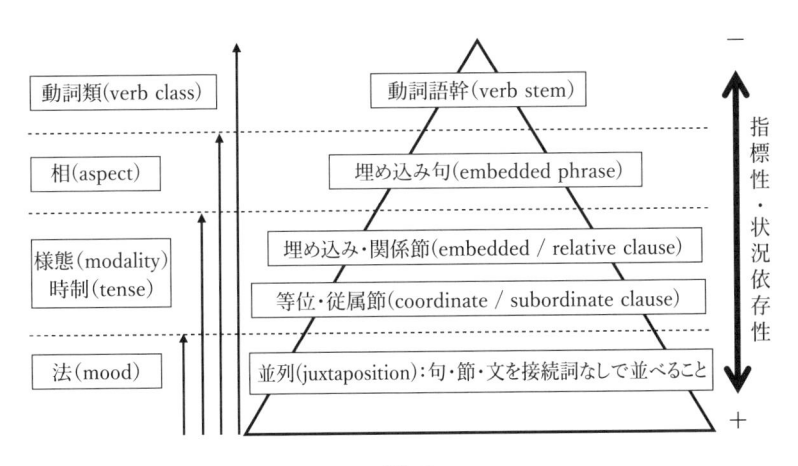

図 17

以下、これについて解説する。まず、既に見たように、最も指標性の高い述語句（動詞句）・節範疇は、法（mood）であったことを想起されたい。最も緩い結合の場合、つまり、並置（並列）の場合、当然ながら、並置される2つの節は最も独立性が高く、したがって、それぞれ独自の法を持ちうる。

g-1.　What have I done?　I have killed him!
　　　　疑問法　　　　　　直説法
g-2.　Don't be stupid!　I tell you.
　　　　命令法　　　　　　直説法

当然、法だけでなく、様態（モダリティ）や時制、相も、それぞれの節で違ったものになりうることに注意を促しておく。

　ところが、並置よりも節結合の度合いの高い範疇、つまり、等位節、従属節、関係節になると、より指標性の低い様態（モダリティ）、時制、相などの範疇は、それぞれの節で違ったものになりうるが、他方、最も指標性の高い述語句（動詞句・節）範疇である法（ムード）については、主節と異なった法が現れるのは難しくなる。とくに、従属節や埋め込み節（関係節など）では、**直説法以外の法（命令法、疑問法など）は現れることができず、したがって、法の範疇が無化（neutralize）されている**[22]。（つまり、法の範疇に関わる区別が喪失される。）以下の例を参照されたい。

h-1. ??/*　Don't be stupid and I tell you.　［等位接続、異なった法］[23]
　　　　命令法　　　　　　直説法

h-2.　　　Don't be stupid and don't be so slow.　［等位接続、同じ法］
　　　　命令法　　　　　　命令法

h-3. ?(?)　I wonder why did he do that?　［埋め込み接続、異なった法］[24]
　　　　直説法　　疑問法

h-4.　　　I tell you that you shouldn't be so stupid.　［埋め込み接続、同じ法］
　　　　直説法　　　　　　直説法

h-5. */??　　I met a guy who do you like?［関係節埋め込み接続、異なった法］²⁵
　　　　　　　直説法　　疑問法

h-6.　　　　I met a guy who you may like.［関係節埋め込み接続、同じ法］
　　　　　　　直説法　　直説法

　もちろん、これらのような、等位節、従属節、埋め込み節では、様態（モダリティ）、時制、相などの範疇は、それぞれの節で違ったものになりえ²⁶、とくに、法に関しては、従属節や埋め込み節では直説法だけが現れるのに対して、様態や時制、相に関しては、そのような規制は存在せず、たとえば、非・過去時制だけでなく、過去時制も現れうる。換言すれば、最も指標性の高い範疇である法（ムード）だけが、これら、並列よりも結合の度合いの高い節結合範疇で、強く規制されていることになる。
　ところが、等位節、従属節、埋め込み節よりも結合度の強い範疇、つまり埋め込み動詞句に至ると、法（ムード）は言うに及ばず、様態と時制に関しても、埋め込み動詞句が独自の標示（専門用語で言えば、「有標」の形態）を持つことに対して強い規制が生じる。以下の例文を参照されたい。

i-1. *I expected him to can swim.［埋め込み動詞句の中に様態の助動詞］
i-2. I expected him to be able to swim.
i-3. *I expected him to did it immediately.［埋め込み動詞句の中に過去時制］
i-4. I expected him to have done it immediately.

　これらの例が示すように、埋め込み動詞句の中に、様態や時制を示す形態は来れない。（もちろん、法を表わす形態も来られない。）したがって、「可能」の意味を表わすためには、様態の助動詞ではなく、可能の意味を持つ動詞句 be able to が使われ、あるいは、「過去」の意味を表わすために、過去形（did）ではなく、**完了形**（have done）が用いられている。（言うまでもなく、この have は「現在時制」などではなく、非・過去形の不定詞で、時制の範疇を無化（neutralize）している。）この例が示すように、埋め込み動詞句の中でも、完了などの相（アスペクト）の範疇は、規制少なく用いられている。
　節のアスペクト（clausal aspect）、つまり、現代標準英語では、have + 過去

分詞や、be + 動詞 -ing の形（ないし、その不在）で表わされる（非）完了相や（非）進行相は、言うまでもなく、動詞よりもスコープが大きく（上述参照）、動詞の内部（とくに語幹）には現れえない。当然、法、様態、時制といった、より指標性の高い範疇も、主節の主動詞（main verb）の内部（語幹）には現れない。ただ、動詞類のような範疇のみが、主節の主動詞の中（語幹）に現れる（たとえば、John killed Tom. の主動詞である kill には、動作動詞、他動詞、2項動詞などといった範疇が現れている。）

　以上、見てきたように、節と節・動詞句との結合の度合いに基づく節結合の階層は、指標性の大小（度合い）に基づく述語句（動詞句）・節範疇の階層と、規則的な対応を示している。これは、すなわち、節結合の階層も、また、コミュニケーション出来事の核に位置するオリゴを中心とした指標性の大小の原理に基づいて構成されているということである。こうして、言及行為、述定行為といったコミュニケーション行為・出来事に基づく名詞句範疇、述語句・節範疇、そしてこれら範疇列の連辞的な展開である言及指示継続の範疇、節結合範疇、以上、4つの、コミュニケーション行為・出来事に基づく普遍文法の基本的な範疇が、全て、コミュニケーション出来事の核に位置するオリゴを中心とした指標性の大小の原理に基づいて階層化されていることが示された。

　換言すれば、このようにして、文法コードという最も象徴性の顕著な現象さえ、指標軸の中心に位置する、コミュニケーション出来事のオリゴに基礎づけられている（投錨されている）ことが明らかとなったのである。そして、これは、いわば、当然のことであることに注意されたい。なぜならば、いかに象徴性が高いとはいえ、文法というものが、コミュニケーション出来事の場で行われる言及指示行為や述定行為で使われるコードである限り（それ以外、どのようなかたちで文法を定義できようか）、文法が、今、私たちが確認したように、コミュニケーション出来事の場の中心に位置するオリゴと体系的に関係づけられていること、つまり、オリゴを中心に開かれている指標野（指標性の空間、すなわち、コンテクスト）と体系的に相関していることは、論理的な帰結以外のなにものでもないからである。

　本節では、前節で紹介したコミュニケーション理論（出来事モデル）を生み出した言語人類学の歴史的な経緯について簡単に触れたのち、このモデル

が示唆する社会、そして世界の有り様について述べ、続いて、言語人類学のコミュニケーション・モデル、そして言語人類学の描く社会像・世界像と高い整合性と結束性、一貫性を持つ名詞句範疇、その他の3つの基本的な範疇からなる、普遍文法を解説した。本節の記述が示唆するように、社会記号論系の言語人類学の発見した普遍文法は、コミュニケーションという、すべての人間が行っている社会文化的な語用・出来事に根ざしたものであり、したがって、極めて論理的、かつ経験的な妥当性を、英語や日本語だけでなく北米先住民諸語や豪州先住民諸語を含む、多種多様な言語に対して持っている。また、その普遍性も、とくにチョムスキーなどの形式主義的な似非普遍文法（擬似科学）と比べた場合、極めて高い。その意味で、言語人類学の提示する普遍文法は、真に「科学的」なものであると言えよう。他方、本節で紹介した言語人類学の描く社会像・世界像に関しては、社会科学に詳しくない読者には、やや違和感のあるものに映ったのではないかと危惧するが、この世界像、宇宙観が、前節で紹介したコミュニケーション理論（出来事モデル）や、本節で解説した名詞句階層などから成る普遍文法と整合性を持ち、一貫した体系を成していることを理解するとき、言語人類学の描く社会像・世界像が、それがいくら我々の社会や文化の抱く常識とは乖離していようと、妥当性のある、「科学的」なものであることが、理解できるのではないかと考える。周知のごとく、特定の文化社会内で流通している常識と、他方、科学的な知見とは、えてして、一致しないことに留意されたい。

　以上を確認したうえで、最終節となる次節では、本章で論述してきた内容に関連づけて、言語教育に関して、再び簡単に論じたい。

4. 言語人類学と言語教育

　現代言語人類学の提示するコミュニケーション理論、とくに社会・世界の構成が、言語教育に対して持つ含意については、上で少し触れたので、本章では、とくに、前節で説明したような普遍文法が持つ含意を中心に論じる。

　まず第1に、理科のような科目が、物理学や化学、生物学などで提示されている見解を、初習者用にアレンジして、中等教育などで導入しているのとまさしく同じように、言語に関わる「英語」や「国語」などといった科目も、当然、現代のコミュニケーション理論や文法理論、社会理論で提示され

ている見解、すなわち、本章で論述したような見解を、初習者用にアレンジして、導入することが望ましいことは疑う余地がない。語学は、技術習得のみに終始してはいけないのであって、言語とは何か、コミュニケーションとは何か、社会文化とは何か、文法とは何か、そして、コミュニケーションや文法は、環境（コンテクスト）や社会文化的な価値、アイデンティティ、力関係などとどう繋がるのか、これらについて思考する力を育成する義務が、語学教育にはある。

　とくに文法に関して言えば、たとえば英語などの文法を教えるとき、英語の示す普遍文法的な特徴（前節参照）に焦点を当て、それらをできるだけ分かりやすく教えることができれば、英語のみならず、いかなる外国語にも共通する基盤を提示したことになろう。そして、これも前節、及び前々節で示したように、その普遍文法的な特徴とは、英語を、コミュニケーションへ、そして社会文化へと繋げてゆくものでもある。それならば、普遍文法的な特徴を通して、文法が、コミュニケーションや社会文化と直接的に連続し、一体となっていることを示せるようなカリキュラム、シラバスを作ることが可能だろうし、それによって、〈文法・対・コミュニケーション〉という、第1節で見たように、現在巷に流布している二項対立的な枠組を乗り越えることも可能となろう。少なくとも、そのような試みは、努力に値するものであると思う。

　では、より具体的には、どのように、文法や言語は、コミュニケーション、社会文化と繋がるのであろうか。そのような問題を集中的に研究してきた教育社会学や社会言語学、そして言語人類学などの知見に依拠しつつ、再び、普遍文法、とくに名詞句階層に沿って論じてみたい。まず、名詞句階層が、オリゴに最も近い、指標性の最も大きい、つまり、コンテクスト依存性の最も高い名詞句（代名詞など）から、オリゴから最も遠い、指標性の最も小さい、すなわち、コンテクスト依存性の最も小さい名詞句（抽象名詞など）へ、という原理に則って構成されていたことを想起されたい。下述するように、教育社会学や社会言語学の研究から、このコンテクスト依存性（context-dependency）という範疇が、諸々の社会学的、教育学的範疇と強く相関していることが知られているのだから、名詞句階層と、これらの社会学的・教育学的範疇との結びつきを分かりやすく示すことにより、文法から社会・教育

へと円滑かつ直接的に推移することが可能となろう。

たとえば、家庭の中や親しい友人との間では、典型的に、インフォーマル（カジュアル）で、省略が多く、口語的ないし「母語」的で、相互行為的[27]、そして親密さ（アイデンティティの共有）を示す言語使用などのコミュニケーションの様態が強く観察されるのだが、これらは、コンテクスト依存性の高いコミュニケーションの特徴であり、したがって、名詞句階層でオリゴに近い名詞句（代名詞やゼロ照応詞など）が多用され、また、述語句・節階層、言及指示継続の階層、そして節結合階層のうち、指標性の高い部分（たとえば、従属節や関係節などの複雑な構文（hypotaxis）ではなく、並置や等位接続などの単純な構文（parataxis）、そして、相手への働きかけや主観の表示など、法や様態に関わる範疇）も多く使われる。（その他の目立った特徴を幾つか挙げておくと、抽象名詞その他の抽象的な単語（big words）ではなく、日常的な単語や基本的な単語が多用されること、文（センテンス）ではなく、（文になっていない）節や句（チャンク）が使われること、ブツブツ切れる（チョッピーな）、緩めの散文で、語の反復（redundancy）なども顕著であること、以上のようなものとなる。詳細は、Tannen（1989）などを参照。下述する、コンテクスト依存性の低いコミュニケーションの特徴は、この逆となる。）

他方、公的な空間やよく知らない人（他人）との間では、一般的に言って、フォーマルで、省略が少なく、文語的ないし標準語的・国際（標準）語的、思索・学術的[28]、そして社会的距離の大きさ（疎遠さ）を示す言語使用などのコミュニケーションの様態が、一般に、比較的強く観察されるのだが、これらは、コンテクスト依存性の低いコミュニケーションの特徴であり、したがって、名詞句階層でオリゴに近い代名詞やゼロ照応詞などは、それほど使われず、むしろ、抽象名詞その他の普通名詞などが多用される。また、述語句・節階層、言及指示継続の階層、そして節結合階層のうち、指標性の低い部分（たとえば、従属節や関係節などの複雑な構文、そして、相手への働きかけや主観性などを示さない「客観的」な、脱コンテクスト化した表現）も多く使われる。（非常に一般的に言って、名詞句階層に沿って、指標性の低い表現になればなるほど、言及指示対象や聞き手などに対する「丁寧さ」（疎遠さ）は拡大する傾向にあることにも注意されたい。たとえば、Your Majesty（抽象名詞）、Queen（人間名詞）、Mother（親族名詞）、you（2人称代

名詞) などを比較されたい。また、ドイツ語で、聞き手のみを指して使われるSie (元来は3人称代名詞複数形) と du (2人称代名詞単数形) とを比較した場合、指標性の低い Sie の方が丁寧さ・疎遠さを示す強い傾向があることにも注意されたい (cf. メイ, 2005, pp. 73–74; 小山, 2008a: 第2章)。同様の現象は、英語や独語など、欧州諸語だけでなく、世界の言語に広く見られる。)

　以上、紙幅の都合上、誠に極めて簡単にではあるが、バイリンガリズム研究、言語教育学、社会言語学、ダイグロシア (2重言語使用) 研究、談話分析、言語習得論などに見られる社会的範疇 (cf. McKay & Hornberger, 1996; Coupland, Sarangi, & Candlin, 2001) と、名詞句範疇などの普遍文法の範疇が、どのように相関するのか、その具体的な結びつきを示唆した。普遍文法を通して、文法、コミュニケーション、社会文化を、体系的に、かつ一貫性を持って結びつける現代言語人類学の記号論が示唆するように、文法と社会との間に直接的な関与があることが、これによって、より具体的に明確になったのではないか、と推察する。本章で紹介したようなコミュニケーション理論、社会文化理論、文法理論を基底に据えたうえで、本節で見たような、ことばと社会の具体的な結びつきに焦点を置き、言語の授業を行うことによって、たとえば、旧套の英語教育とは、かなり違った、社会的、現実的、そして本当の意味で「コミュニカティヴ」な、文法を含みこんだ、コミュニケーションの教育が、やがて可能になると推察する。

注

1　コミュニケーションが行われる状況や、背景理解の枠組みのこと。広義には、ある場面に関わる人々が、そこで生起する出来事に従事する時、そしてそれを解釈し、理解する時、関与してくるあらゆる変数の全体を指す。狭義には、コミュニケーションの起こっている場、およびそれに近接した領域に位置する変数のみを指す。後者は、「ミクロ・コンテクスト」とも呼ばれる。

2　「言語人類学」とは、後述するように、ボアス (1858–1942) や、その弟子サピア (1884–1939) によって打ち立てられた学問で、主に北アメリカやオーストラリアを中心に社会組織化されている学知である。とくに北米に焦点を当てた場合、ボアス、サピア以降、言語人類学は、サピアの弟子であったスタンリー・ニューマン (1905–84)、メアリ・ハース (1910–96)、モリス・スワデシュ (1909–67)、ベンジャミン・ウォーフ (1897–1941) などへと引き継がれ、やがて、ハースのいたカリフォルニア大学バーク

レー校(UCB)などと関連を持つかたちで、ウィリアム・シブリー(1921-)、「談話分析」のジョン・ガンパーズ(1922)、ウィリアム・ブライト(1928-2006)などが現れ，加えて、ニューマンのいたニュー・メキシコ大学、およびその近隣に位置するアリゾナ大学、あるいは、サピアとフィールド(オレゴン州コロンビア河流域、ワシントン州ヤキマ保有地など)を共有したデル・ハイムズ(1927-)の所属したインディアナ大学やペンシルヴェニア大学、そして、マイケル・シルヴァスティン(1945-)などにより、とくに記号論系の現代アメリカ言語人類学の中心地として台頭したシカゴ大学などを中心に、展開してきた。

言語人類学の中核には、(1) ハイムズの率いた「ことばの民族誌」(Ethnography of Speaking; 後に、「コミュニケーションの民族誌 ; Ethnography of Communication」)が位置しており(cf. Bauman & Sherzer, 1974; Hymes, 1974)、この流派は、とくにハイムズなどを通して(cf. Hymes, 1996, 2003, 2004 [1981])、ボアス、サピア以来のフォークロア研究、エスノ・ポエティクス(民族詩学)、ナラティヴ研究の領域にも従事し、その延長線上には、社会学などのオーラル・ヒストリー研究、方言研究、文学研究などが位置している(cf. Bendix, 1997; Evans, 2005; 小山、2008a：第1章)。

また、「コミュニケーションの民族誌」は、他方で、(2) ガンパーズの「談話分析」(cf. Gumperz, 1982a, b)、あるいは、(3) 記号論とも重複して展開しており、前者の延長線上には、ジョージタウン大学のタネンなどの談話分析(cf. Tannen, 1989)やスコロン＆スコロンの「異文化コミュニケーション研究」および「社会記号論」が存在する(cf. Scollon & Scollon, 2003)。

他方、(3) シルヴァスティンに代表される記号論系の言語人類学の延長線上には、セビオク(1920-2001)などの動物記号論、生命記号論を経由して動物行動学、生物学、生態学(エコロジー)などが位置している(cf. 池上、2002)。その他、記号論は、文化人類学(とくに象徴人類学、構造人類学、解釈人類学など)、カルチュラル・スタディーズなどの文化研究、比較社会学、社会人類学などの社会研究とも密接に繋がっており(cf. Parmentier, 1987, 1994, 1997)、また、他方で、(4) 生態学に繋がるエスノエコロジー、それを包含するエスノサイエンス(民族認知科学)などを経由して(cf. Silverstein, 2004, 2006, 2007)、認識人類学、認識心理学、認知言語学、認知科学、やがては工学、人工知能・脳研究などへと連続する。

概ね、このようなかたちで、北米の言語人類学は構成されていると言えるが、その中心には、上述からも明らかなように、コミュニケーションの民族誌が位置し、また、他領域との関連性という点で見た場合は、おそらく記号論系の言語人類学が、言語人類学の中軸となろう(cf. 小山、2008a)。本章で言う「言語人類学」は、主に、記号論系のそれを指して用いられている。

3 サイバネティクスのモデルでは、(サーモスタットなどに見られるような)フィードバック回路が極めて重要であるが、ここでは省略してあることに注意されたい。フィードバックは、図1が示すモデルに基づき、それに乗っかるかたちで作用するため、以下に記述する、このモデルの特徴は、フィードバック付きのモデルに対しても、当然、妥当することは明らかであろう。

4 上で、シャノンのサイバネティクスのモデルを解説するとき、6 要素を同定したが、これは、このヤコブソンのモデルで挙げられている 6 要素をシャノンのモデルに援用したものである。

　このことが示唆するように、ヤコブソンのモデルは、シャノンのモデルの雛型（マトリクス）、「メタ言語」（後述）となっている。つまり、シャノンのモデルは、より「リッチ」なヤコブソンのモデルの語彙に（モデルを強く変形させることなく）翻訳可能である。

5 テクストとは、抽象的な、文法などのコード（言語学者のソシュール（1857–1913）の言葉で言えば、ラング）のレヴェルではなく、具体的な場面で用いられる言語表現・コミュニケーション表現（ディスコース；ソシュールの言葉で言えば、パロール）のレヴェルでの事象であり、一般的には、言葉やコミュニケーションによって「織り成されるもの」（構成されるもの）を指す。1970 年代に浸透したポスト構造主義や記号論によって、テクスト分析、テクスト理論など、新たな知見が展開されたと言われている。

6 反復は、記号論で言う「類像性」（iconicity）に当たる。

7 誤解のないように言っておくと、日常会話などの散文にも、反復などを通してテクスト性が、ある程度（つまり、韻文ほどではないにしても）、見られる。たとえば、「昨日、永井さんが来ました。永井さんは、暗い顔をしていて、なにか、思いつめているようでした。」といった散文にも、「永井さん」という名詞句が、1 度目は新情報（レーマ）として、2 度目は旧情報（テーマ）として、2 度、反復して現れており、そのような反復を通して、（機能主義文法家のハリデーなどが言うところの）テクスト性が生じているわけである。詳細は、第 3 節、言及指示機能の解説を参照。

8 辞書的に定義すれば、ロシア・フォルマリズムとは、文学と詩を、日常生活の言語から区別し、文学研究を科学的に究明するために、ある作品を文学たらしめているもの（文学性）の形式的メカニズムを重視する思想や運動であったと言われている。詳細は、Erlich（1981［1955］）や Jameson（1972）などを参照されたい。

9 "ethnography" は、「民族誌」とも訳される。

10 状況的コード・スイッチングとは、たとえば、普段はスペイン語で話しているのに、教会の中で宗教儀礼を行うときだけラテン語に変える、などといったふうに、状況によって使用言語や方言（言語変種、レジスター）が変化する場合を言う。他方、隠喩的（＝創造的）コード・スイッチングとは、たとえば、最初、標準語で話しあっていた人々が、親しくなってくるにつれ地域方言にスイッチする場合に見られるように、状況は一定のままなのに、使用言語や方言が変化し、それによって社会関係の変化が指標されるケースを言う。

11 名詞句階層の範疇は、実は、より細かく細分化されているが、煩雑さを避けるため、簡略化したものを、ここでは表示する。詳細は、Silverstein（1976, 1981, 1987）などを参照されたい。

12 厳密に言うと 3 人称代名詞（she, he, it, they）は、発話内照応（anaphoric co-reference）だけでなく、指示詞のように、発話外指示（exophoric reference）にも使用される。（たと

えば、近くにいる人を指差しながら、He is weird. などと言う場合を参照。) 同じく、指示詞も、発話外指示だけでなく、発話内照応にも使用できる。(たとえば、Do you know this? Mary is gone now. における、this の用法など。)

13 日本語では、車を指して使われる「ブーブー」、そば・うどん等の麺類を指して用いられる「チュルチュル」、あるいは「やっちゃん」の「ちゃん」などがこれに当たる。
14 「(超)自然界」とは、人間世界のみならず、人間社会を超えた世界も包含する世界を指す。「マクロコズム」とほぼ同義語。
15 たとえば、「これ」、「ここ」、「今」などの表現は、普通、聞き手ではなく、話し手に近いもの、場所、時間を指す。この事実が示唆するように、オリゴ(「今・ここ」の基点)は、普通(常にではない)、話し手の近隣に置かれている (cf. Hanks, 1990)。
16 非過去形が、法則を表わす例としては、The sun rises in the east.、無・時制を表わす例としては、He expected her to come. に見られるような、不定詞に続く原形(come)のケースが挙げられる。(原形が、過去形とではなく、「現在形」と近似した形態を持つことに注意。)
17 動詞類の一部には、指標性の比較的高い範疇も存在する。たとえば、go、come などの移動動詞 (motion verbs) は、指標性が、かなり高い。
18 ここで、have + 過去分詞(完了形)は過去の意味である。過去の意味なのだから、本来ならば、was (eating spaghetti) が使われるべきなのだが、may に続く場所には原形(=非・過去形)しか来られず、したがって、過去形の was は使えず、結果、完了形(have been)になっているわけである。
19 厳密に言えば、ハワイ語や中国語、ホピ語などと同じく、現代日本標準語にも時制と言い切れるような範疇はなく、「い」は(非)完了相に主に対応するが、文末で用いられた場合、「い」は普通、現在のオリゴとの関係で解釈され、非・過去の意味となる。
20 チョムスキーの普遍文法は、本書が中心的に扱っているような、社会・文化・歴史などの〈コンテクスト〉を考慮していない(すなわち適切に理論化することなく捨象している)ため、その論理的な帰結として、言語が社会などと、どのように関わるのかについての説明が、ほとんどまったくできないことに、まず、注意されたい。当然、言語には、社会言語学や言語人類学が扱う、現実の社会や文化の中で使用される、といった実際的(パロール的)な側面、歴史言語学や歴史語用論が扱う、時間的な流れの中で、文化や社会の変容と相互関連しながら変化を遂げる、といった歴史的な側面がある。実際的、そして歴史的(とくに社会文化史的)な側面が、共時態に見られる抽象的な、脱コンテクスト化された言語構造(文法)と体系的に相関していることが明らかである限り(実際的なコミュニケーション(パロール、言語使用)過程と文法構造との間に体系的な、事実、普遍的な相関が存在することは、本章第3節で示している通りである)、その限りにおいて、実際的、歴史的な側面を明瞭に理論化し、経験的に調査し、そして体系的に制御(コントロール)せずしては、共時的な言語構造(文法、ラング)が正しく理論化、分析できないということは、科学的方法論を学んだことのある者には、あまりにも、悲しいまでに、明らかである。形式主義の言語学者たちが、なぜ、そのような単純明快な科学論の基礎にさえ通じていないのか、大変、興

味深い現象であると言わざるをえない。

　付言すれば、チョムスキー派の言語理論と言語観は、言語教育研究に有益に用いることもできない。第 2 章で論じるように、実際の教室空間で行われる教育（言語教育を含む）は、紛れもなく社会の中で行われるコミュニケーション行為である。そのため、社会空間を捨象してしまっては、会話分析や教室ディスコース研究や言語人類学が明らかにしてきたような、教室などで実際に生起している、（言語）教育に纏わるコミュニケーション過程が隠されてしまい、結果として、教室でのコミュニケーションや言語習得に関係する重要で直接的な知見が失われてしまう（cf. Candlin & Mercer, 2001; Cazden, 2001; Collins, 1996; Collins & Blot, 2003; McKay & Hornberger, 1996; Norton, 2000; Norton & Toohey, 2004; Wertsch, 1985; Wortham, 2006）。

　最後に、やや専門的となるが、形式文法が、それ自身が規範として掲げる「科学性」の基準に照らしてさえ、「科学的」でないことの証左として、形式文法に見られる「名詞句階層」の取り扱い、言い換えれば、「名詞句階層」が、どのように、まっとうに科学的なかたちで扱われていないか、について簡単に述べておく。第 3 節で示したように、名詞句階層は、知られているすべての言語に関して、その存在を示す多くの文法現象を持つ、明らかに顕著に普遍性の高い文法範疇的規則性であるにもかかわらず、たとえば、古典的な変形文法のような形式主義の枠組みでは、名詞句階層は、選択制限のような、露骨なまでにアド・ホックな範疇によってしか概念化されていない。その他、諸々の形式主義の文法に関しても、それが、形式主義の文法である限り、言い換えれば、コンテクストで生起するコミュニケーション出来事との関係で、抽象的な文法体系を捉えるという姿勢、つまり、後者を前者に還元することなく、後者の独自性を認めた上で、後者がどのように前者によって規制（「決定」ではなく、規制）されているのかを理論的に考察しようとする姿勢を示さない類の文法理論である限り、当然ながら、コミュニケーション出来事が生起しているコンテクストの中心（オリゴ）に基点を持つ体系である名詞句階層は、形式文法の分析においては、究極的に見た場合、必然的にアド・ホックな扱いしか受けえないことに注意されたい。

21　専門的となるので、ここでは議論しないが、北アメリカの先住民言語の 1 つであるチヌーク語などの「抱合言語」（incorporating, or "polysynthetic," language）と呼ばれるような言語に顕著に見られる言及指示の範疇として、「交替指示」（switch reference）がある。

　　（a）レーマやテーマが織り成す語用的な言及指示継続（pragmatic co-reference; 上記参照）、（b）交替指示、（c）上述した tell や promise の動詞句に見られるような、意味論・統語論的な言及指示継続（semantico-syntactic, formal structural co-reference）、これら 3 者を比較した場合、(a) > (b) > (c) の順で指標性が高いこと、つまり、これらの 3 範疇も、また、指標性の階層を成していることが分かっている。詳細は、小山（2009）などを参照。

22　that- 従属節に叙想法は現れることができるが（cf. I recommend that he be admitted.）、その使用は極めて制限されたものである。（また、この場合、従属節の動詞が原形となり、時制の範疇が無化されることにも注意。）

23 ?? は、概略、「起こりうるが、特殊な（語用的効果を持つ）文」、他方、*（星印）は、「かなり起こりがたい文（非文）」を意味する記号であると解釈されたい。
24 主節が疑問法の場合、従属節は直説法をとりうるが (e.g., Do you like him because he is young?)、これは直説法が無標 (unmarked) の法範疇であることによる。有標・無標関係は、上述の「無化」(neutralization) と深く関係し、文法の根幹に関わる重要なものであるが、説明がやや専門的になるので、ここでは割愛する。詳細は、Silverstein (1985)、Koyama (1999)、小山 (2009) などを参照。
25 これも、主節が疑問法あるいは命令法の場合、関係節は直説法をとりうるが (e.g., Do you like the guy we met yesterday?; Don't call the guy we met yesterday!)、その理由は、直説法が無標の法範疇であることにある。

つまり、無標の法範疇である直説法以外の法は、従属節では起こりがたい。言い換えると、従属節では、法範疇が無化 (neutralize) している。
26 時制に関しては、that-従属節において、やや強い規制が働き、主節が過去形の場合、従属節は、普通、（原形の場合を除くと）非・過去形をとらない。これは、that-従属節が、主節の中の名詞句として埋め込まれているため、結合度が、他の従属節（when、after、because、though などによって導かれる従属節）よりも高いことと関連している。後者のタイプの従属節では、時間に関するもの（when 節、after 節など）を除き、時制に関して、そのように強い規制は観察されないことに注意されたい。また、that-従属節でも、主節が非・過去の場合は、従属節に過去形が現れることに対する強い規制は見られないことも付記しておく。**重要な点は、法に関しては、無標の直説法だけが、従属節や関係節で現れうるのに対して、時制に関しては、無標の非・過去だけでなく、過去も現れるということである。**
27 Cummins (2000) の言葉で言えば、Basic Interpersonal Communicative Skills, or BICS に対応する。これは、後述する Cognitive Academic Language Proficiency, or CALP の対概念として用いられる。
28 Cummins (2000) の言葉で言えば、Cognitive Academic Language Proficiency, or CALP に対応する。

参考文献

Bateson, G. (1987). Information and codification: A philosophical approach. In J. M. D. Ruesch, & G. Bateson, *Communication: The social matrix of psychiatry* (pp. 168–211). New York: W. W. Norton.

Bauman, R., & Sherzer, J. (Eds.). (1974). *Explorations in the ethnography of speaking.* Cambridge: Cambridge University Press.

Bendix, R. (1997). *In search of authenticity: The formation of folklore studies.* Madison: University of Wisconsin Press.

Blake, B. J. (1994). *Case*. Cambridge: Cambridge University Press.

Brown, P., & Levinson, S. (1987). *Politeness: Some universals in language usage*. Cambridge: Cambridge University Press.

Candlin, C. N., & Mercer, N. (Eds.). (2001). *English teaching in its social context*. London: Routledge.

Cazden, C. B. (2001). *Classroom discourse: The language of teaching and learning* (2nd ed.). Portsmouth, NH: Heinemann.

Collins, J. (1996). Socialization to text: Structure and contradiction in schooled literacy. In M. Silverstein, & G. Urban (Eds.), *Natural histories of discourse* (pp. 203–228). Chicago: University of Chicago Press.

Collins, J., & Blot, R. (2003). *Literacy and literacies: Texts, power, and identity*. Cambridge: Cambridge University Press.

Comrie, B. (1976). *Aspect*. Cambridge: Cambridge University Press.

Comrie, B. (1985). *Tense*. Cambridge: Cambridge University Press.

Comrie, B. (1989 [1981]). *Language universals and linguistic typology: Syntax and morphology*. Chicago: University of Chicago Press.

Coupland, N., Sarangi, S., & Candlin, C. N. (Eds.). (2001). *Sociolinguistics and social theory*. Harlow: Pearson Education.

Cummins, J. (2000). *Language, power, and pedagogy: Bilingual children in the crossfire*. Clevedon, UK: Multilingual Matters.

Daneš, F. (1970). One instance of Prague School methodology. In P. L. Garvin (Ed.), *Method and theory in linguistics* (pp. 132–146). The Hague: Mouton.

Dixon, R. M. W. (1979). Ergativity. *Language*, 55, 59–138.

Dixon, R. M. W. (1982). *Where have all the adjectives gone?: And other essays in semantics and syntax*. Berlin: Mouton.

Duranti, A., & Goodwin, C. (Eds.). (1992). *Rethinking context: Language as an interactive phenomenon*. Cambridge: Cambridge University Press.

Ellis, R. (2003). *Task-based language learning and teaching*. Oxford: Oxford University Press.

Erlich, V. (1981) [1955]. *Russian Formalism: History – doctrine* (3rd ed.). New Haven, CT, and London: Yale University Press.

Evans, B. (2005). *Before cultures: The ethnographic imagination in American literature, 1865–1920*. Chicago: University of Chicago Press.

Foley, W., & Van Valin, Jr., Robert D. (1984). *Functional syntax and universal grammar*. Cambridge: Cambridge University Press.

Givón, T. (1980). The binding hierarchy and the typology of complements. *Studies in Language*, 4, 333–377.

Gumperz, J. J. (1982a). *Discourse strategies*. Cambridge: Cambridge University Press.

Gumperz, J. J. (Ed.). (1982b). *Language and social identity*. Cambridge: Cambridge University Press.

Halliday, M. A. K., & Hasan, R. (1976). *Cohesion in English*. London: Longman.

Hanks, W. F. (1990). *Referential practice: Language and lived space among the Maya*. Chicago:

第 1 章　社会文化コミュニケーション、文法、英語教育　83

University of Chicago Press.
Hanks, W. F. (1992). The indexical ground of deictic reference. In A. Duranti, & C. Goodwin (Eds.), *Rethinking context: Language as an interactive phenomenon* (pp. 43–76). Cambridge: Cambridge University Press.
Hanks, W. F. (1996). *Language and communicative practices*. Boulder: Westview Press.
Henson, H. (1974). *British social anthropologist and language: A history of separate development*. Oxford: Clarendon Press.
Hopper, P. J. (Ed.). (1982). *Tense-aspect: Between semantics and pragmatics*. Amsterdam / Philadelphia: John Benjamins.
Hymes, D. (1974). *Foundations in sociolinguistics: An ethnographic approach*. Philadelphia: University of Pennsylvania Press.
Hymes, D. (1996). *Ethnography, linguistics, narrative inequality: Toward an understanding of voice*. London: Taylor & Fransis.
Hymes, D. (2003). *Now I know only so far: Essays in native American ethnopoetics*. Lincoln, NE: University of Nebraska Press.
Hymes, D. (2004) [1981]. *"In vain I tried to tell you": Essays in native American ethnopoetics*. Lincoln, NE: University of Nebraska Press.
池上嘉彦 (2002). 『自然と文化の記号論』放送大学教育振興会.
Jakobson, R. (1971 [1957]). Shifters, verbal categories, and the Russian verb. In *Selected writings, Vol. 2* (pp. 130–147). The Hague: Mouton.
Jakobson, R. (1990). *On language* (L. R. Waugh & M. Monville-Burston, Eds.). Cambridge, MA: Harvard University Press.
Jameson, F. (1972). *The prison-house of language: A critical account of Structuralism and Russian Formalism*. Princeton, N J: Princeton University Press.
Koyama, W. (1997). Desemanticizing pragmatics. *Journal of Pragmatics*, 28, 1–28.
Koyama, W. (1999). Reference entailment and maintenance mechanisms in universal grammar of Japanese. *Studies in Language*, 23, 105–147.
Koyama, W. (2000). Critique of linguistic reason II: Structure and pragmatics, synchrony and diachrony, and language and metalanguage. *Rask (Internationalt tidsskrift for sprog og kommunikation)*, 12, 21–63.
Koyama, W. (2001). Dialectics of dialect and dialectology: Culture, structure, and ideology of "the Kyoto dialect" of Japanese. *Journal of Pragmatics*, 33, 1571–1600.
Koyama, W. (2005a). Anthropology and pragmatics. In K. Brown (Ed.), *Encyclopedia of language and linguistics* (2nd ed.), Vol. 1 (pp. 304–312). Oxford: Elsevier.
Koyama, W. (2005b). Phonetics and pragmatics. In *Ibid.*, Vol. 9 (pp. 415–418).
Koyama, W. (2005c). Pragmatics and semantics. In *Ibid.*, Vol. 10 (pp. 25–32).
Koyama, W. (forthcoming). Indexically anchored onto the deictic center of discourse: Grammar, sociocultural interaction, and "emancipatory pragmatics." To appear in *Journal of Pragmatics*.
小山亘 (2008a). 『記号の系譜：社会記号論系言語人類学の射程』三元社.

小山亘 (2008b).「Origo：オリゴ」『月刊言語』37巻5号（5月号）30–35頁.
小山亘（2009, 出版予定）（編）.『記号の思想：現代言語人類学の軌跡 ― マイケル・シルヴァスティン論文集』（仮題）三元社.
Labov, W. (1972a). *Sociolinguistic patterns*. Philadelphia: University of Pennsylvania Press.
Labov, W. (1972b). *Language in the inner city: Studies in the Black English Vernacular*. Philadelphia: University of Pennsylvania Press.
Lehmann, C. (1988). Towards a typology of clause linkage. In J. Haiman, & S. A. Thompson (Eds.), *Clause combining in grammar and discourse* (pp. 181–225). Amsterdam: John Benjamins.
Levinson, S.C. (1983). *Pragmatics*. Cambridge: Cambridge University Press.
Lyons, J. (1977). *Semantics* (2 vols.) Cambridge: Cambridge University Press.
Malinowski, B. (1989) [1923]. The problem of meaning in primitive languages. In C. K. Ogden & I. A. Richards, *The meaning of meaning: A study of the influence of language upon thought and of the science of symbolism* (pp. 296–336). New York: Harcourt Brace Jovanovich.
McKay, S. L., & Hornberger, N. H. (Eds.). (1996). *Sociolinguistics and language teaching*. Cambridge: Cambridge University Press.
メイ, J. L.（2005）.『批判的社会語用論入門：社会と文化の言語』(小山亘訳). 三元社. ［原著：Mey, J. L. (2001). *Pragmatics: An introduction* (2nd ed.). Oxford: Blackwell］.
Norton, B. (2000). *Identity and language learning: Gender, ethnicity, and educational change*. Harlow, UK: Pearson Education.
Norton, B., & Toohey, K. (Eds.). (2004). *Critical pedagogies and language learning*. Cambridge: Cambridge University Press.
Parmentier, R. J. (1987). *The Sacred remains: Myth, history, and polity in Belau*. Chicago: University of Chicago Press.
Parmentier, R. J. (1994). *Signs in society: Studies in semiotic anthropology*. Bloomington: Indiana University Press.
Parmentier, R. J. (1997). The pragmatic semiotics of cultures. *Semiotica*, 116 (1), 1–114.
Scollon, R., & Scollon, S. W. (2003). *Discourses in place: Language in the material world*. London: Routledge.
Searle, J. R. (1969). *Speech acts: An essay in the philosophy of language*. Cambridge: Cambridge University Press.
Silverstein, M. (1976). Hierarchy of features and ergativity. In R. M. W. Dixon (Ed.), *Grammatical categories in Australian languages* (pp. 112–171). Canberra: Australian Institute of Aboriginal Studies.
Silverstein, M. (1985). Noun phrase categorial markedness and syntactic parametricization. *Proceedings of the Eastern States Conference of Language*, 2, 337–361.
Silverstein, M. (1987). Cognitive implications of a referential hierarchy. In M. Hickmann (Ed.), *Social and functional approaches to language and thought* (pp. 125–164). Orlando: Academic Press.
Silverstein, M. (1992). The indeterminacy of contextualization: When is enough enough? In P.

Auer, & A. di Luzio (Eds.), *The contextualization of language* (pp. 55–76). Amsterdam: John Benjamins.

Silverstein, M. (1993). Metapragmatic discourse and metapragmatic function. In J. A. Lucy (Ed.), *Reflexive language: Reported speech and metapragmatics* (pp. 33–58). Cambridge: Cambridge University Press.

Silverstein, M. (2004). "Cultural" concepts and the language-culture nexus. *Current Antholopology*, 45 (5), 621–652.

Silverstein, M. (2006). Old wine, new ethnographic lexicography. *Annual Review of Anthropology*, 35, 481–496.

Silverstein, M. (2007). How knowledge begets communication begets knowledge: Textuality and contextuality in knowing and learning.『異文化コミュニケーション論集』(*Intercultural Communication Review*) 第5巻, 31–60頁.

Sperber, D., & Wilson, D. (1986). *Relevance: Communication and cognition*. Oxford: Basil Blackwell.

Tannen, D. (1989). *Talking voices: Repetition, dialogue, and imagery in conversation discourse*. Cambridge: Cambridge University Press.

角田太作 (1991).『世界の言語と日本語—言語類型論から見た日本語』くろしお出版.

Van Valin, Jr., Robert D. (Ed.). (1993). *Advances in Role and Reference Grammar*. Amsterdam: John Benjamins.

Wertsch, J. V. (Ed.). (1985). *Culture, communication, and cognition: Vygotskian perspectives*. New York: Cambridge University Press.

Wortham, S. (2006). *Learning identity: The joint emergence of social identification and academic learning*. Cambridge: Cambridge University Press.

Zubin, D. A., & Köpcke, K.-M. (1986). Gender and folk taxonomy: The indexical relation between grammatical and lexical categorization. In C. Craig (Ed.), *Noun classifiers and categorization: Proceedings of a Symposium on Categorization and Noun Classification, Eugene, Oregon, October 1983* (pp. 139–180). Amsterdam: John Benjamins.

第2章　戦後日本のマクロ社会的英語教育文化：
学習指導要領と社会構造を中心に

綾部保志

1. 序論

　第1章では、英語教育の分野で、頻繁に語られる「コミュニケーション」という概念を鮮明化するために、社会記号論系言語人類学の科学的な「出来事モデル」を導入した。このモデルに立脚すれば、「文法」、「コミュニケーション」、「社会文化コンテクスト」を、体系的に説明できることを証明した。次に問題となるのは、現在の私たちの周りにある社会文化空間は、実際に、どのようなコミュニケーションによって醸成されている（きた）のかということである。本章ではこの点を明確にするため、日本の歴史的コンテクスト (hitsorical context) に照準を絞り、コミュニケーション出来事を大きく左右するマクロ社会文化的なコンテクストが、どのようなものなのかを歴史的に考証してみたい。

(1) 英語教育を取り巻く世相と諸問題

　21世紀とともに、英語という言語は世界共通語として、もはや広く定着した感がある。通信技術の発達や、進展するグローバル経済、大規模な人口移動に伴って、英語は資本主義の最重要言語としての地位を占めている。人々が具体的に英語と遭遇する場面としては、国際間の商取引、海外旅行、書物、新聞、インターネット、国際学会、科学技術、外交、スポーツ、ポップ・ミュージック、映画、文学作品、広告、衛星放送などがあり、枚挙に暇が無い。実利実用性の高い英語の拡散により、英語を第2言語、あるい

は外国語として学習し使用する人々の数は著しく上昇し、政治・経済・科学などの各方面で、英語への必要度が急速に高まっていると言える (Crystal, 1997)。

世界各国に英語が拡がるにしたがって、英語を使用する人々は大きく2種類に分類できる。それは、(1)アメリカやイギリス、カナダやオーストラリアなど、英語を母語とする「内側の円」(Inner Circle) と、(2)インドやシンガポール、ケニア、フィリピン、バングラデシュ、スリランカなど、第2言語として英語を話す「外側の円」(Outer Circle) や、エジプト、インドネシア、中国、日本、韓国、台湾、ネパールなどの「拡大する円」(Expanding Circle) である (Kachru, 1992, p. 356)。

言うまでもないが、この分類の背景には、欧米を中心とする先進国の社会ダーウィン主義、人種主義、帝国主義、植民地主義など、覆い隠すことができない歴史的事実があり、現在でもその延長線上で、英語は文化的資産や知的財産、最先端テクノロジーと密接に結び付き、Kachru (1992) のいうところの「内側の円」に属する人々に、有利な状況に働いている[1] (Pennycook, 1998)。そのため、英語の支配的状況に対して、「言語政策」と「言語イデオロギー」の両面において、社会的不平等の問題が浮き彫りとなり、アメリカ国内や欧州、フィリピンなど、世界各地で多くの問題が浮上している (Tollefson, 2000, 2002)。

英語を第2言語、または外国語として学ぶ人々に対して行われる ELT (English Language Teaching) は、Phillipson (1992) によれば、過去40年もの間、大学の研究機関、語学学校や学校教育、それに関連する出版物や教師トレーニング、カリキュラム開発など、巨大な教育産業としてその効力を発揮してきた。この ELT は、学習者が英語を学ぶ際に、一方向的な「援助」(aid) として機能するため、上記のような言語習得に絡む、教育産業的側面に関する実態は見過ごされやすいと言える[2]。

また、言語使用面や学習者主体の創造的な「活動」(activity) を強調し、全世界的に称揚され、昨今主流の「コミュニカティヴ・ランゲージ・ティーチング」(Communicative Language Teaching、以下 CLT)[3] も、決して普遍的な万能薬ではなく、旧植民地の途上国などの「周辺の円」に属する国々では、必ずしも文化的差異に適応できていないことが報告されている。一例としては、スリランカの大学生は、アメリカの (日常場面ごとの) 教材、帰納的な

文法指導、タスク活動など、CLTが主軸とする授業・教材に興味を示さず徐々に学習意欲を失っていった。その反面、学生らは教師中心の講義形式の授業運営や、言語材料（おもに文法）中心の教材や学習を切望したのだった (Canagarajah, 1993, 1999)。

この例が示すのは、文化背景の異なる学習者に対して英語を教えるには、「コミュニケーション」の名の下で垂直降下方式に言語教育を施すのではなく、より多面的な視野に立ち、相手側の民族性や言語権を尊重し、複雑化した社会文化コンテクストを、通時的（diachronic）・共時的（synchronic）の両面から理解し、その知見を踏まえて、彼らの文化にうまく適合させる必要があるといえよう。よって、日本の英語教育全般を考える本章でも、特定の教授法や研究領域だけに依拠せずに、英語教育を包含する（歴史的）コンテクスト全体を、可能な限り網羅的に取り上げる。

総じて、こうしたコンテクストの多様性を捉える研究は、近年になりこれまで以上に重視されている。近代以降、経験的な言語研究は、19世紀の歴史言語学（印欧語の比較文法や文献学）に始まり、音声学（音韻論）、形態論、統語論、意味論など、言語形式に焦点を当てた「理論言語学」（theoritical linguistics）を経由し、現代では、外国語教育、語用論、社会言語学など、実社会生活での言語運用を主眼においた「応用言語学」（applied linguistics）が隆盛であり、それは一定の成果を挙げてきたといえるだろう（言語学の歴史的流れについては、加賀野井（1995), Newmeyer (1988), Robins (1990) などを参照されたい）。

ところが、この応用言語学に、1980年代以降批判が浴びせられ、新しく台頭してきたのが「批判的応用言語学」（critical applied linguistics）と呼ばれる領域である。応用言語学が理論ベースで、法則的に言語使用を分析するのに対して、応用言語学が看過し易い政治性や社会性、イデオロギー性など、言語を取り巻く多様な言語環境までも研究対象とするのが批判的応用言語学である (Pennycook, 2001)。この批判的応用言語学が取り扱う分野に、「批判的教育学」（Critical Pedagogy）がある。そこでは、規範的な近代標準英語[4]を、第3世界の非英語母語話者に押し付けるのではなく、彼らの言語や文化を考慮し、学習者にとって優位性を持つよう再構築することが目指されている (Norton & Toohey, 2004)。

概して、近年のELT研究全般においては、社会的な独自性や文化的な個

別性も積極的に扱おうとする傾向が顕著に見受けられる (Candlin, 2001)。「第 2 言語習得」(Second Language Acquisition、以下 SLA) 研究でも、性差や年齢、心理的側面などの内在的要因が言語習得に及ぼす影響が、80 年代以降、Krashen & Terrell (2000) が提唱した「ナチュラル・アプローチ」(The Natural Approach) と 5 つの仮説[5]に基づき盛んに調査されてきた。そこでは、学習者は自律的に言語を習得する存在として見なされ、社会環境や文化複合体といったマクロ的要因が見落とされていた。

しかし近頃は、人間は、教室などの限定的なミクロ・コンテクストのみで言語習得するのではなく、教室外の社会化の過程全体を通して行うのだとする批判があり、マクロ的な社会文化コンテクストを含めた、より開かれた調査[6]の必要性が盛んに訴えられ、研究に広がりと深化が見られる (Pennycook, 1989, 2000; Canagarajha, 1999; Thorne, 2000; Roberts, 2001; Block, 2003; Ellis & Barkhuizen, 2005)。つまり、教授法や統計分析だけで、学習者のアイデンティティや言語権、社会歴史性を切り離した言語習得調査を行なえば、学習者はその実験が持つイデオロギー性に無批判・無抵抗に晒されることになり、CLT が唱える真の学習者中心主義にはなり得ないばかりか、科学的な信頼性、妥当性を持つデータを得ることは困難だと考えられているのである。

換言するならば、教室空間を「教育的空間」と限定し、外部からの諸要因を排除してしまうと、教室空間を「聖域化」する危険性がある。ところが、教室空間は次ページの図にあるように、紛れもなく数多の要因が介在する「社会文化空間」であり、その「全体の枠組み」が文化的な 1 つの嗜好性を持つ。そして、それはそれぞれの場 (文化) において異なると捉えられる。教室の言語習得という社会実践行為を把握するには、この空間に作用する諸々の見地を抹消せずに取り込むことが必要であろう。

以上述べたように、教室内といった限定的場所だけではなく、教室外の広範な社会コンテクストとの兼ね合いで、教育を把握しようとするようになってきたのは、フランスの社会学者のブルデュー (Pierre Bourdieu, 1930–2002) などが示唆した「再生産論」(reproduction) などに基づく、教育社会学の知見によるところが大きい (ブルデュー・パスロン, 1991)。教育における諸問題は、学校制度や社会構造などのマクロ社会的な影響に加えて、個人の特性や能力、育った家庭の経済的階級 (労働階級や資本家階級) や文化的環境

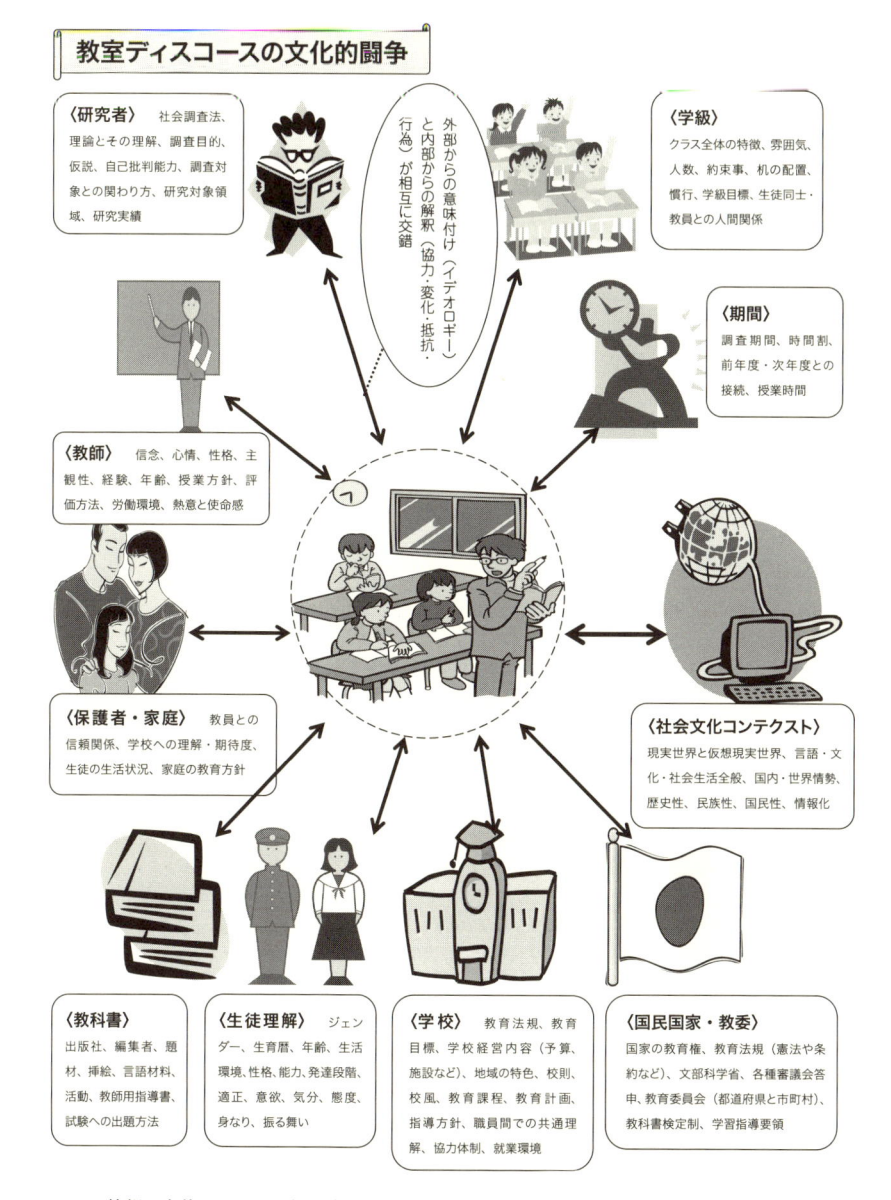

第 2 章　戦後日本のマクロ社会的英語教育文化　91

教室ディスコースの文化的闘争

〈研究者〉社会調査法、理論とその理解、調査目的、仮説、自己批判能力、調査対象との関わり方、研究対象領域、研究実績

外部からの意味付け（イデオロギー）と内部からの解釈〈協力・変化・抵抗・行為〉が相互に交錯

〈学級〉クラス全体の特徴、雰囲気、人数、約束事、机の配置、慣行、学級目標、生徒同士・教員との人間関係

〈期間〉調査期間、時間割、前年度・次年度との接続、授業時間

〈教師〉信念、心情、性格、主観性、経験、年齢、授業方針、評価方法、労働環境、熱意と使命感

〈社会文化コンテクスト〉現実世界と仮想現実世界、言語・文化・社会生活全般、国内・世界情勢、歴史性、民族性、国民性、情報化

〈保護者・家庭〉教員との信頼関係、学校への理解・期待度、生徒の生活状況、家庭の教育方針

〈教科書〉出版社、編集者、題材、挿絵、言語材料、活動、教師用指導書、試験への出題方法

〈生徒理解〉ジェンダー、生育暦、年齢、生活環境、性格、能力、発達段階、適正、意欲、気分、態度、身なり、振る舞い

〈学校〉教育法規、教育目標、学校経営内容（予算、施設など）、地域の特色、校則、校風、教育課程、教育計画、指導方針、職員間での共通理解、協力体制、就業環境

〈国民国家・教委〉国家の教育権、教育法規（憲法や条約など）、文部科学省、各種審議会答申、教育委員会（都道府県と市町村）、教科書検定制、学習指導要領

この枠組み全体が一つの文化的嗜好性を持ち、それぞれが鬩ぎ合い教室空間を形成している

が、被教育者に間接的・無意識的に作用するという考えが、近年飛躍的な研究成果を遂げている教育社会学で主流になりつつある。

　ブルデューは、所得による「経済資本」(economic capital) の格差に加えて、「社会資本」(social capital)・「象徴資本」(symbolic capital)・「文化資本」(cultural capital) という概念を新しく導入した。これは、隠された形で、特権的な家庭環境や学校教育の教え込みが、社会的秩序と階層維持の再生産に機能する、という指摘である（これを「再生産論」という）。そして、この再生産の過程で、個人の身体にほとんど無意識に蓄積された階層構造概念の、複雑な総体を「ハビテュス」(habitus) と呼んだ。「ハビテュス」は、知識・教養・技能・趣味・感性などの他にも、言語活動や身振りや身体活動についても当てはまる慣習的で緩い概念である[7] (Calhoun, 1993)。この理論は、英語教育に潜む格差問題にも適用可能である（この点については注7を参照）。

　つまり、これらブルデューの理論により、人間は社会により直接規定されるという強い意味でのマクロ的「社会決定論」(social determinism) が、既存の社会内の諸制度や他者との接触・相互作用で一個人は自らの性格や能力を構築するという、ミクロ的「社会構築主義」(social constructivism) へと上手く接合することに成功したといえる (Collins, 1993, p.126)。個人による教室内での言語習得（ミクロ社会的な現象）は、国家などが上から施す言語政策や、ある特定の時代や思想に深い影響を与える「言語イデオロギー」(linguistic ideology) などの、マクロ的要因に**制約**（「決定」ではない）されると考えられる。換言すれば、言語習得の程度や過程は、マクロ社会的な諸因によって**決定**されるのではなく、一定程度**制約**されるのであり、その限りにおいて、マクロ社会的な素因の研究は、ミクロ社会レヴェルでの言語習得の研究においても重要性を持つのである（「制約」の概念については、メイ (2005) を参照）。私たちのミクロ的生活世界を取り巻く物質、空間、表現手段を含む媒体にも、このマクロ的な素因（例えば、国家的アイデンティティ）が大きく働いているのである (Edensor, 2002)。

　以上のような現在の応用言語学、批判的応用言語学、言語教育学、教育社会学の議論・知見を考慮して、本研究では、比較的少数の人間の言語能力を短期間リサーチするようなミクロ的手法を採用せず、人間の言語能力や教育観を、特定の時代や社会の制約を受けて変動する総合体であるとみなす。そうであるならば、日本社会に散在し、教育政策や教育問題に直接あるいは間

接的に関わる、広人なマクロ社会的誘因を、批判的な見地から体系的に研究することには大きな意味があるだろう。このような超領域的アプローチは、決してミクロ的世界を否定するものではなく、ミクロ的視座からは得られず、見逃しやすい複合的な要因を探ることが可能になると思われ、ここに本研究の意義がある。次項では、もう少し具体的に、日本で多く見られる「私的英語教育論」の問題点を指摘し、本研究の目的と位置づけを明確にしたい。

(2)「私的英語教育論」の課題と研究目的

　現在「英語教育」の問題が、公、民、両領域に亘り注目を浴び、論議されているが、この、日本における「英語教育」の問題を考察する時、着目せざるをえないものとして、いわゆる「私的英語教育論」がある。「私的英語教育論」というのは、筆者の考えでは、「英語教育」に纏わる問題を、論者自身の主観的な経験で論じようとするものである (詳しくは後述する)。周知のように、これまで日本の英語教育の是非を巡って数多くの「私的英語教育論」が氾濫してきた。「私的英語教育論」には、当然、論者や時代、ジャンルなどにより、ある程度の多様性が見られるが、これらの論議の特徴を大別すると、以下に見るように、(1) 現状の国家や社会制度、教員や生徒に責任転嫁をしようとする「批判論」と、(2) 専門家・学習者自身の実績や経験から、授業実践の改善案や社会制度の変革を提示する「改革論」があるといえよう。この2つは、「批判論」から「改革論」へという図式で論が展開されることが多く、その意味で両者は表裏一体であると思われる。

　そのような「私的英語教育論」の代表的なものとして、古くは明治期末において、日本は既に近代化を達成したという認識から、英語が上級学校への進学以外に然したる目的が無くなったことで、大正初期に藤村作 (1875-1953) が唱えた「英語科廃止論」(川澄, 1978, pp. 251-262) に端を発した「英語教育存廃論争[8]」、戦後は、実用目的で一部のエリート養成を目指す平泉渉 (1929-) と、教養のための英語を強硬に主張した渡部昇一 (1930-) との「英語教育大論争」(平泉・渡部, 1995)、最近では、津田 (2003) や中村 (2004) が唱える「英語帝国主義批判論」や、「21世紀日本の構想」懇談会の報告書「日本のフロンティアは日本の中にある」(2000) がきっかけで浮上した「英語の第2公用語化論」(船橋, 2000) が挙げられる (英語教育論争の歴史資料

は、川澄（1978）に詳しい）。

　このような「私的英語教育論」は、現状に対する強い不満や問題意識から生成しているため、一時的に社会の注目を集めて、至極広い反響を呼ぶことに成功する。しかし、論者自身が特定の時代に属していることから、論旨がやや主観的で、時代的・社会的制約を免れることができないと考えられる。この「私的英語教育論」が直面する窮状に陥らず、日本の英語教育全体を洞見するには、個人的な信条や経験を全面的に拠り所とせずに、英語教育現象に関わり、相互作用して変容すると思われる、政治空間や文化空間などの社会文化コンテクストの特質と軌跡を十分に考察する必要があるだろう。

　現代日本の英語教育政策について、より具体的に言うと、和田稔（2004）が指摘する通り、特に1970年代以降、国家の言語教育政策は上意下達型（top-down）から、産業界や大衆から後押しされる下意上達型（bottom-up）に変容しつつあるように思われる。仮にそうであるならば、国家の教育政策に加え、その背後に潜む社会的背景や文化史的側面を、深く視野に入れた総合的な研究が求められる。そのため本研究では、戦後日本の教育答申や学習指導要領[9]に表象される、国家政策としての英語教育観を再考し、それらが社会の深層構造や表層構造、大衆意識や文化動向とどのように関わり変遷してきたのか、その全容を探るような、マクロ社会的英語教育文化研究を展開する。より具体的には、次項で詳説したい。

(3) 既成の英語教育研究の方法論を越えて

　まず、本研究の方法論について説明する。一般的に言って、「日本における英語教育」などといった現象は、様々な要素が複合的、偶発的に絡み合っているため、1つの理論や、あるいは1つの領域に限定した分析だけで十全に解明することは不可能だと言っても過言ではないだろう。そのため、本研究では、従来の英語教育研究で扱われている既存の領域に加えて、それ以外の多元的手法を採用する。具体的には、英語教育関連の分野として、(1) 明治以来の伝統的な文書などを歴史描写する「英学史」、(2) 言語学や心理学と結びつき、学習者の効率的・能率的な言語習得を目指す「英語教授法」、(3) 時局の進展で大きく変貌し、教育現場に直接的影響を与える「学習指導要領」や「英語教科書」の個別研究が挙げられる。

　更に、よりマクロな研究領域として、(4) 上述した指導要領や教科書、

各種審議会答申から教育理念を読み解く「教育学」、(5) 19 世紀から 20 世紀にかけて、産業化とそれが引き起こした様々な社会問題という文脈に、教育を位置づけて考察する「教育社会学」、(6) 社会の中で恣意的に信じられ、大勢を占める主流な原理に疑問を呈する一連の「批判的応用言語学」(Pennycook, 2001) に代表される「批判的教育学」(Norton & Toohey, 2004) や「批判的リテラシー」(Critical Literacies) (Street, 1984) なども意識的に織り込みたい。

そして最後に、(7) 現代のグローバルな資本主義社会のシステムに組み込まれ、膨大な文化テクストを生産する大衆の文化を扱う「カルチュラル・スタディーズ」(Cultural Studies)[10] も英語教育に関与する分野として捉えたい。テレビや映画などのサブカルチャー、コミックやテレビゲームなどの消費文化、オリンピックやワールド・カップなどの国際イヴェントは、特に高度経済成長の 1960 年代以降、教育や英語の大衆化とも深く関連していると思われるからである (吉見, 2000, 2001a)。

このように、本研究が扱う領域は実に多岐に亘るものだが、その目的は、戦後から現代までの、教育を取り巻く国家政策、イデオロギー、社会情勢、社会制度などの、歴史的ダイナミズムの変容を叙述しようとすることにある。そして、社会構造の変遷過程と、英語教育分野で見られる現象や諸研究に、ある種の関係性が見られるのかどうかを検討していきたい。

付け加えると、英語教育の先行研究や「私的英語教育論」の類は、社会や時代から分断して突発的に現れた言説ではなく、むしろそれらと共に歩んだ産物であるはずであり、その背後にあるプロセスと全体像を明らかにすることが本研究の究極的な目標とも言える。おそらくそのことにより、現代日本の英語教育問題に、何らかの新しい視座を見出すことができ、今後の研究発展に貢献することができるだろう。以上を明記したうえで、次項では、本章の構成の概要を示したい。

(4) 戦後から現代までの時代区分

以上、本研究の意義と方法論について、その大概を述べたが、次に本論文の構成について論述する。戦後から現代までの時代区分を終戦直後の 1945 年から 1954 年までの「戦後復興期」、1955 年から 1973 年までの「高度経済成長期」、1974 年から 1989 年までの「移行期」、そして 1990 年以降の「社

会構造転換期」と4つに分けて、それぞれ1節ずつ配分する。この4つの区分は、政治学や経済学などの諸学で広く行なわれている社会構造の分け方であり、本章でもこれに則って節立てを行なう。

　各節の始めの項では、指導要領作成の基準となる各種審議会の答申を取り上げ、その背後に潜む全体的な教育観を浮き彫りにする。次に、それら中・高の指導要領の中身を、目標や言語材料、言語活動などの観点から分析し、どのような英語教育観が集約されているのかを暴き出す。次の項では、教育現場の状況や大衆の動向など、同時期の社会・文化コンテクストを可能な限り多く叙述し、教育政策との連関関係を探り、どのような機能を持っているのかを同定する。

　最終的には、節のまとめとして(学校での英語教育にとって、「中心的」な)国家政策と(「周辺的」な)社会事象との関係性を、社会構造に着目しながら時代の文脈に位置づけて解釈することを試みる。その際、両者の特徴・特質を安易に結び付けたりせずに、英語教育の諸現象が社会文脈に深く根ざして生まれるプロセスや動勢を明確にし、社会の下支えになっている構造的性格や思考様式を探求する。

　かくして、本章の関心事は、広大なマクロ社会的コンテクストから得られる見地を(捨象するのではなく)積極的に取り込むことで、近年著しく拡張する英語教育現象に纏わる、様々な思想や言説が生成する歴史的過程を明るみに出し、それまで独立的に存すると思われた、あるいは蛸壺化した専門領域内で実践されていた個々の事象研究や実態調査[11]、そしてそこで表象される教育観、イデオロギー、教育的言説、教育実践行為が、実は社会構造や大衆文化から著しく乖離したものではなく、それらの大きな時流の中で相互作用しながら、重層的に交錯し編成されているものであることを結論として導き出していくことである。次の節では、終戦直後からの歴史分析を始める。

2.　復興期(1945 〜 1954 年)

　この節では、終戦後間もない状況から、国内冷戦的「55 年体制」が発足する 1954 年までに時代を区切り、(1) 50 年代前半までの教育政策、(2) 47 年版指導要領、(3) 51 年版の指導要領、(4) 終戦後の「英語会話」についてそれぞれ論じる。更に、同じ言語教育であるという観点から、「国語」につ

いても適宜取り上げて「英語」との比較考察を行う。

(1) 自由民主主義と保守政策の相克：50年代前半までの教育政策

終戦直後の日本の思想界で注目すべき論調は、アメリカ進駐軍[12]が訪れる以前から、多くの知識人たちによって、戦前の総力戦と同様の国家主義的（国民主義的）な思考体系に基づいて民主主義が渇望されていたことである（小熊, 2002, pp. 67–70）。そこでは、官僚と軍部の独善と腐敗が原因で、悲惨な敗戦の結末を迎えたと認識され、その改善のために、戦後は国民全体に自由と民主主義を植えつけて、社会的連帯意識と「個の確立」を併せ備えた、主体的な国民の育成が志向されていた。

戦前からのナショナルな思考体系が、終戦後の教育界においても、変わらない形で表出している。その例としては、文部省が1945年9月に発表した「新日本建設の教育方針」の中で、「国体の護持」と文化国家・平和国家の共存が可能だと考えていたこと（上田, 1987, pp. 34–35）、それにも関わらず、1946年3月の「第1次アメリカ教育使節団報告書」により民主化が一気に図られると、「新教育指針」（同年5月）では、過去の「軍国主義」（militarism）や「超国家主義」（ultra-nationalism）を排除し、自由と民主主義による平和的文化国家建設という、新たなナショナリズムの理念を謳っていることが挙げられよう。（この理念の内実に関しては下記参照）

国民に希求された自由と民主主義は、連合国軍最高司令官総司令部民間情報教育局[13]によって齎される[14]（特にCIEは、GHQに助言した参謀部で、国家主義を除去するために教育・宗教・情報部門を所管し、日本全土の公共空間を統御するのに甚大な影響力を行使した点も注記しておく）。プレスコードなどで占領政策[15]を司るGHQは、文部省を経由して、地方の教育関係部局や学校に指令を伝達し、それらの地方行政を直接監督する機構として、軍政を担当した第8軍や、地方軍政部、府県軍政部が存在した（大矢, 1994, pp. 73–75）。

ここで着眼したい点は、アメリカ教育使節団が、国の教育機関である文部省の権威と威信を擁護し、占領政策に利用する目的で[16]、地方分権制による完全な自由主義的改革を断行しなかったことである（ibid., pp. 65–66）。文部省は、占領統治終焉後に中央集権化を推進し、事実上、日本の教育政策の実権を握ることになるが（詳細は第3節を参照）、この時点での文部省の存在

意義は、アメリカ型民主主義を受け売り、国民に広く普及させる、一種の媒介機能の担い手というものであった。

　以下では、文部省とCIEの当時の濃密な関わりが見られる例として、（英語と国語を含む）言語教育に深く関わる「表記改革」の問題を取り上げる。GHQが1946年の「米国教育使節団報告書（第1次）」で、国語の改革として「ローマ字」を国字に採用するよう勧告する以前から、戦前の日本では難解な漢字を制限し、かな書きとローマ字書きを奨励するいくつもの議論や運動が、実業界や学者達の間で広く展開されていた（アンガー , 2001, pp. 67–77）。

　そしてGHQの意向を受けて、文部省が国立教育研究所に監督させる形で、ローマ字教育実験プログラム[17]が発足した。教育委員会や指導者たちの多くは、ローマ字教育実験に概ね無関心であったが、現場教師や保護者からは多くの支持を得ていた。実験の結果、ローマ字が児童に正しく指導されれば、長時間費やされる漢字学習による読み書き能力の格差と、それに起因する学力差を改善することができるかもしれないという証拠を見せた。ところが、ローマ字反対の文部省官僚などは、保守的なCIEの権力を上手く使い、ローマ字教育実験をあたかも信頼性が無いものと結論づけた（ibid., pp. 113–157）。これ以降（特に1970年代以降）、暗記型の機械学習の弊害が社会的にも非難され、学習内容は削減されるのだが、その一方で、その習得に多大な労力を費やさなければならない「漢字」を改革しようという真剣な議論は皆無になり、ローマ字は「国語」の下位範疇に追いやられてしまう（詳細は第3項を参照）。

　こうして、終戦後に戦前と同じ体制で始動した文部省は、アメリカ教育使節団の民主化を理想像としながらも、当時一般人の人気を集めていた表記改革運動を退けて、児童のリテラシー能力向上や学習負担の軽減を考慮しなかった。そして、ローマ字普及を妨げるため、CIEの支援を受けたことから分かるように、革新的改革を阻害して、保守的政策を堅持した（保守主義者たちは、斬新的な「ローマ字」普及に嫌悪感を持ちつつも、戦前の表記法を修正する必要性を感じていたため、中道的な漢字制限と言文一致化を進めた）。そして本節3項で示すように、終戦直後の自由主義的教育政策は影を潜め、対日政策の転換と共に、少しずつ対極的な方向（いわゆる「逆コース」）に歩んでいくのだった。次項では、占領統治下で文部省が提示した「学習指

導要領」を詳しく吟味する。

(?) 1947 年の学習指導要領：戦前の復活と戦後の啓蒙

　前項においては、戦前の延長線上で懇願された自由と民主主義が、文部省を媒介してGHQやCIEの指揮下で地方や学校に令達され、その権力構図の中間に位置した文部省の政策に、戦前に通じる保守主義が表れたことを瞥見した。本項では、文部省が策定した1947年の学習指導要領の基調となった教育理念に照明を当ててみたい。
　この指導要領の特徴は、その「序論」にあるように、戦前の画一的・機械的教育を是正し、地域の特性や教育現場で指導に当たる教師の裁量権を最大限に顧慮し、民主的国民の育成を目指したことである。そして教師の授業計画や展開は、生徒の経験や興味・関心に成る丈近づけるように注意が喚起され、戦前の超国家主義教育とは対極をなす「生徒中心主義」が貫かれている。
　その例として「英語科」では、英語に対する生徒の興味と社会の要求を把握するため、生徒と保護者に対して小規模な予備調査を実施している。このことは、指導要領の文言から見る限り、少なくとも文部省が、生徒や保護者のニーズに教育内容を反映させようとする姿勢が垣間見えていたことを示唆する。そして「国語科」でも、入学以前の家庭環境や幼稚園教育など、児童・生徒の言語獲得の背景となる、家庭環境や発達段階が比較的考慮されていた[18]。
　両科目の共通点は、戦前からの「文学教育偏重」が改められ、実生活に即した「言語教育」を指導の中心に据えていることだ。「英語科」では、西欧文化を吸収する目的で発達した書きことば中心の「文法訳読法」(Grammar Translation Method)の気風が影を潜め、聴き方と話し方を英語の「第1次の技能」(primary skill)として重要視している。「国語科」でも、伝統的な「古典」や「文学教育」は学習の対象から退けられている[19]。
　ところが、上記のような実生活重視の自由主義的色彩とは裏腹に、戦前の国家主義的・国民主義的思考様式がそのまま用いられている箇所もある。例えば「国語科」の小学校低学年の段階では、「なるべく方言や、なまり、舌のもつれをなおして、標準語に近づけ、高学年の段階では、語法の正しい言葉を遣い、俗語または方言を避けるようにする」[強調引用者]と明記され

ている。

　この目標は、戦前の「国語科」の教育目標とほぼ合致するものといえるだろう。イ・ヨンスク（1996）によれば、国語科教育の基盤である「国語」という思想は、明治時代の近代国家形成の過程で、言文一致運動や方言撲滅運動、「伝統的国学」から西洋の科学的言語学に基づく「近代的国学」への変化など、一連の変換過程において形成された概念である[20]。ナショナリズムの高揚と共に、「国家」と「国民」を統合する象徴として、「標準語（東京語）」が、国定教科書やラジオ放送により、全国に意図的に伝播された。そのような国情で、各地の方言は、標準語政策を妨げる存在とみなされ、方言廃滅が国語教育の目標となったのである（真田, 1991, pp. 102–106）。

　このような戦前と変わらない思考体系が、「英語科」でもそのまま用いられている。その一例として「目標」の項では、音声重視の直接的な理解・思考を促進する、「自然法」（The Natural Method）、「直接法」（The Direct Method）が採用されている。とりわけパーマー（Harold E. Palmer, 1877–1949）が考案した科学的言語理論と音声学に立脚した「オーラル・メソッド」（The Oral Method）の特色が濃い[21]。オーラル・メソッドの言語教育観は、訳読法とは対極的な、音声優先、反復練習、言語習慣形成であり、パーマーはこれを使って、当時日本で主流だった訳読式授業の改革に尽力した。こうした戦前の科学主義的言語教育観の特徴が、戦後の指導要領でも変わらずに、日本人の思考回路を英米人と同じものにする同質化傾向や音声中心という形で表れている[22]。

　英語教科書については特に細かい言及はされず、「教材は社会の要求と生徒の興味とにもとづいて選んで排列すべきである。」とだけ記され、基本的には英米の日常生活や、風俗習慣を基調とした読み物にするように薦めている。この「復興期」を特徴づける英語教科書といえば、1949年度に作成され、1952年に26種類もの中学教科書があった中で、全国で過半数採択されていたJack and Bettyシリーズである（江利川, 2002, p. 27）。この人気の理由は、人物、場所、風物など、すべての題材がアメリカ[23]であり、自由で豊かなアメリカン・デモクラシーを、英語教科書という媒体を通して国民に知らしめようとする当時の教育観の現れだといえる。

　以上述べてきたように、この指導要領の文言には、「生徒中心主義」を貫く用語が羅列されているものの、その中身は「国語科」に見られる標準語一

元化、方言矯正運動、「英語科」に見られる音声中心主義など、根本的には戦前と同一の思考様式が如実に現出している。言語学習面では、戦前の反省に立ち、文学教育・読解中心から音声面重視へと切り換え、自由と民主主義の象徴であるアメリカ・モデルの英語教科書を用いて、豊かな経済力がもたらす生活水準向上の夢を、国民全体に植え付けようとしたことが、戦後の教育政策の変更点である。したがって、この指導要領の特徴は、戦前の思考の延長上にある教育観の上に、新たなアメリカ的自由主義と民主主義を接合させた結果であると思われる。

(3) 1951 年の学習指導要領：教養主義と国家主義の連動性

　この指導要領は 1947 年版と同様に、あくまでも「試案」であり、冒頭でも陳述されているように、地域や各学校、現場の教師に制限を課すためのものではなく、教師の指導に具体的な提言を与え、教育活動を支援する目的で編纂された。そのため、広範な指導内容の参考例がふんだんに盛り込まれ、資料集的色彩が濃く、各教科とも膨大な量となっている[24]。

　英語と国語の内容を順に追ってみていくと、まず中等教育の英語の「目標」の項では、「統合の意味」について記載されている。その内容は、「生徒を全体として教育する」という理念の下で、個人的・社会的・公民的及び職業能力的発達に寄与することが目指され、英語国民の家庭生活と社会生活の中で価値ある全世界の民主的遺産を理解させようとする。更に、「一般目標[25]」の次に、「機能上の目標」と「教養上の目標」の 2 つの目標が立てられ、両者のうち、初期段階は実際的な「機能上の目標」を達成し、最終目標が「教養上の目標」を遂げることだとされている。

　この事実を社会的見地から考えてみると、1951 年という年は、サンフランシスコ条約の発効により、占領統治が終焉を迎え、日本が復権を得た年である。当然この指導要領は、戦後初めて日本人の手によって作成された教育課程編纂書である。これにより、「英語科」で戦前の岡倉由三郎 (1868–1936) に見られた、「英文学」による人格修養を目指した「教養上の目標」が、戦後形を変えて復活したことを窺わせる。帰する所、書記言語を重視する「教養主義」(self-culturalism)[26] と、国民の教育水準を一律的に向上させようとする「国家主義」(nationalism) とは、ある程度の相関関係が見られると同定できる。

他方、相違点としては、明治期の「英文学」に由来する教養が、「大英帝国」を「近代工業化のモデル」と読み替え、「近代的人格養成の普遍教養」[27] を目指したものだったのに対して (山口, 2001b, p.54)、この指導要領の教養とは、「英語国民を知ること」であり、その行き着くところは、自由と民主主義を国家理念とするアメリカ国民を模範として、自発的・主体的な日本人を育成することに照準が合わせられていたのであろう。そして、ここに記されている「英語国民の民主主義的遺産を理解させる」という記述は、1948年にソビエト占領区で成立した「朝鮮民主主義人民共和国」と、1949年に成立した「中華人民共和国」など、一連の東アジア東西冷戦の余波により、日本を反共の防波堤にしようとする、米国の堅固な圧力を受けて行われた教育の「逆コース」の進行が、少なくともその遠因と認められる。

　「国語科」では、新聞やラジオ、演劇や映画など実際生活の言語経験・言語習慣を豊富に積ませようとするなど経験主義的傾向が強く、古典や読解などの教養主義・知識主義を敬遠して、話しことばを重視している [28]。「国語科」の「目標」では、国民の言語生活と言語文化を一律に向上させるため、話し方や書き方の双方で「正しさ」が強調されたり、発達段階に応じた「国語能力表」が作成されたりするなど、言語能力が組織的に配列された。ローマ字の位置づけに関しては、(1) 国語・国字問題に反省する機会を与える、(2) ローマ字の長所を生かし、国語の特質を理解させ、聞いて分かることばを使う習慣を養う、(3) ローマ字が持つ国際的、能率的な長所を理解させる、の3点に集約している。つまり、ローマ字は、当初革新派が唱えたように、難解で能力の格差を生む漢字に取って代わるものとしてではなく、国語について自省する機会を与え、効率性と国際性を促す補完的役割を担う事物として、国語教育の周縁部に位置づけられたのである。

　このような概況を要約すると、この指導要領の特徴は、(1) 占領統治が終焉を迎えたことで、ナショナリズムと共に、戦前的な「教養」理念が復活して指導要領に入ったこと、(2) アメリカとの講和条約が成立したことで、米・ソ対立の世界情勢の激変を受けて、共産主義に対抗するため、アメリカ民主主義的な日本国民育成を啓発する教育内容が具現化されたこと、の2点である。そして、「英語科」で「教養」が復活して「実用」と統合したことと、「国語科」で実用的なローマ字が、伝統的な国語教育に吸収されたことに現れているように、教育効果を高めるために、統合的・系統的な教育改革が行われ

たと解釈できる。

(4) 終戦後の「英語会話」をめぐる夢と憧れの表出

前項では、戦後文部省が策定した 2 つの学習指導要領を概括したが、本項においては、その国家政策の周辺に位置する、英語と国語を取り巻く同時代の社会的コンテクストを概観する。

終戦直後の社会状況は、戦災による家族解体や家屋の焼失、極度の物質不足からの闇市の繁栄などを生み、国民の間には一種の虚脱感が満ち溢れていた。この時期に多く存在した戦災孤児や浮浪児、児童労働などによる長欠児などの「危機に立つ子ども」は、生活難や貧困、差別など社会構造が生み出す社会病理のせいだと見なされ[29] (広田, 1998, p. 15)、財界・教育界ともに、貧困からの脱却と経済発展、子どもを社会に放置せずに、学校や司法の諸装置に参入させることを最良策と考えていた。社会に子どもを組み込もうとする近代主義的子ども観は、高度経済成長の過程で歪んだ子どもの人間性を回復させようとする現代的な子ども観とは対照的であった（詳細は第 3 節を参照）。

こうした社会混乱の中にありながら一際目立ったのは、全国に配置された米兵の氾濫であった。国民は極度の物質欠乏の状況下で、裕福な米兵の姿を目にし、彼らが話す言葉を直接耳にし、街頭には英語の看板や表示が溢れ、会話塾や英語塾がブームを呼び、「第 1 次英語ブーム[30]」と呼ばれる時期が到来した(福井, 1969, pp. 335–345)。ラジオ講座も、「英文学」や「受験英語」など、戦前的な書きことば重視の傾向を完全に切り離し、「英語会話[31]」のみに照準を合わせた構成になっていく。メディアが戦後大衆向けに選択したのは、「読む英語」ではなく、「話す英語」だったのである (山口, 2001b, pp. 230–232)。

その潮流が顕著に見られたのは、平川唯一(1902–1993)[32] が講師を務めて、圧倒的な人気を誇ったラジオ番組「カムカム英語[33]」(1946–1955 年)である。平川は終戦後の退廃的な雰囲気を払拭し明るくするため、「証城寺の狸囃子」の童謡を独自に改良し、「カム・カム・エヴリバディ」という曲を番組のテーマソングにする。英語教育の知識と経験が皆無だった素人の平川は、赤ん坊が母親から口真似で言葉を覚えるのに習い、聴取者にも英語遊びや口真似で楽しみながら学ぶように薦めた[34] (平川, 1995, pp. 8–13)。また、

教材も、語彙や文法を系統的に配列せずに、日常会話で頻繁に使う表現を、題材に合わせて自然に組み込み、その題材もアメリカ紹介ではなく、日本人家族が日常生活で遭遇する場面を中心に構成した (川渕, 2001, pp. 19–21)。これにより、聴取者は登場人物と生活習慣を、自らの置かれている境遇と同一視でき、学習意欲を掻き立てられることに繋がったという。

　同じメディアという点から書籍に着目してみても、「話す英語」がいかに隆盛だったかが一目瞭然である。1945年9月発売の『日米会話手帳』(わずか36ページ) は、出版から3ヶ月で300万部を売り上げる大ベストセラーとなった。本のタイトルを「日米」としたことが爆発的ヒットの一因である (武田, 1995)。もともと戦前、1920年代から「野球」、「映画」、「ジャズ」などのアメリカ大衆文化は、日本人に広く親しまれていた。一時戦争で抑圧されながらも、その想いが脈々と生き続け、戦後の自由化と共に一気に噴出したのだと思われる。戦前からのアメリカ文化への憧れと、戦後のアメリカ人への心理的な好意的態度 (前頁の注30を参照) の結合が、『日米会話手帳』の金字塔的な売上げに繋がったと考えられる。

　上記のように、終戦後に大衆の意識に上ったのは、「読む英語」ではなく「話す英語」であり、米兵との直接的な接触や、その方策を示した『日米会話手帳』、平川唯一がラジオを通して創出した、身近で明るく楽しい「英語会話」の感覚的イメージであった。この「英語会話」に付与された、陽気で快活な印象は、第3節以下で後述する通り、様々な国際行事や消費文化と結び付き、姿かたちを変えながら、より多くの国民を「虜」にしていくことになる。

　「国語」に関する状況も、全体的には、より実用的な方向に傾いていった。1948年には、小学校の各学年で教える漢字881字が発表され、次に、戦前の難解で複雑な漢字使用を制限・改善するため、1951年に「当用漢字 (1850字)」が制定され、法令や公用文書、新聞や雑誌、一般社会で使用漢字の範囲が示された (アンガー, 2001, p. 77)。学校教育の外に位置する文化的状況の中で、「英語」も「国語」も戦前とは様相が異なり、難解で不便な規範性が抑制・制限され、大衆の日常生活・言語生活に近づけられていった。

　最後に、本節の教育政策及び社会コンテクストを総括する。1947年の指導要領に見られた教育政策の特徴は、(1) アメリカ占領統治の影響を受けた自由主義的・生徒中心的教育観が反映されていたことと、(2) 国語と英語の

双方において、戦前的な伝統的文学教育が回避され、実際生活に近い言語教育が標榜されたこと、しかしその裏には(3)標準語による方言矯正と、科学的言語観に立脚した「オーラル・メソッド」に表れていたように、戦前の教育路線を踏襲していたこと、以上の3点である。

　教育政策には、1947年頃から進んだレッドパージ（通称、赤狩り）や日教組と文部省の対立などに見られた、反共政策による教育の「逆コース[35]」の流れが影響していた。教育の最優先課題は、生活水準改善のための経済発展であり、言語教育の目標は、戦後的な「機能面」重視から、戦前的な「教養面」へと傾斜していき、教えるべき夥しい教育内容が組織的・網羅的に配列された。つまり、自由主義的色彩が徐々に弱まり、経済競争に国民を総動員する国家主義と教養主義が連動して再興してきたのである（詳細は次節を参照）。

　そして、「復興期」の社会的状況は極度の混乱にありながらも、「国語」と「英語」は社会的文脈内で相互に連接していたとみてよい。「国語」では、「ローマ字」の表記改革運動は潰されたが、戦前の高度で難解な書きことばは是正され、「現代仮名遣い」と「当用漢字表」に象徴されるように、簡素化が急速に進められて、親しみ易いものに変わった[36]。軌を一にして「英語」も、戦前的な教養主義ではなく、親和的な「英語会話イメージ」が大衆を魅了した。次節で述べるように、学校での英語教育は画一性・系統性が強まるのに対して、大衆が求めた英語文化は、これとは著しく乖離したものとなっていく。

3．成長期（1955 〜 1972 年）

　前節では、戦後改革期と「教育の逆コース」が進行した教育変動期について詳説したが、本節では、日本が日米安保体制と冷戦体制を経済復興の基調として利用し、経済大国として成長を成し遂げる時期に区分を置き、英語教育の主軸を形成する(1)50年代後半の教育政策、(2)56年版（高）の指導要領、(3)1958年（中）・1960年（高）版の指導要領、(4)60年代の教育政策、(5)1969年（中）[1970年（高）]版の指導要領、(6)メディア・イヴェントと「生きた英語」についてそれぞれ論じる。

(1) 逆コースを辿る戦後民主主義：50 年代後半の教育政策

　1955 年からの経済復興、高度経済成長の一因は、自民党一党支配による安定的な日米安保体制下で、経済成長に邁進できる体制が整ったことが大きいだろう（いわゆる「55 年体制」）。それは前節でも触れた、アメリカの対日政策転換による「親米反共」路線の踏襲が背景となっている。朝鮮戦争（1950年）の勃発に伴う特需による景気回復、米軍の本土と沖縄駐留の容認、戦争責任の賠償金支払い免除、アメリカ援助の下でかつて侵略した東南アジアへの経済進出、GATT[37] 加盟（1955 年）、国際連盟加盟（1956 年）など、50 年代後半の一連の経済復興と国際舞台への復帰は、全て反共同盟国として日本を育成しようとする「大国」アメリカの政治戦略に沿うものであった[38]（吉見, 2001b）。

　そのようなアメリカへの依存・追従・擁護という形式から成る、平和主義と経済主義を特徴とする日本の戦後型政治は占領下で構築された体制である。サンフランシスコ講和条約が締結されて（1951 年）、占領統治が終焉を迎え日本が独立を果たすと、朝鮮戦争の特需景気によって息を吹き返した財界は、経済の発展に適した人材教育を求める（山住, 1987, p. 196）。一例を挙げるならば、日本経営者団体連盟（以下、日経連とする）は、「新教育制度の再検討に関する要望」（1952 年）の中で、戦後アメリカによって行われた教育改革を、日本の歴史や伝統、文化を無視して無準備かつ急激に遂行されたものだと特徴づけ、それを是正しようとする見解を発表した。

　こうした財界と教育界を結ぶ仲立ちの役割を果たしたのが、1952 年に発足した文部大臣の諮問機関である「中央教育審議会（以下、中教審）」である。中教審の第 1 回総会で岡野清豪（1890–1981）文相は、戦後の文教政策が占領下という特殊事情で行われたもので、今後飛躍的発展を遂げるためには、経済力と国力の充実が必要だから中教審を設置したと述べている。つまり、中教審設置の意義は、経済力向上のための教育施策を決定し、国力を高揚させることであり、文部省と財界の橋渡し的役割を担うことだったのである。旧ソ連が人工衛星打ち上げに成功し、アメリカに衝撃を与えた 1957 年の「スプートニク・ショック」（Sputnik crisis）と同じ年に[39]、中教審は「科学技術教育の振興方策について」を発表したが、これは財界の要求にそのまま応えたものであった[40]（汐見, 1994, pp. 295–296）。他にも、50 年代には財界から教育界に相次いで要望が出されている[41]。これらは、中教審が財界の

圧力を受けていたことの確証であり、「経験主義」(empiricism)、「科学主義」(scientism) を国策の中心に置き、教育界と財界の政策決定を仲立ちしていたことは明瞭である。

　もう1つ50年代後半の大きな特徴は、教育行政において国家統制が強まり、中央集権的な管理体制が強化され、教育の「逆コース」が進行したことである。前節1項で見たように、これはある意味で、戦前の官僚機構が戦後も温存されたことによるものだと思われる。だとすれば、戦後10年を経たこの時期に、終戦後の自由主義的な教育改革が、次々に逆行していったのは自然の成り行きであったと見られる。つまり、50年代後半の教育政策は、前述した通り、東西冷戦の余波で、占領末期から行われたレッドパージ (red purge) や学生の政治運動抑圧、阪神教育闘争の弾圧[42]などに見られたように、かつての自由主義的政策に代わって、戦前のような弾圧体制が強まった。その背後には、国力充実と経済発展を最優先させる、文部省と産業界の一致した思惑が見え隠れしていた。

　以上述べたように、財界主導の経済合理主義・効率主義・科学主義的教育政策は、60年代以降、更に加速していくことになる。そこでは、早期にハイ・タレントを発見・選別して投資を集中させ、ロー・タレントには能力に見合う多様な教育制度を用意して、産業界が求めるような生産的労働力を充足させるような、選別主義や競争主義が教育を支配し、それに沿い後期中等教育も変革されていくのである（詳細は第4項参照）。

(2) 1956年の高等学校学習指導要領：読解重視と会話軽視

　前回の指導要領（1951年版）は、各界の専門家が多数集まり、一般目標、主要目標、教育課程、指導計画、指導方法、評価方法など、詳細な資料集的要素の強い、網羅的手引書を編纂したことが大きな特徴であった。今回の指導要領はそのうち、高等学校に関する部分のみが改訂され、基本的性格は変わらないものの、各課程により特色を持たせるため、履修範囲や各教科・科目の単位数にある程度の幅を持たせて編成されている。

　その例として、この指導要領から第2外国語の創設が可能となり、英語に加えてフランス語とドイツ語、又はその他の現代の外国語が履修可能となった。これにより教科の名称も、正式に「外国語」となり、英語はフランス語やドイツ語と並ぶ、外国語の選択科目の1つとして位置づけられた。単位数

も、第1外国語は週当たり1〜5単位時間(3〜15単位)、第2外国語は1〜2単位時間(2〜4単位)となり、制度上外国語の選択権が各学校に任され、自由に教育課程を編成できる体制が整った。これは、前項の財界が要望した中等教育の複線化の現れと見られる。

このように高校段階では、財界の有能な人材養成と職業的能力開発の要請を受けて、生徒が進路に応じて、学習内容を選択できるように、幅を持たせたカリキュラム制度が整備されたが、各教科・科目の具体的な指導内容は、依然として系統性重視の画一的な学習内容であった。英語の語彙も前回同様、学習過程での無意味な手間と努力を省くために、各学年に応じて、新出語彙数が2通りに分けられている[43]。「目標」も同様に、2つの目標(機能と教養)が並立され、両者の統合が強調されているが、音声を主軸とした会話は軽視され、目指すべき最終到達目標は、あくまでも「読解(教養)」に置かれている[44]。したがって、学校教育では、基本的に、語彙コントロールによる読解中心主義が根強かったと言える。これは、復興期で平川唯一がラジオを媒介して大衆を惹きつけた、言語統制が行われていない英語会話(第2節3項を参照)や、本節第5項で後述するように、東京五輪などの国際行事を契機として加熱した「第2次英語ブーム」とは、明らかに乖離していた。

ここで特筆すべき点は、前項で論じた、同時代の経済復興と科学技術振興の流れと、英語教育の教養主義的要素を持つ、語彙統制、読解重視の傾向が連動して共起していることである[45]。占領統治下で排斥された軍国主義・超国家主義と共に衰退した、戦前の教養主義的流れが、40年代後半に見られた対日政策の転換・教育の逆行に合わせて復活する兆候が芽生えたものと考えられる[46]。「国語科」に目を転じてみると、前回の指導要領では、話しことば重視の経験主義的な流れが強調されていた[47]。しかし、今回の指導要領の「内容」では読むことが、「英語科」と同じように最重要視されている[48]。「国語科」でも、「英語科」と同じように、読解力や古典・漢文を重視する戦前的な教養主義が復活したものと推察できる。

以上を総合すると、この指導要領では、終戦後に標榜された自由主義・経験主義的流れが豹変し、正反対な系統的学習に力点が移り、知識主義・教養主義が再び台頭し始めたと言える。それは「英語科」と「国語科」で、音声や会話といった口頭言語が軽視されて、書記言語が称揚されたことに直結する。そこに、国家と産業界の強圧的な「官僚主義」(bureaucratism)、「官僚主

導主義」(dirigism) が顕れている。つまり、「豊かさ」を信奉した「復興期」の社会構造(安保体制と「逆コース」)と、学習指導要領の言語教育観との間に、一定の相関関係が見られるのである。これ以降、読解重視の学校教育と、会話重視の大衆文化の方向性は大きく分離していくのであった(詳細は本節第5項を参照)。

(3) 1958年の中学指導要領と1960年の高校指導要領:「英語会話」は教育水準が低い!?

　前項で論じたように、1956年の高等学校学習指導要領では、語彙選択・語彙統制や読解といった書きことば重視の風潮が強まり、それが国家の教育政策、更には時代背景とも一致することを示唆した。本項では、その直後に改訂された、中高の学習指導要領を細部にわたって論及する。

　まず目に付く最も大きな改訂点は、前回の高校指導要領で「試案」の文字が削られていたが、今回もその流れが継承され、指導要領が正式に法的拘束力を帯びたものとなったことだ。各教科とも、最低授業時数が示され、それを下回ることは、制度上許されなくなった。これにより、標準的な授業時数と授業内容は確立され、全国一律の教育システムが整備されたことになる。付言すると、先に述べた通り、50年代後半は、文部省が教育行政において中央集権的な権限を強化した時期[49]であり、そのような潮流が「試案」の文字削除の背景にあると解釈できる。

　中学では第1項の「目標」で、3つの目標が立てられた。うち2つは聞くこと・話すことの音声的能力と、読むこと・書くことの文字的能力育成の、いわゆる「機能的目標」である。そしてもう1つは、「外国語を母語とする国民について知ること」という「教養的目標」である。「機能的能力」を高めながら、最終的には「教養的目標」を達成しようとする思考様式は、1951年の指導要領に表出した教養主義が源流であり、この「機能」と「教養」の統合路線は、1969年の指導要領まで引き継がれることとなる。

　第2項では、各学年の「目標」と「内容」が詳細に提示された。その「内容」は(1)言語材料、(2)題材、(3)学習活動、の順番で構成されている。これについて小泉(2000, p.129)は、文法や語彙、連語などの「言語材料」を「内容」の先頭に置いたことで、この指導要領が「文法シラバス」の様相を呈したものとして、現場教師に解釈されたと述べている。その上、初めて各学年の語

彙数の目安[50]と「必修語彙(520語)」、「題材[51]」が明確に示された。つまり、書きことば重視の傾向[52]が、各学年の指導方針にも影響を与え、中学の指導要領にも投影されたのである。

　産業界の多様化路線を推し進めるために、高校では実用的な能力を養う「英語A」と、総合的な言語能力習得を目標とする「英語B」の2科目が創設された。「英語A」では、週当たり3単位時間(9単位)[53]という少ない時間数で、「指導上の留意事項」に書かれている通り、読むこと以外の、聞くこと・話すこと・書くことの3点に指導の主眼が置かれている。その一方で「英語B」は、週当たり5時間(15単位)で、高学年に進むにつれて読むこと・書くことの分量を増やす、書きことば優位の傾向がある。語彙数[54]や題材[55]に関しても、2科目には大きな差がつけられた。世間的には、実用面を重視した「英語A」を履修させることは、学校のレヴェルの低さを示すという否定的見方が広がり、職業科や定時制でも「英語A」はほとんど実施されず、「英語B」が多くの学校で一般的となった(ibid., p. 139)。

　上記のような、教養主義を理想とする教育観は、今次の「国語科」にも投影された[56]。ここで着目したい点は、「全国で通用することば」、すなわち「共通語[57]」が新たに指導要領の文言に登場したことだ[58]。戦前のナショナリズム下での方言矯正・標準語拡散の方針が、戦後でも、新しく「共通語」という中立的概念を持つ語に名称を変えて、国語教育の中心的役割を担うこととなったのである(真田、1991; 安田、1999; Koyama, 2004)。

　最後に本項の結論をまとめると、1956年の高校指導要領で示された、「機能から教養へ」・「音声から文字へ」という指導手順が、中学校にも持ち込まれ、語彙や文法が重視された。高校では多様化を図るため、音声主体の「英語A」と、読解中心の「英語B」の2科目に分化させ、産業界の複線化の要望を実現した。ついでに補足すれば、このような言語教育方針は、アメリカで行われたオーディオリンガリズム(ALについては注39を参照)とも重なる主潮であり、その意味において、50年代の日本の言語教育は、戦前の延長でアメリカ化(Americanization)したものであるとも捉えられる。要するに、この指導要領は、従来の内容を、より現代的に鮮明化・明瞭化する方向で改訂させただけで、基本的にその発想法に大きな変化は見られなかった。文部省が官僚主義を強めた結果、教養主義的流れを汲みながら、全国で教える標準的な規範が確立され、学年ごとの詳細な目標や教育内容、最低授業時

数などが細かく規定され、逸脱が許されなくなった。だが、こうした国家主導の「教育的働きかけ[59]」は、60年代の反帝国主義・反近代主義的な学生らの抵抗に遭い、社会状況や教育現場に配慮するように変化を迫られるようになるのであった（詳細は第5項を参照）。

(4) 経済合理主義と教育投資論の増大：60年代の教育政策

60年代は、50年代後半からの中央再集中化を軸とする、経済主義の延長線上にある。この時代には、経済だけでなく、政治・文化・社会の発展と、その実現を支える人間の能力向上を含む、教育投資論的な長期的展望の見方に立った教育計画論が策定された（汐見, 1994, pp. 296–299）。本項では、60年代の教育政策を比較的丹念に描写し、次項で扱う1969年の中学指導要領（高校は1970年）の根源的な教育理念を追究する。

まず始めに、60年代の教育政策の発端となる、池田内閣が打ち出した「国民所得倍増計画」以前の、岸内閣の安保改定と、新しい社会運動である日米安保反対闘争について論じなければならない。周知のように、日ソ共同宣言（1956年）で一時暗転した日米関係の改善と、対等な対米関係構築のため、岸内閣は改めて反共路線を明確化し、安保条約の改定を推し進めた。こうした流れに対して、安保改定で日本が再び戦争に巻き込まれるという危機意識が広がり、1956年のスターリン批判やハンガリー動乱で反日本共産党（「反代々木」）の立場を鮮明化させたブント（共産主義者同盟；Bund）や、全学連（全日本学生自治会総連合）主流派は反対運動を強めた。そして、新安保の強行採決は、当時の新しいメディアであるテレビ[60]を介して全国民に伝えられ、A級戦犯容疑者である岸信介（1896–1987）が、総理大臣として「君臨」することに対する反感も手伝い、安保の賛否を越えて反対運動は国民的規模で岸内閣反対運動に発展する（小熊, 2002, pp. 499–523）。

この安保闘争は、単なる「反米」ナショナリズムの旧左翼的な「民族独立闘争」ではなく、政府が権力を行使して安保条約改定を強行採決したことが、日本国が民主主義を失って再び戦前のような帝国主義・軍事主義国家へと逆戻りするという不安を与え、民主主義擁護・自国帝国主義打倒を目指して行われた運動方式だった（絓, 2003, pp. 21–27）。言い換えると、この国民的規模の安保反対闘争は、政府の覇権主義的な政治手法に対する、国民が突き付けた初の大規模な政治的異議申し立てであり、新しいタイプの大衆運動

であったと言えなくもないだろう。60年代は、このような政府、経済審議会(以下、経済審)、産業界、文部省といった社会組織体の連携が一層強化され、教育面では「能力主義」(merit system)が一方で高まるが、後述するように、他方では、このような国家主導の権力的圧力と、教育による「象徴的暴力」が、60年代後半に学生を中心とする革新的勢力からの、反復古主義・反近代主義運動の反発・抵抗に遭い、保守政治が反省を迫られるといった2つの局面が重要な特徴であることを記しておく。

　安保改定の国内混乱を収束させるために、池田内閣は「所得倍増」、「月給倍増」を国民に訴えかけ、政治の争点を憲法や安全保障問題から、経済成長とその配分に劇的に転換させることに成功した。1960年には、産業界から教育界に対する要求が相次いで出されているが[61]、これは財界の主導的体制が顕在化していることを物語る(堀切, 2004, p. 20)。特に「国民所得倍増計画」では、経済成長の持続的発展のために、国民全体の教育水準を高めることが求められ、人的能力の向上が国の方針として謳われた。教育の目的が、教育基本法にある個人の人格完成[62]ではなく、経済発展にあるとする、一種の「経済ナショナリズム」(economic nationalism)が出現したのである。この経済発展を主軸とする国家主義に対して、文部省は全面的に賛意した。この現れが、1963年の報告書『日本の成長と教育：教育の展開と経済の発達』である。この報告書は「まえがき」にあるように、明治以降の教育の史的展開を追い、アメリカやイギリス、旧ソ連などの当時の先進国と、アジア・アフリカ諸国などの低開発国とを比較して、自国の教育効果を実証主義的に「正当化[63]」している。文部省も教育の成果を、国家の経済発展に置き、政府の方針や財界の趣旨に完全に同調している。

　しかしこのように、教育が経済の発達に大きく寄与し、相互に有機的相関関係があるとする文部省の見方には、昨今の研究成果を踏まえると疑問が残る。歴史的に遡っても、イギリスでは産業革命の後に、初等中等教育制度が整備されたため、教育が経済発展の原動力になったとは論じにくい。フランスでも科学技術教育に力を入れていたが、イギリスに大きく遅れを取り、ドイツもフランス同様、初等中等教育が整い就学率が高かったが、イギリスに随分と遅れをとる(沼口, 1995, pp. 180–185)。

　また、Graff (1979, pp. 195–233)によれば、19世紀の北米で移民や労働者階級に行われたリテラシー教育も、彼らの伝統や文化、習慣を取り除き、ア

メリカやカナダへの同化政策として機能し、決して認知能力や将来の職業選択に関して成功を保障するものではなかった。他方、学校での児童のリテラシー能力に関しても、入学前の家庭や地域が子どもに与える環境的要因が多分に関係していることも研究で明らかになっている[64] (Heath, 1982, pp. 70-74)。

　やや違った角度から、企業経営に着目してみても、フォード (Henry Ford, 1863–1947) の「フォード・システム」や、テイラー (Frederick W. Taylor, 1856–1915) の「科学的管理法」、メイヨー (George E. Mayo, 1880–1949) の「人間関係論」などのアメリカ経営学が示唆するように、労働力や生産力向上のためには、企業内でのマネジメント、人材、設備、機材、材料、作業方法、市場調査、投資効果、評価など様々な要素が関与することから、文部省の調査のように、単純に教育で有能な人材を多く育成すれば、生産力が飛躍的に伸び、国家の経済力が上昇するとは考えにくい。以上から、文部省の教育における経済優先思想は、60年代に政府や文部省、産業界で一体的に高揚した一種の「イデオロギー(虚偽意識)」だと見ることができる。

　この文部省の『日本の成長と教育』に呼応する形で、1963年に経済審から「経済発展における人的能力開発の課題と対策」(通称63答申) が出された。この中で経済審は、人的能力政策推進のため、能力主義の徹底を教育界に求めた。そして「ハイタレント・マンパワー政策」(high-talent manpower policy)、つまり端的に言うと、有能な人材を早期発見して教育投資を増大させ、他のロー・タレントには能力に応じた多様なコースを用意するという政策[65]を推奨する。その後、中教審も文部省や経済審に追随する形で、「第3の教育改革」と位置づけた「後期中等教育の整備拡充について」(1966年) を答申し、能力に応じた教育を施せるように、後期中等教育の多様化路線実現を提唱した。ここに付記されている「期待される人間像[66]」は、政府と経済界と教育界(学校と家庭も含む)の三位一体体制が掲げる、究極的な人間の理想像の現れを示している。

　以上、本項で明らかになったことを簡潔にまとめると、60年代初頭に政府や文部省、財界が打ち出した教育理念は、何にも増して「産業化」(industrialization) に寄与する人材養成であり、メリトクラシー(meritocracy) を徹底させ、ハイ・タレントを早期発見し、教育投資を注ぎ込むことであった。その価値のない者には、多様なコースを用意し、能力に見合う教育を施

し、愛国心や社会規範を備えた「期待される人間像」に近づけようとした。このような権威主義・官僚主義的な政策を可能とした要因は、50年代後半から本格的に行われた教育制度の中央集権化であった。その意味で、60年代の教育政策は、50年代後半の基盤の上に築かれたものといえるだろう。

(5) 1969年の中学指導要領と1970年の高校指導要領：世界像の変貌と反システム運動に揺らぐ指導要領

　第3項においては、58年版の指導要領（高等学校は60年）が、50年代初頭からの官民一体的な生産主義・科学主義・教養主義を強化し、系統的学習に拍車を掛けたことをみた。その後、本節1項と前項で既述した通り、安保闘争を境に日本国内で政府の帝国主義ないし強権的な振る舞いに対して、大衆からの反発が強まり、それは60年代後半の学生運動やヴェトナム反戦運動へと流れていく。60年の安保闘争と、60年代後半の学生反乱は「強権的な権威主義批判」という点で連続している。

　世界的に拡張する「アメリカ型資本主義」に依拠する形で、戦後日本は「貧困」を脱して「経済大国」に伸し上がった。高度経済成長期とは、一面で、豊かさと希望が充満した時代であった。しかし、近代化が若者にもたらしたのは、選別的メリトクラシーによる「学歴主義」(credentialism)であった。既に安定して極度に序列化・管理化された日本社会は、多くの若者たちにとって窮屈な先進「帝国主義」国家であり、「疎外感」や「苛立ち」を多分に募らせるものであった。そのような近代性に対する若者の幻滅が、60年代末から噴出したのも、ある意味当然の帰結だったのかもしれない。68年の世界的な反近代運動は、少なくとも部分的には、メディアがもたらした「世界同時革命」である。安保闘争の際は、強行採決がテレビで国内に放映されて拡張したが、ヴェトナム反戦による学生反乱は、衝撃的な戦場風景が生中継され、世界的な反戦ムードを高めた。このような様相は世界同時的であり、マクルーハン (McLuhan & Powers, 1989) が言うところの「地球村」(global village) の出現を示唆するものであった。

　さて、こうした社会歴史認識の下、教育界、とりわけ指導要領の「英語科」では、どのような方策が展開されたのだろうか。適宜前回の指導要領と比較しながら瞥見していく。始めに、中学の授業時数や語彙数に関しては、一部削減傾向にあった[67]。多様性を尊重するならば、全体水準を下降させる必要

はないはずなのに、授業時数や語彙数の削減は、上意下達的に教育目標の水準を引き上げた前回指導要領に対する反省からくるものであったと推察できる。これは、前回の指導要領(1958年)が施行された60年代前半から、教育問題が顕著に浮上し、文部省はその改善・対応策に迫られ(詳細は第6項を参照)、少年非行や「落ちこぼれ」などの教育荒廃は、過度な管理主義や競争主義が生んだ弊害だとする見解が強まっていた。言い換えれば、60年代の教育問題は、50年代後半の形式的学習が確立されたことが引金だとみなされたのである。その改善策として、学習内容を一部削減し、生徒の負担過重を軽減しようとする、文部省の意図がここにあったと思われる。

　もう1つの特徴は、「英語科」の「目標」の文言で中高共に、「国際理解の基礎をつちかう[68]」ことが明示されたことである。従来も国際交流や国際協調は強調されていたが、それは便宜上の目標であって、その内実は第1項で明らかにした通り、アメリカ的「民主主義」を基盤とした、英語国民の価値ある文化知識を吸収することが主眼であった。今回「国際理解」が打ち立てられた理由は、(1)日本が高度経済成長で、発展途上国を支援するOECD(経済協力開発機構)に加盟した(1963年)ことからも窺えるように、先進国の仲間入りを果たし自信回復を遂げたことと、(2)東京五輪(1964年)[69]や大阪万博(1970年)などに乗じて、国民の間に国際意識の高揚が見られたことの2点が主要因だと思われる。

　国際理解が「英語科」の目標とされたことと相まって、「内容」も一変した。戦後以来用いられてきた「学習活動」が「言語活動」に修正された。なおかつ、「言語活動」は「言語材料」と順序が逆転して、「内容」の先頭に置かれた。「学習活動」と「言語活動」の相違点は、単なる用語の違いではなく、教室内の教師と生徒の権力関係上、大きな差異を内包する概念である[70]。前回の指導要領の「学習活動」は、「聞き取らせる」、「言わせる」、「暗唱させる」など、教師が授業の主導権を握った機械論的なものだった[71]。今回の「言語活動」では「あいさつをかわす」、「尋ね、答える」、「文を聞いて書き取る」など、文言上、主体(主語)が教師から学習者に移されていて、文型や文法などの構造的学習が影を潜め、学習者自らが積極的に活動を行うように改められた。現行の指導要領(1998年版)にも通じる学習者中心主義と、そのための言語材料削減の流れは、実は国際意識が高揚したこの60年代末に起因する。つまり前項でも論じた、テレビなどの視聴覚的メディア

と、世界同時的「グローバル・ヴィレッジ」の到来と連動して、「コミュニカティヴ」な言語教育が同時代に志向されていったのである。

「題材」に関しては、具体的記述はなかったが、これを受けて作成された英語教科書は、全体的に「復興期」とあまり変わらず、アメリカが設定場所や登場人物などのあらゆる面で中心だが、注目すべきは、この時期から日本及び日本人が、割合は少ないながらも、全ての教科書に登場していることである。また、非英語圏として、アフリカも僅かだが出現している（江利川, 1992, p. 120）。これは、経済大国日本の自信回復や海外への経済進出により、対照的な境遇にある、途上国への眼差しが芽生えたものと思われる。

高校では前回の「英語A」、「英語B」が共に継承されて、新たに「初級英語[72]」、「英語会話[73]」の2科目が設置された。「英語会話」の登場には、前項で論じた産業界からの複線的な多様化の教育提言と、経済成長により日本の国際社会での地位向上、言語習得においての機能面重視の傾向が、すべて重出している。その上、次項で詳述するが、「成長期」に大衆から支持された「英語会話」が、伝統的体質を保持する学校教育に導入され、大衆の時流への同調傾向が見られたことは重要な転機である。

こうした経済偏重主義的な状況を背景に、右肩上がりの高度経済成長期の60年代を通じて、学校教育の中に「国際化」の波は確実に押し寄せていたといえるだろう。ところがその反面、英語教科書の題材がアメリカと日本中心だったことからも分かる通り、依然として日本の国際意識は、まだアメリカ追従の「自文化中心主義」(ethnocentrism) 的側面（偏狭なナショナリズム）がかなり強かったと見受けられる。

それは、この時期に教育現場で問題となった「帰国子女教育」にも反映されている。川端（1986, pp. 12–22）によると、海外での滞在経験が長い帰国子女教育の主たる目的は、海外での経験をできるだけ早く忘れて、日本での新しい生活環境に慣れる「適応教育」、「同化教育」に置かれていた[74]。帰国生徒は、一般生徒から疎外されて不登校に陥るケースが多く、「帰国子女問題」としてメディアで度々報道された。このことは、帰国子女教育の充実により、一般生徒の国際理解・国際協調精神を啓発するといった認識の欠如と、教育現場の閉鎖性を示すものである。帰国子女の特性を伸張して、一般生徒の異文化理解能力を高めようという方向へ転換し始めるのは、80年代の第2の国際化を待たなければならなかった。

(6) メディア・イヴェントの「生きた英語」

　50年代後半から日本は安保体制下で、経済成長に専念できる安定した条件を確保し、1960年代に入って実質成長年率10%を維持し、高度経済成長が続いていく。第4項においては、経済界の影響が色濃く教育に反映されていることを確認した。本項では主に、60年代に世間一般で広く展開された英会話現象を、時代を順に追って見ていき、英語を巡って展開した社会状況を概観する。

　60年代の高度経済成長を支えた日本企業は、50年代後半からタイム・モーションやIE（インダストリアル・エンジニアリング）などの技術革新を行い、生産過程を革新し生産性を高めて成長・拡充していった。その結果、50年代後半から第1次産業（農・林・水産業）の比重が低下し、第2次産業（鉱・工・建設業）と第3次産業（商・金融・運輸通信・サービス業）の割合が増加した。このような産業構造の高次化は、急激な都市化と消費社会の拡大をも引き起こした。公共事業と地域開発は、敗戦後の焼け跡を消滅させ、都市への大規模な人口移動が起こり、3種の神器（洗濯機・冷蔵庫・テレビ）と3C（カー・カラーテレビ・クーラー）の規格化に代表されるように、人々の生活様式を一変させ、標準化、等質化して、大衆消費社会の基礎を固めた。

　このような高度経済成長による産業構造の変化と大衆化の進展は、著しい進学率の上昇と受験競争の激化も同時にもたらした。藤田（2003）によれば、60年代前半の高校進学率の急増に伴い、63年に高校側が「学力検査」を行うことが原則とされ、その指標として「偏差値」が用いられ、生徒たちは数値により序列化されて、成績により階層化した高校へ振り分けられる体制が整った。大学進学に関しても、50年代までは非常に限られたものだったのが、60年代に入って進学率は急上昇し、これを受けて旺文社が大学の学部別の「難易度ランキング」を数字で示す試みを始める（1963年）。この63年という年は、「団塊の世代」が高校に入学し始め、経済審が「63答申」を出し、能力主義の徹底を推奨した時期である（本節4項を参照）。このような社会情勢の下で、教育現場で「偏差値」や「難易度ランキング」など、点数や数値による一元的評価システムによる選別が展開していったのである[75]。

　しかもこの時期は、企業が直接労働者を管理するシステムが完成し、ブルーカラーも努力と忠誠次第で、ホワイトカラーになれる道が用意され、総体的に「サラリーマン」志向が高まった（汐見, 1994, p.307）。こうした状況

は、当初文部省が目論んだ能力主義的多様化路線ではなく、学歴とその獲得のための競争激化に繋がり、中学や高校の普通科では、進学を見据えた受験準備教育や補習授業が多く行われ、社会には漫然とした「エリート主義」(elitism) が広がった。以上を約言すると、学校教育では主として、一元的能力主義を帯びた非人間的選別体制が確立し、58年の指導要領が掲げた、系統的・形式的な学習活動が一般的に広く実施されていたことが窺われる。

これに対して、大衆の耳目を集めた「英語会話」が、NHK のラジオ講座以外では民放で初めて放送される。その番組とは、旺文社提供による文化放送の長寿番組「百万人の英語」(1958 〜 1995 年)である[76]。当時ネイティヴの発音を聞けると言えばラジオぐらいで、曜日ごとに違うユニークな授業で多くの大衆に人気を博していた。NHK の番組が 1 番組 1 講師の講座だったのに対して、「百万人の英語」は曜日ごとに異なる講師[77]が、それぞれの持ち味を生かし、魅力あふれる番組構成になっていたのが特徴的だった。

1964 年には、海外渡航の自由化が始まり、68 年からは海外旅行をしたことがなかった日本人のために、旅行業者が海外パッケージ・ツアーを販売するようになる (岡出, 1999, pp. 31–32)。間もなく訪れる海外に対する憧れから、英語教育関連でもオリンピックの前後に「第 2 次英語ブーム」が到来する。1963 年 6 月号の『言語生活』には、当時英会話の独習書[78]が相次いで出版されている様子を伝える記事が特集されている。

また、この 1963 年には財団法人、日本英語検定協会が文部省後援のもと設立された。実用英語検定試験(以下、英検)は、社会教育の見地から「生きた英語」を測定する目的で発足した。第 1 回試験 (1 級・2 級・3 級) は、全国 47 都市で実施され、約 38,000 名が受験した[79]。更に 1970 年に大阪で開かれた「日本万国博覧会」(通称、大阪万博、千里万博)も、国際意識の高揚と科学技術・経済成長が与える幸福の渦の中に大衆を取り込んだ。万博には、「人類の進歩と調和」をテーマに、約 6400 万もの人々が来場した。

ついでながら、60 年代の大きな特徴である高度産業構造の形成、メディアの発達、国際化や「英語ブーム」との関連性から通訳産業について言及する。佐藤 (2004, pp. 41–51) によれば、日本において通訳が職業として成立するのは、エージェンシー(サービス提供機関)が設立された 60 年代である。それ以前は「個人アルバイト」の時代であり、通訳者の数はおよそ 15 〜 40 名だったと推測されている。その後 60 年代初頭に、東京オリンピックを契

機として始まった日本の国際化と、産業界から切望されてエージェンシーが設立されたのを機に[80]、通訳市場は急速に発展していき、拡大する需要に供給が追いつかない程であった。

ここで最後に触れておきたいのは、「全人類の夢」の体現であると謳われ、「科学技術の進歩」の象徴となった、アポロ月面着陸（1969年）である。この時に通訳者はテレビの前に初めて登場し、その存在が世間一般に知れ渡るようになる。アポロ月面着陸は世界で生中継され、人々を世界同時的に繋げた「メディア・イヴェント」(media events)である (Dayan & Katz, 1992, p. 124)。いわば、アポロ中継は、通訳者とメディアを媒介して、全世界の人々が同時的に同一の経験を共有することが可能となり、科学技術と人類の進歩に世界中の人々が酔いしれた、60年代を象徴する一大イヴェントであり、そこに時空間を世界同時的に移動する、（書物などの活字による間接媒体としての英語ではなく）音声や視聴覚効果を備えた、直接的な意思疎通の手段としての「生きた英語」があったのである。

こうした点から、大衆の関心を惹いた「英会話」に見られる「（音や会話を基調とした）生きた英語」の世界的な拡張は、高度経済成長期の60年代と符合して、着実に浸透していたといえる。つまり、この「生きた英語」の出現は、前述してきたように、多方面にある種の地殻変動を起こしていたと見られる。

その余波として、英語の拡散は、近代標準語の確立を目指した「国語」にも多かれ少なかれ影響を与え始めた。山田・難波(1999, p. 143)によれば、60年代に入って、「日本語の変異」として扱われた「借用語」、「カタカナ語」、「和製英語」などの「外来語」が、新聞をはじめ、映画や音楽や街頭、日用品など、様々な分野で増加傾向にあり、そのような状況に対する記事や投書が、新聞紙面を賑わした。これらは、増加する外来語に対して、その賛否両論の是非を問うものが多く、全体的に国民の外来語への「問題意識」が高まっていることを表すものと解することができる[81] (ibid., 1991, p. 166)。

以上、結論的に言えば、本節では近代化や国際化の進展と、それに伴うメディアの発達により、「英語」に関する諸々の現象が、学校教育や大衆文化の両方で、それまでのものとは様相が異なってきたことを確認した。次節の「移行期」では、オイル・ショックからバブル景気などの経済変動、新自由主義による民営化や教育の私事化、情報技術の進展や消費文化の高まりな

ど、大きな社会構造の変化とうねりの中で、英語教育や大衆の英語文化が、どのように変容していくのかを詳しく見ていく。

4. 移行期 (1973 〜 1989 年)

　前節では、60年代に財界などの構造的組織体で支配的だった経済ナショナリズムが、教育界にも波及したことと、高度経済成長により国際社会での日本の相対的地位が上昇し、それと共に英会話の本が続々と出版され、「第2次英語ブーム」と呼ばれる現象が起こったことを確認した。本節では、オイル・ショックにより、日本経済が戦後初のマイナス成長を記録する1973年から、東西冷戦が終結し、イデオロギー対決が終焉する1989年までに時代区分を置き、(1) 70年代の教育政策、(2) 1977年 (中) [1978年 (高)] 版の指導要領、(3) 80年代の教育政策、(4) 1989年 (中・高) 版の指導要領、(5) ポスト・フォーディズム期の大量生産型英会話の誕生について論じる。

(1) 教育構想のパラダイム転換：70年代の教育政策

　1970年代は、中教審の「今後における学校教育の総合的な拡充整備のための基本的施策について[82]」(1971年) で幕を開ける。答申の前文でも触れられているが、大衆化や産業構造の変化など60年代の急速な社会変動に合わせて起こった、教育の量的拡大に伴う質的変化に対処する狙いがある。生涯教育構想、6・3・3制に代わる4・5・5制の先導的施行、高校での多様なコース選択徹底など、目を奪う構想が幾つか立てられたが、中教審が経済優先の気風を持ち、政府主導で教育改革を斡旋していることに対してマスコミからは不評で、目玉的改革案だった4・5・5制も、結局実施されずに失敗に終わった (谷村, 2004, pp. 325–327)。

　70年代に入っても、上記の答申が示す通り、地方自治体ではなく政府に教育整備の権限が委ねられ、一元的能力尺度に基づく選別が、70年代に本格的に実施されたことで、受験問題が益々クローズアップされる。1960年には57.7%だった高校進学率も、1970年には82.1%に達し、70年代半ばには91.9%を超えて (文部省、学校基本調査)、高校進学が当たり前の時代となり、「高校受験のプレッシャー」という形で入学試験は受験者に重く圧しかかるようになる。

高校受験に関しては、この時世に2つの大きな変化が見られる。藤田（2003, p.482）によれば、第1の変化として、60年代までは非進学者の存在が階層問題を可視化していたのに対し、70年代以降は、受験に合格するか否かは、学校側の「輪切り」問題として片付けられ、逆に経済・社会的問題から来る階層問題が背後に追いやられることとなった[83]。第2の変化は、60年代を通じて中学校が相対的に自立した結果、受験準備教育を実施しなくなる学校が増加し、学校外部の進学塾・学習塾に保護者が依存する状況が生まれ、それまでは「頼られる学校」だったのが、偏差値と成績による選別を行う「敵視される学校」へと変貌したことである（ibid., p. 482）。こうした傾向は、現代教育を覆う「教育の私事化」や「教育の市場化」の発端になっている。高校進学率上昇に伴い、進学希望者も増大したが、高等教育機関が全ての入学希望者を受け入れるのは現実的に不可能で、その多くが「浪人生」となった[84]。この機に乗じて、河合塾・駿台予備校・代々木ゼミナールのいわゆる「御三家」は、英会話センターや専門学校、幼稚園や教育研究所など経営の多角化を行い、1979年の共通1次試験実施に備えて、情報収集力・情報処理能力を高めるために全国展開を行った（木村，1999, pp.87–88）。
　なによりも、1973年から始まる「移行期」は、日本経済が戦後初めてマイナス成長に転落し、高度経済成長に終止符が打たれた時代であり、世界の労働時間短縮の流れとは逆行して、産業構造転換のために、日本企業が過酷な競争に労働者を追い込んだ時期でもある。それと同時に、学校教育や生徒を取り巻く情勢も、学歴主義が横行し、過度な受験競争が広く行われた。これに拍車を掛けて、学校教育で「管理主義」（controlism）も強化されていく。
　総理府青少年対策本部の「非行原因に関する総合的調査研究」（1979年）によると、1972年以降少年非行は増加の一途を辿り、遊び型非行の多発、非行の低年齢化が進行した[85]。学校や社会では、能力主義や競争主義が偏執されていたわけだが、それに順応できない青少年の多くが、非行化し、社会から逃避した。この危機的な事態に対して、青少年審議会が建議したのは、青少年の「社会参加」という構想であった[86]。青少年審議会は、青少年の健全な育成に悪影響を与えた根源的原因を、60年代に政府・産業界・教育界の三位一体体制が称揚した、産業化と工業化の過程で生じた科学主義・生産主義・能力主義だと明示している。科学や経済が人類に及ぼす作用が決して輝かしいものだけではなく、「進歩」や「発展」に伴って生じる負の側面が

一挙に露呈し、根底的に 50 年代半ばからの経済至上主義、それを下支えした科学技術信仰、合理主義的な近代化などに対する懐疑の念が生まれたのである。

　これは、60 年代後半から 70 年代初頭にかけて展開された、日本政府や企業、大学などの既得権益を相手取った反公害運動・被害者運動・反原発運動・反開発運動・大学紛争・アジア諸国への「公害輸出」抗議運動などの環境運動・住民運動 [87] と、ヴェトナム反戦運動を基軸として世界同時的に発生した市民、学生、女性、ヒッピー、パンク・ロッカー、ゲイやレズビアン、エスニック・マイノリティなどの多様な人々が、社会の支配的なテクノクラートや近代主義、既存の価値規範や文化的秩序を批判し、自己決定権を求めた社会運動など、一連の「対抗文化」(counter culture) とも重なる気運だといえる [88] (Roszak, 1995；小谷, 1998；道場, 2004)。政府や企業が過信した権威的な経済主義・科学主義的イデオロギーは、60 年代後半からの重層的な社会運動・住民運動により、反省と転換を余儀なくされた。対抗文化の発生と世界的拡散は、70 年代の重要な転機なのである（新左翼的社会運動は、1972 年の浅間山荘事件以降、直接的には衰退するが、後述するポスト・モダン的社会状況の中で、男女雇用機会均等法や DV 法、司法制度改革など、思想的遺産として後代に受け継がれていることに留意。詳細は大嶽, 2007 を参照)。

　このような社会状況に対して、教育課程審議会（以下、教課審）の答申 (1976 年) は、指導要領改訂の基本的方向性を、(1) 豊かな人間性、(2) ゆとりある学校生活、(3) 基礎的・基本的な内容重視、の 3 点に定めた。これは、50 年代後半の効率的な系統学習重視に逆行する流れである。前節 5 項で述べた通り、68 年の世界同時的なニューレフト系社会運動の余波で、学習内容が一部削減されたが、反公害運動などでナショナル・メリトクラシーが動揺をきたす 70 年代後半には、その流れは更に加速し、豊かな人間性回復のために、管理的な学校と授業から、児童生徒を解放しようとする気運が生じたのである。ここにこそ、50 年代後半からの国家主導の外圧的教育の押し付けが、環境や人間を汚染・圧迫したため、今度は児童生徒の内面的な人間性にベクトル向けようとした教育理念のパラダイム・シフトが見られるのである。それゆえ、50 年代のナショナル・メリトクラシーが保障した経済成長が、ニクソン・ショック、ドル・ショック、オイル・ショックなどで崩壊

し出す70年代に、これらの教育政策に転機が訪れたことは相互に関連する現象だと捉えられるのではないか。次項では具体的に指導要領の中身を検討しながら、本項の内容を確認していく。

(2) 1977年の中学指導要領と1978年の高校指導要領：ポスト・モダニズムとコミュニケーション

　指導要領が改訂される前に、中教審から英語教育に関する答申「教育・学術・文化における国際交流について」(1974年) が出されている。実はこの答申は、1956年にも一度出されているが、大きな相違点は(1)国際理解教育を推進していることと、(2)外国語教育において、コミュニケーションの手段としての外国語能力を培うことが、大々的に掲げられたことである。(1)については、前回の中学指導要領で明瞭に打ち出されていたが（第3節5項を参照）、(2)は、前回の答申や1960年の英語教育改善協議会の答申でも一切触れられておらず、この時点で初めて提示されたものだ。しかし、中教審が示唆した2つの理念は、今回の指導要領改訂では採用されなかった。理由は、青少年の非行問題と、教課審が唱道した「ゆとり教育」で、「国際理解教育の推進」もあわせて見直されたためである。つまりこの指導要領は、昨今の官民一体的な英語教育改革運動にも通じる着想があったにも関わらず、それらを具現化できず、学習内容を削減しただけの空虚な改訂だったと見なせる。

　前回の指導要領は、中学で言語材料の一部削減が行われ、高校では各学校が多様な教育課程編成が行えるよう、ある程度幅を持たせたものとなっていた。今次の指導要領も、教課審の改革方針[89]を受けて、言語材料と授業時数が大幅に精選・削減された[90]。前回同様、「言語活動」は英語教育の主役であり、実際の教室で活発な「言語活動」を行うために、数多い「言語材料」は不都合であり、受験英語に代表されるように、生徒の負担を加重し、過度な競争を煽る恐れがあるため、過多な言語知識は害悪だと考えられたのである。

　中学英語教科書にも、題材や登場人物に変化が生じた。指導要領を受けて作成された80年代前半の英語教科書では、アメリカの割合が急激に減少して、代わりに日本人の主人公が多く登場し、彼／女がアメリカを舞台に活躍する題材が増えた。また、オーストラリアやカナダといった英米以外の英語

圏や、アジアや中南米などの第 3 世界も頻繁に登場した（江利川，1992, pp. 121–122）。国際意識の高揚と、国際社会への自文化中心的な発信型教育は、上述した教課審の国際理解教育推進に起因する。多文化主義、脱英米化、自文化発信型の英語教育は、おもに 70 年代から進行したと言えるだろう。

　高校の指導要領では「英語 A・B」を廃し、「英語 I」に接続する「英語 II」が設置され、多様化選別路線が改められ均一的な扱いになった。また、「初級英語」と「英語会話」も廃止され、技能別に力点を置いた「英語 II A」（聞くこと・話すこと重視）、「英語 II B」（読むこと重視）、「英語 II C」（書くこと重視）がそれぞれ新設された。それでもやはり、「英語 II A」は「英語会話」と同じく、教育現場では殆ど実施されず、次回改訂で廃止される運命にあった。教課審の方針や「第 2 次英語ブーム」とは対照的に、学校現場では、「英語会話」は教えるべき必要のある科目と見なされていなかったのである[91]。

　おおよそこの 70 年代は、政治、経済、思想、文化のあらゆる領域で、重要な転換期であったと言ってほぼ間違いないであろう。オイル・ショックにより世界的不況に陥った先進国企業が、海外諸国に投資や生産拠点を求めて多国籍企業化するのと連動して（世界経済構造の転換）、国家権力は弱体化し、環境破壊と非人間化をもたらした「フォーディズム」（Fordism）は、消費形態の細分化に応じる「ポスト・フォーディズム[92]」（post-Fordism）に変わり、「モダニズム」（modernism）は陰りを見せて「ポスト・モダニズム[93]」（postmodernism）へと移行した。そしてポスト・ナショナルなグローバライゼーションの到来を目前に控え、教育界でも顕在的な実用的スキルが重視されるようになる（Halsey, Lauder, Brown & Wells, 1997, pp. 5–11）。

　70 年代の英語教育界でも、60 年代半ばから取り入れられた、文法や構文を重視する機械論的な教授法である「オーディオリンガル・メソッド」（Audiolingual Method）や「シチュエーショナル・ランゲージ・ティーチング」（Situational Language Teaching）[94] に疑問符が投げ掛けられ衰退し、言語人類学者 Hymes（1972）が提示した「コミュニケーション能力」（communicative competence）[95]、Wilkins（1976）の「概念・機能シラバス」（Notional Functional Syllabus）などが、70 年代半ばに CLT に発展し、コミュニケーションの手段としての言語教育が広く世間一般に普及するようになる（Richards & Rodgers, 2001, pp. 153–155）。

　日本の英語教育界でも、新潮流の「実用主義」（utilitarianism）と古典的な

教養主義が真っ向から衝突した「平泉・渡部の英語教育論争」が物議を醸した。論争の発端は、1974年に当時参議院議員であった平泉渉(1929-)によって自民党政務調査会に「外国語教育の現状と改革の方向」と題する試案が提出され、それに対して渡部昇一(1930-)の論文「亡国の『英語教育改革試案』」が、雑誌『諸君！』(1975年4月号)に掲載され、以後両者が同誌で論争を繰り広げ大きな反響を呼ぶ。平泉の主張は、会話主導の実用英語を一部のエリート層へ求めたのに対し、渡部の主張は、伝統的読解中心の教養英語の有用性を説いたものであった[96]。この論争が歴史的に重要なのは、単なる私的英語教育観の衝突という、狭義の意味においてではなく、(1) 東京五輪・アポロ月面着陸・大阪万博など一連の国際化の進展や、海外旅行の大衆化やメディア・出版物により世間一般に広く流布した英会話と、(2) 戦後の経済復興・科学技術振興の下で展開し、(近世後期、寛政期から明治期にかけて確立した) 文法訳読法や、(明治後期から大正期にかけて確立した) 受験英語に見られる、書きことばに言語教育規範性を置く教養主義、これら両者の対峙の様相を呈していたからである。

要するに、70年代のポスト・モダン的社会変動と連動する形で、書きことばを重視する保守的・伝統的体質を堅持する学校の英語教育課程を、メディアの発達や国際交流によって拡散した、現代的な話しことばを軸として、抜本的に改革する試みが発案されたのである。英会話やコミュニケーションを重んじる新時代の潮流は、次回改訂の指導要領に見られる、英語教育観の変貌の予兆であった (詳細は本節4項を参照)。

(3) 脱近代と新自由主義の出現：80年代の教育政策

既に述べたように、70年代は、経済成長率がマイナスを記録し、高度経済成長期のナショナル・メリトクラシーが甚大な悪影響を国民に及ぼし、公害問題、住民運動、青少年非行などの問題が急浮上して、戦後日本の経済成長を支えた枠組みが明白に動揺をきたしだした時代であった。更には、高度経済成長で世間一般に浸透した中流意識と平等主義が、高学歴獲得のための一元的能力競争に、家庭と生徒を巻き込み、学校は最早頼られる存在ではなくなり、その代わりに塾や予備校など教育の外部化（民営化）が進行した。

教課審は、受験や非行問題などの学校教育衰退と、社会混乱の事態に対応すべく、新たに人間主義的な「ゆとり」を教育理念に掲げて、学習指導要領

の改訂を行った。しかしその内実は、学習内容を大幅に削減しただけの骨抜き状態であり、その失敗を受けた 80 年代には、70 年代のポスト・モダニズム時代への過渡期で行われた教育方針を改新して、一挙に市場原理を導入し、自助努力と自己責任を中心とする「新自由主義」(Neo-liberalism) 的改革に移行しようとするものであった。前述の通り、70 年代の教育危機に瀕して、臨時教育審議会 (以下、臨教審) が、「戦後政治の総決算」を掲げた中曽根首相直属の機関として、1984 年に設置された。従来の文部大臣の諮問機関である中教審と、文部省とが主導する教育施策決定方式を改め、総理大臣と臨教審という強力「ツー・トップ」が、学校教育の抜本的改革に直接乗り出した。一般的に、中曽根政権や臨教審が描いた改革構想の基本的思潮は、電電公社 (1985 年) と国鉄 (1987 年) の民営化に代表されるように、国の財政赤字再建のために、「肥大化」した福祉予算を削り、「小さな政府」を標榜した「新自由主義 (新保守主義)」と呼ばれるイデオロギーであった[97]。この「民営化」の思想の下に、均質的な同質性ではなく、差異と特色、個性や創造力、多様性を希求する教育が目指された。

　その様相が顕在化した例として、「生涯教育」という呼び名が「生涯学習」に変化したことが挙げられる。これは、70 年代後半以降の CLT の台頭などに現れた学習者中心主義とも重なる風潮である (本節 2 項を参照)。Brown (2000, pp. 8–13) によると、60・70 年代の言語教育の主潮は、人間に生得的に備わっているとされた理性を絶対視する「合理主義」(rationalism) と、人間の深層心理に潜む認知深層構造を探求する「認知心理学」(cognitive psychology)[98] であったが、80 年代になると、人間は他者や社会との相互作用 (interaction) により、各々が異なる特質を形成すると考える「構築主義」(constructivism)[99] が攻勢を強める。すなわち、学習者自身が周囲に自ら働き掛け、相互作用論的に言語能力を獲得することが「学習」(learning) という言葉に含意されているのである。こういった主体性や自己責任の論理に基づく新自由主義的な教育観は、日本のみで見られた特異な現象ではなく、イギリス、アメリカ、カナダ、オーストラリアなどの英語圏で称揚された動向である[100] (Halsey, Lauder, Brown & Wells, 1997, p. 19)。60 年代の先進国が実現した、経済政策、通商産業政策、医療福祉政策、文教政策などを統括する「大きな政府」の繁栄が、70 年代に巨額の財政赤字や国際貿易収支の赤字をもたらしたために、政府の役割を必要最小限に抑えて、民間の経済活動に介

入すべきではないとする、自由放任的な新自由主義と「小さな政府」論が歩調を合わせて台頭したのが主因だと思われる(岩木, 2004, pp. 23-24)。

　臨教審答申に話を戻すと、これまでの日本の「追いつき型」の政策から脱却して、21世紀に向けて時代の先端を行こうとする「先頭型」の先んじる精神が強調された[101]。この中では、個人の自由と自律、自己責任の原理による「強い個人」の育成が謳われ、創造性・考える力・表現力など、90年代以降、関心・意欲・態度などの「新学力観」と呼ばれる「観点別学習評価」による人間重視の学力観が提唱されている(近代を超克する「成熟社会」を志向していることに注意)。そして、学習者の選択権拡大を推奨し、後期中等教育と高等教育段階での規制緩和を示唆した[102]。だが、新自由主義とは対照的に、「基礎・基本の重視」や「教育環境の人間化」など、70年代半ばの「ゆとり教育」によるヒューマニズム精神も、依然として継承されたことは興味深い点である。つまり大まかに言って、この時期の日本の教育政策は、人間重視の教育思想と、ネオ・リベラルな改革路線の合作なのである。両者は共に近代主義批判・近代国家標準化批判として、共通の性格を持つことに留意されたい。

　次に社会的コンテクストを概説すると、終身雇用制や年功序列賃金体系など「会社主義」(corporationism)と呼ばれる日本的経営や、トヨタ式の多品種少量生産方式(vs. 少品種大量生産のフォード・システム)、高水準な教育が「ジャパン・アズ・ナンバーワン」(Japan as Number One)と賞賛されて、世界の注目を集めた(Vogel, 1979)。それから、プラザ合意(1985年)後に懸念された円高への対応策の結果生じたバブル景気の影響、株式と土地の価格上昇と、それによる個人の消費支出の上昇が、急速な景気拡大をもたらし、宅急便やコンビニエンス・ストア、リゾート施設建設のラッシュなどに象徴されるように、大幅な全国的内需拡大に繋がった。景気が好調で繁栄の絶頂にあり、個人消費拡大と企業経営好転が持続した状況下では、世界情勢変化(冷戦終結)と、国内情勢の急変(平成不況)が露になる、世紀末を暗く覆う「崩壊」の兆候がまだ顕在化していなかった[103]。21世紀への改革を仕切りに訴えながらも、緊迫感や危機感が根本的に欠落していたために、目立った教育改革が断行されず、「ゆとり」も据え置かれた(遅まきながら、最近になって「ゆとり」の是非が問われ出し、これが切り離されようとしている)。その意味で70・80年代教育施策の特徴は、やがて訪れる激動の時代に対す

る「移行期」と位置づけられるのである。

(4) 1989 年の学習指導要領：コミュニケーション教育への趨勢

　指導要領改訂を前に、教課審の答申（1987 年）で外国語教育改善の基本方針として、「国際理解教育の推進」と「聞くこと・話すことの一層の充実」が示された。この社会的背景は、日本を取り巻く世界情勢の急変、つまり国際化の急速な進展[104]が深く関与している。80 年代にかけて進展した国際化は、やがて中国天安門事件（1989）、東欧での一党・社会主義体制崩壊（1989）、マルタ会談（1989）での冷戦終結声明、ベルリンの壁崩壊によるドイツ統一（1990）、ソ連の消滅（1991）、など、社会主義体制を衰退へと導く。世界情勢が「対立」から「協調」の相互依存関係へと向かう最中、日本の教育政策でも、過去の経済を優先した結果引き起こされた教育荒廃の反省に立ち、1985 年の臨教審答申で平等主義・形式主義から個性重視、画一化から多様化、「心の教育」の推進、受験競争の是正と生涯学習体系への移行、考える力や創造力、関心や意欲、態度などの「新学力観」が教育改革の主軸に据えられ、国際化と新改革思潮が結束し再度復活したのが「国際理解教育」の推進であったと見ることができる。

　学習内容削減で明確な理念を失った文部省は、1974 年にパリで採択された、ユネスコの「国際理解、国際協力及び国際平和のための教育並びに人権及び基本的自由に関する勧告」の「国際教育」（International Education）を主要理念として、外国語教育の充実を図った[105]。1969 年の指導要領と異なり、今次の「国際理解教育」は、異文化の一方的理解ではなく、自文化を軸に据えた相互理解と、環境や人権など幅広い視点を取り入れた人間育成を「目標」として掲げている[106]（小林, 1991, pp. 85–86）。

　次に「聞くことと話すこと」の充実は、今回の指導要領に先立つ 1987 年に発足した JET プログラム（Japan Exchange and Teaching Program）[107]によって推奨されていた。JET プログラム発足の真の狙いは、当時の中曽根内閣が標榜した、日本の国際社会での存在感強調と、リーダーシップ獲得の準備計画であったと思われる。また、外国語教育改善や生徒の英語力向上のみではなく、他の隠れた意図としては、円高によるアメリカとの貿易摩擦の軽減や、日本の安全保障政策の強化、地方の国際化などが、文部省と自治省の意図した思惑であったのである（McConnell, 2000, pp. 30–63）。つまり、JET

プログラムは単なる英語教育改善ではなく、政治的・経済的な相乗効果を期待した国家プロジェクトであり、国際化を主潮として、自由で制約が少ないコミュニカティヴな授業実践を期待して、国が地方に対して上意下達的に課した政策なのである。現場に与えた影響は、日本人教師主導授業の間接的批判、ティーム・ティーチングの浸透（ティーム・ティーチングの詳細は文部科学省, 2002 を参照）、会話教育導入、母語話者との交流による生徒の意欲向上などがある (McConnell, 2000)。

その他の変更点としては、聞くことと話すことが重視されたことで、「目標」の文言に「コミュニケーション」という用語を初めて布置したことだろう。本節2項で述べたように、1974年の中教審答申「教育・学術・文化における国際交流について」で、「コミュニケーション」という概念は既に日の目を見ていたが、教育内容を抑止した「ゆとり教育」により、「国際理解教育」と「コミュニケーション教育」の導入は見送られていた。英語教授法の分野でも、1980年代の初めに Canale & Swain (1980) により、コミュニケーション能力が具体的に定義づけられ広く定着した[108]。とにもかくにも、これにより、各学年の「目標」では単に「英語を理解したり、話したりする」のではなく、「話し手の意向などを理解したり」、「自分の考えなどを話したり」するなど、英語の学習・使用には必ず相手がいることが強く意識され、「言語活動」の項でも、「文を読んで適切に応じること」、「語句や文を聞いて正しく書きとること」など、4技能が有機的に結び付いた活動となっている（小泉, 2000, p. 141）。

このコミュニケーション重視の流れは、高校でも一貫して組み込まれた。前回の「英語会話」や「英語 II A」の失敗の反省に立ち、新しく「オーラル・コミュニケーション A, B, C」の3科目を設置して、英語を選択する場合には、いずれかを履修することを必須とした。進学率の上昇と、受験競争の激化により、高校では受験準備教育が主として実施されていたわけだが、「オーラル・コミュニケーション」の必修化は、JETプログラムと同様に、高校教育改革の打開策として機能することを期待された。他の改善点は、積極的にコミュニケーションを図る「態度」(attitude) を育てることが規定されたことだ。テクストの文字や意味を読み取る受身の学習ではなく、異質な他者に自ら意味の交渉を行い、相手の真意を感得することが志向された。つまり、学習者を沈黙させがちな「文法」を排除し、顕在的な主体的態度を評価の目

安としたのである。これは、従来の一元的能力・知識主義がもたらす弊害が 70 年代に露呈したことで、関心や意欲など人間の多元的能力（新学力観）を対置したことに由来する。

　以上のように、80 年代の英語教育は新たな転回を迎え、「文法訳読教授法」や「オーラル・アプローチ」に代わる新たな代替物として、口頭言語と日常会話、学習者の情意、実用的価値重視の CLT を中心に据えた。従来の「受信型教育」から脱却し、個人が各々異なることばを実際に使用して、他者に積極的に接近しようとする「発信（表現）型教育」へと変貌した。中学では更に文法事項を削減し[109]、教科書では挨拶などの対面的で平板化した日常会話が一般的となった。これは、社会主義体制の崩壊で資本主義にとっての敵が消え去り、国際社会と交流を進んで図り、民族的・地域的・国家的境界を乗り越えられる、国際的日本人の育成が志向されたことが一因であろう。日本の国際化に伴って、音声や言語活動は従来からも強調されていたが、新学力観、多元的能力、国際理解教育推進、CLT、JET プログラム、「オーラル・コミュニケーション」の必修化、「留学生 10 万人計画[110]」を大々的に掲げることで、より実践的な「使える英語」習得が要求された。従来は外国文化理解のための言語習得だったが、今回から人間性と環境がより強調され、言語は自己と異なる他者との相互理解・共存共生・関係性構築のための手段と見なされたのである。

　また忘れてならないのは、80 年代の第 2 の国際化（第 1 の国際化は 60 年代）や「多文化主義」（multiculturalism）[111]、「多言語主義」（multilingualism）[112] と連動して、日本に定住するために、あるいは海外子女または帰国子女として「日本語」を学ぶ必要のある人の数が著しく増加したことである[113]。こうした状況では、国家の一員である者に対して、言語の標準化を一律的に促す「国語教育」よりも、より実生活を重視し、実践的な言語運用能力を身に付けさせるため、国内外を問わず、文化背景や教育環境が異なる学習者を想定する「日本語教育」の重要性が高まった。特に 90 年代以降、外来語の氾濫や、日本語学習者の急激な増加により、方言矯正・標準語政策など、戦前からの延長線上にある「共通語」重視の「国語教育」が脆弱化しているといえる[114]（子安, 1994）。

(5) ポスト・フォーディズムの大量生産型英会話の誕生

　前節 6 項で論じたように、60 年代は、高度経済成長により日本の国際社会で占める地位が相対的に上昇し、それに伴い東京五輪や大阪万博などの国際行事が相次いで開催されて、「第 2 次英語ブーム」と呼ばれる現象に沸いた時代であった。国民の国際意識は著しく高揚し、50 年代とは大きく異なり、英語学習環境は整備された。全国の国民が「生きた英語」に触れられる機会は、量的に確実に拡大したのである。本項では、それら 60 年代に固められた英会話拡散の地盤が、70・80 年代のポスト・モダニズム的消費文化の中で、メディアと相互連鎖しながら多様化・細分化していく動向を略述する。60 年代に見られた消費活動の特徴は、個人の生理的欲求を満たす必要最小限度の物質充足であったが、70 年代に入ると、個人の欲望・快楽は画一性・硬直性の脱却を志向し、他者との差別化を図り、自己の存在感を誇示するような消費活動へと変容する。消費者のニーズに応えるために、言うまでもなく商品は差異化され、ブランドやキャラクターなど特異性・独自性・付加価値を付与することや、マーケティング、イメージ戦略、広告産業が発達した（ポスト・フォーディズム）。

　ここで、70 年代後半に見られた英会話学校の乱立について言及したい。堀内 (1988, pp. 150–157) によれば、英会話学校の古くは、駐留軍の通訳をしていた人々が個人経営で行っていたものが多く、経営者が高齢化するにしたがって自然に消滅していった。その後、東京を中心に、非常に多くの英語学校が、東京五輪に沸いた 60 年代の「第 2 次英語ブーム」の前後に創立された[115]。ところが、70 年代後半に英語学校は、「短期留学プログラム」や「海外ホームステイ」を自ら主催し、旅行会社と提携して共催するようになる (ibid., p. 151)。70 年代から 80 年代前半に見られた旅行者掘り起こし対策に、海外への夢と憧れを強く持ち、英語会話を学ぶ生徒たちは打って付けの顧客であった[116]。こうした留学プログラム運営に加えて、70 年代後半から 80 年代にかけて、多種多様な英会話学校が出現した。個人レッスンの「英会話サロン」、回数券やその時払いの「英会話喫茶」、電話を使用して気軽な会話を楽しむ「電話レッスン」、「テレフォン会話」、「英会話テレクラ」、フィットネス・ジムの運動に英会話を組み合わせた「フィットネス・イングリッシュ・センター」、その他にも、高齢者向けの英会話教室、主婦の英会話クラブ、カルチャー・センターの英会話講座などである。ここにきて「英

語会話」は、ある種の世界観やイデオロギーを内包する「英会話」(English conversation) へと変貌し (ラミス, 1976)、それを一般人に広く提供する英会話学校は、既存の伝統的、画一的「学校スタイル」の語学教育から、レジャー感覚を豊富に取り入れた「アミューズメント・スタイル」の「英会話楽園」施設へと変質した。

典型的な1つの例として、日本企業のECC[117]とNOVA[118]という2つの英会話学校を取り上げて比較してみたい。どうして後発のNOVAは、先駆的なECCを売上げで抜き、多くの消費者のニーズを満たすことに成功したのだろうか。その理由を先に言ってしまえば、本項で論じる移行期に見られた、ポスト・モダン的な消費文化の変容に、NOVAという新感覚の戦略を持ち合わせた英会話学校が、柔軟に適応することができたためである。

そもそも50年代後半から70年代までは、アメリカ（新ブルームフィールド学派）構造主義言語学を根幹とする「オーラル・アプローチ」が、全国の学校の授業で広く行われていたわけだが（第3節5項を参照）、ECCも学校教育と同様に、70年代後半から80年代前半は、構造言語学や変形文法理論に依拠して、単語や正しい英文の暗記などを学習者に課し、"No Japanese"、"No Silence" を主軸に、表面を掠める英会話学校と一線を画し、妥協のない徹底的な語学教育を誇り、「輝かしい栄光[119]」と教育プログラムの充実を売りに全国随一の規模で事業展開を行っていた。しかし80年代に入ると、その名の通り、「新星」NOVAが英会話産業界に遅れて参入し、斬新で画期的なアイディアと積極的な投資戦略が功を奏し、市場を独占する。全国の駅前にいわゆる「駅前学校」を普及させ、学問的な英語や過度な暗記など、学習者に負担をかけることを忌避し、全員ネイティヴ・スピーカー（自称）の外国人講師による少人数制レッスンを謳い、シンプルな授業内容を宣伝した。「農婆」、「鈴木さん」、「NOVAうさぎ」などのユーモラスなキャラクター戦略[120]と、徹底した利便性の追求[121]で、伝統的な英会話学校のイメージを払拭した。NOVAは、顧客の新しい需要に的確に応じ、メディアの積極的活用により、従来は英語に興味を持たなかった層の人々までをも、「英会話産業」に包含する事に成功したのである。

英語能英会話学校と同じような変化が、英語検定試験にも見受けられる。1979年、世界のビジネスや産業界に「世界標準英語」(world standard English) を確立するため、財団法人国際コミュニケーション協会により、

TOEIC[122]が開発された (Lowenberg, 2000, p. 81)。更には1981年から、英語圏以外の国から北米圏の大学留学希望者に対して、入学試験の一環として行われるTOEFL[123]が日本でも実施される。2つのテストは、1947年設立のアメリカの非営利団体ETS (Educational Testing Service)[124]によって開発されたもので、ETSは、全世界で年間7億ドル (770億円) もの収入を上げる世界最大の教育機関であり、教育界ではマイクロソフト社以上の売上げ独占企業である。絶大な影響力を有するETSの歴史は、階層や身分、人種差別による教育ではなく、知能によって人間を平等に選別するためのテストを開発することから始まった (和田秀樹, 2004, pp. 321–323)。基本的にETSのテストは、メリトクラシーのイデオロギーに則って、知能と点数で人間の一元的能力を測定する、エリート選抜的性格を持っているといえる (メイ, 2005, pp. 433–434)。

日本では80年代以降、英語コミュニケーション能力を測定するために、TOEFLやTOEICが企業の昇進や就職、大学進学に利用されることが多くなったわけだが[125]、第3節6項で述べた通り、もともと日本では英検[126]が学校や社会で主流であった。英検は順調に受験者数を伸ばしたが、1999年の348万人をピークに、翌年には253万人と受験者が激減した[127] (和田秀樹, 2004, p. 318)。英検は「生きた英語」を測定する目的で発足した点で、TOEICなどと差は無かったはずだが、その内実が、級毎に難易度を調整するボトム・アップ方式であったため、80年代以降、よりコミュニカティヴな英語が主流になると、スピード重視のトップ・ダウン式一律型テストに真正性 (authenticity) が置かれ、積み上げ学習型の試験は模造品とみなされがちになる[128] (おそらく、このような「速さ」を求める動向は、高度情報化などの影響で、人間の社会生活全般でも、言葉のやりとりが合理化の傾向を顕著に示すようになってきたことと関係があるだろう)。

人間の一元的能力による選別試験は、受験英語や偏差値と同様に、日本では激しい批判に晒されていたのにも関わらず、TOEICなどの輸入型試験は、排他的な選別的性格が覆い隠されて、一躍脚光を浴びながら徐々に信頼性 (reliability) を獲得していく。ここで注目したいのは、世界や時代の流れや社会の変動に付随して、言語観やテストへの信頼性も実利主義的に大きく変容したことである。英検は60年代の経済主義下で、受験競争などのナショナル・メリトクラシーと一体的であり、ポスト・モダンへと社会が移

行すると、徐々に衰微の兆しが見えてきたのに対し、TOEIC などは、ポスト・モダン的状況下で、コミュニケーション重視の流れや、グローバル・メリトクラシーと結び付き、国内型試験の英検に取って代わろうとしている。約言すれば、時代変動と共に、社会や学校が求める言語能力観が変化し、それを測定する検定試験に対する真正性や信頼性も重点移動したものと思われる[129]。

英語教授法においても、従来の教師主導型教授法の反動として、学習者の主体性や発信性、協調性を強調する観念として「協同言語学習」(Cooperative Language Learning)[130]、「内容中心アプローチ」(Content-Based Approach)[131]、「タスク中心指導法」(Task-Based Language Teaching)[132] が新しく生まれ (Richards & Rodgers, 2001)、「第 2 言語習得」(SLA) の分野でも、70 年代後半から 80 年代にかけて、学習者の内面的特性や個人差(例えば、年齢、適性、性格、態度、情意、信念など)が、言語習得に及ぼす影響を探る研究・調査が盛んに行われた (Ellis, 1994, pp. 503–505; Lightbown & Spada, 2001, pp. 51–68)。

上記の英語検定試験や英語教授法と同様に、「移行期」の通訳産業も情勢が変転した。70 年代には、政府レヴェルに加えて、個人、企業など民間レヴェルでの国際交流が進行し、通訳の需要が右肩上がりで伸びた。ところが、通訳業には公共の資格がなく、通訳志望者は著名な養成校を出る必要があったため[133]、エージェンシーの存在感が高まり、スクールビジネスが大きく発展した(通訳養成の定着)。80 年代(内需拡大・バブル経済)は、通訳の需要も伸張し、小規模の新興エージェンシーの複数設立、老舗エージェンシーからの独立、新人通訳者の斡旋企業など、少数のエージェンシーが市場を独占する形態から、ポスト・フォーディズム的に市場が細分化され、クライアントの依頼が複数のエージェンシーに分散化して、多数の通訳者が生まれた (佐藤, 2004, pp. 56–58)。

他にも、海外留学の情勢が忽然と様変わりした。プラザ合意による交換レートの変化と、バブル経済の影響により、1965 年に 1,907 人だった留学者は、1975 年に 10,826 人、1985 年には 23,830 人、1990 年には 121,646 人と増加の一途を辿り、1960 年代以降、もはや国家の公的援助を受けない個人が、私費で留学するケースが多く見られるようになる (Ashikaga, 2003, p. 45)。このような社会状況の急転は、それまでの日本における社会的英語環

境を一変させたといってよいだろう。通訳者のように高度な英語力を有する人々は、依然として少なかったが、「生きた英語」に直接的に接触できる環境と機会は増加し、趣味や娯楽の一環として英語に接し（遊戯的心理性）、日常会話程度の簡単な英語力を備えた人々は、著しく増人したことは明白だ。富岡 (1983, pp. 6-7) が指摘した通り、「英会話」は日本独特の文化として完全に大衆化・娯楽化したのである[134]。

そこで、上記の現象を、ポスト・フォーディズム期という、より広い文脈で捉え直すと、80年代という時代[135]は「高度大衆消費社会」の到来により、団塊世代の大人達が世に送り出す商品を選択し、優位性を持つ擬似エリート的な「新人類[136]」や、それら既存の商品や流行に無関心で、ゲームなどの仮想現実的世界にリアリティを求める「おたく[137]」が登場する（大塚, 2004, pp. 16-17）。両者の特徴は、情報の送り手が込めたメッセージ（物語）を一方的に消費していたのではなく、自ら想像力を働かせて、「主役」を演じるような消費行動をしていたことである（東, 2001, p. 71）。80年代を席巻した虚構空間と現実社会の鬩ぎ合いの中で、消費者は自己選択権に基づき、主体的に（消費行為の主体として）「物語の主人公」を演じていた。**このポスト・フォーディズム体制下の消費者像は、前述した英会話産業[138]や英語教授法でモデルとされた学習者とも重なる人間像と考えられる。**70年代後半以降に見られた英語能英会話学校の乱立は、多様な学習者のニーズに適応するため、コミュニカティヴな授業を売りに展開したが、その中身は学習者を「主人公」に仕立て上げ、自由な会話を楽しませる即時充足的な授業が主に行われてきたと言えるのではないだろうか（注138を参照）。

以上結論を纏めると、「移行期」の社会コンテクストは、ポスト・モダン的状況の中で、従来の規範的学校型の機械論的学習から脱し、構築主義的なコミュニケーションへの視座と、千差万別の学習者の個性を尊重する論調とが結び付き、新たなパラダイムを形成した。それは、メディアなどが創出する仮想現実世界の消費者（学習者）像とも近似していた。人間の主体性（現代的消費社会における、主体性）を求め、自己表現力を育成する生涯学習、国際性、NOVA、TOEIC、TOEFL、CLTなどは、少なくとも一面において、このような社会歴史文脈の下で形成・展開されて行った産物なのである。

また敢えて追加すれば、このような（モノからココロへと価値体系が転換しつつあった）80年代の「自己表現ブーム」、「コミュニケーション」、「コ

ラボレーション」に象徴される「表現主義」(expressionism)は、英語教育領域だけに留まらず、ポピュラー音楽や出版などの消費活動にも見られる心的傾向である。一時爆発的人気を博した「カラオケ（ボックス）」、「バンドブーム」、「自分史（執筆）ブーム」などの現象とも符合しているからである。一個人単位の獲得すべき満足対象が、モノによる物質的次元から、より高次な精神的充足を得るための社会的現象に高まった（烏賀陽, 2005, pp.110–139）。すなわち、消費文化の拡張は、ボードリヤール(1995)が「日常的ルシクラージュ^{再教育・再開発}」と呼ぶ「現代性^{アクチュアリティ}」の原理に、言語観のみならず、社会全体が大きく支配されていることを示している。現代の平均的市民は、メディアの広告から、文化面での市民権（最小共通文化）を意識的、無意識的に関わらず、日常生活の「雰囲気」、つまりモノや記号性（例えば、「この商品は環境に優しい」と暗示する社会的意味）、音楽、メッセージ、イメージ、キャラクター、デザインの総体を通して、絶えず「美意識」の再教育を受けているのである。換言すれば、「文化的価値付け」のアップデートを常時循環的に行っていると言えよう。

　これらの実利主義と「自己中心主義」(meism / self-centralism)的な時好は、本節3項で扱った80年代の教育政策で見られた、個性重視と自己責任を基調とするネオリベラリズムと、人間の内面性や環境を重視する「ゆとり教育」路線[139]や、「環境主義」(environmentalism)、「心理主義」(mentalism)の萌芽とも繋がっていたと見られる。ちょうどこの80年代後半辺りから、カウンセラーや臨床心理士など、いわゆる「心の専門家」たちが登場し、世間で注目され始めたことや、現代にも通ずるエコ・ブームなど環境保全への関心が急激に高まってきたことも考慮に入れたい。戦後高度経済成長を支えた政治的・文化的枠組みが崩壊しだした80年代は、「近代主義」(modernism)の過程で排斥されていた諸局面、別言すれば「反近代主義」(anti-modernism)を見出すことで、新たな先端的思想・言説を発見し、やがて到来するバブル崩壊と平成不況、グローバル化、高度情報社会、地球的課題などの、90年代を覆う荒波の渦に立ち向かって行くことになる（詳細は次節を参照）。

5. 社会構造転換期（1990年以降）

　前節では、80年代にバブル景気を謳歌する中で、「国際化」を主潮として、

近代を超える成熟社会を目指した日本社会の動向を概観した。国際理解教育推進、「JETプログラム」などの諸政策には、衰退する欧米を尻目に、アクティヴな国際化されたナショナリズムが体現され、80年代のポスト・モダン的消費社会と一体化し、「市場主義」に準拠したポピュラー文化とも同化していた。政府の英語教育は、大衆化した英語文化と目指す方向が重なる外観を呈していたのだった。本節では、そのポップ・カルチャー化した英語文化が、90年代に横溢した陰鬱な閉塞感と、冷戦終焉後の世界資本主義の下でどのように展開されたのかを考察する。構成上、(1) 90年代の教育政策、(2) 98年版の指導要領、(3) 90年以降の社会コンテクスト、の3つに分けて詳述する。

(1) 強い個人と弱い集団の格差社会到来：90年代以降の教育政策

80年代後半の時勢を瞥見すると、ベルリンの壁崩壊（1989年）とソ連邦解体（1991年）により、資本が自由に活動できる世界規模の自由競争が可能となり、アメリカや西側諸国にとって大幅な市場拡大に繋がった。また、世界資本主義的状況と共に、IT革命[140]と呼ばれる大量情報の「高速化」、「デジタル化」、「ネットワーク化」、「ボーダレス化」など、従来の世界観が急速に変貌する事態が生じた。この新たな越境的かつ流動的な現象は、時空間を瞬時に超越することから「グローバリゼーション」（globalization）と呼ばれ、近代化の過程で形成されたナショナルな基盤を揺るがす事態を引き起こす。80年代の「国際化」が、過去の経済発展の実績を誇り、近代を超克するため「国際国家日本」、「文化国家日本」を志向し、積極的に国際社会に参画しようとする国家単位の自己顕示的認識だったのに対し（姜・吉見, 2001, pp. 64–66）、90年代のグローバル化には、東欧各国の市場経済参入や「第3世界」の近代化による「大競争」（mega-competition）時代や「地球環境問題[141]」など、もはや政治・経済などの諸活動が国家単位では機能せず、その大波に国家や個人が直接翻弄されるという危機認識が広く通底している。

そもそもグローバル化が日本で強く意識されだしたのは、90年代になってからだった。オイル・ショック以降、日本の製造業は賃金抑制などのために海外に拠点を移し、強い国際競争力を武器に積極的にグローバル化に対応してきたが、その一方で、金融・建設・流通などの国内産業は、バブル景気の規制と保護によりグローバル化の流れに乗り遅れてしまった（矢野, 2000,

pp. 9–11)。その後、バブルが崩壊すると、国内産業企業は大量の不良債権を抱えて破綻の危機に瀕し、生き残りをかけて事業縮小・人員削減（リストラ）などの経営効率化を行い、大量の失業や雇用不安（就職難）、給与削減などが日本社会全体を暗く覆い包む（平成不況）。他にも阪神・淡路大震災（1995年）や、オウム真理教の地下鉄サリン事件（1995年）が国民を震撼させた。その上、教育界でも「学級崩壊」や青少年による凶悪犯罪（例えば、1997年の神戸連続児童殺傷事件）がメディアで取沙汰され、国全体に重苦しい空気が蔓延した。

　このような苦境を打開するために、中教審は第1次「21世紀を展望した我が国の教育の在り方について」（1996年）を答申し、新しい全人的能力である「生きる力[142]」を考案した。60年代の「期待される人間像」が、経済至上主義的な人間観だとすれば、今回の「生きる力」は、「ゆとり教育」が渇望した人間主義と、「自己教育力」を備えた、逆境を跳ね返すことのできる、ネオリベラル的な「強い個人」の合体像である。少子高齢化や経済低迷などの将来に対する不安感や、進展するグローバル・キャピタリズム体制など、変化の激しい社会に適応できる、「生きる力」を持った「強い個人」の育成が標榜された。しかし、「完全学校週5日制」の実施や、学習内容の3割削減など、70年代からの「ゆとり教育」路線も踏襲されていく。

　そして、この2枚看板を実現化するために、新しく創設されたのが「総合的な学習の時間[143]」である。「総合学習」の設置は、全人的人間教育の目玉であったのと同時に、市場原理により各学校間の自由競争を促進する隠れた意図があったことは見逃せない。翌年にも中教審の第2次「21世紀を展望した我が国の教育の在り方について」の中で、ネオリベラル的教育は推進され、戦後福祉国家の下での「平等主義」（egalitarianism）を否定し、個性重視への転換が加速する[144]。この頃から、社会に未だ漫然と存在し形骸化しつつある「生ぬるい気質（ゆとり・年功序列・終身雇用制など）」を改革する気運が発生してきた。これが、企業の人事評価や「教育再生会議（2006年10月設置）」が提言する「教員・学校評価性」などの「成果主義」（resultism）である。

　ネオリベラル的改革が断行される中で[145]、70年代からの「ゆとり教育」が、「学力低下」に直接起因しているという論調が出てきた。それを裏付ける決定的証拠とされたのは、OECD（経済協力開発機構）が行った国際学習

到達度調査の結果だ(文部科学省, 2003)。それによれば、日本の「読解力」は参加国中最も下落が激しい(8位から14位、24点差)。昨今の携帯電話やEメールなど、平坦で散文的な口語優位の現象に起因するものだと思われる。具体的な懸念事項として、「漢字力低下」、「読書離れ」、「活字離れ」、「読解力低下」などが指摘されていることから、今後の学校教育政策には「学力向上」とともに、「読解力向上」が重点的に盛り込まれることが予想される。これと関連して、英語教育での平易な日常会話重視の流れが、見直されるのかどうかも注目すべき点であるといえよう[146]。

　現代教育思潮の2つの流れである「人間主義」(humanism)に批判が噴出してきたことに加えて、もう1つの「新自由主義」を是正しようとする言説も浮上してきた。新自由主義的改革路線は、政府の権限を抑えて規制緩和を行い、民間に自由競争を行わせ、全ての責任の所在を自己に負わせる原理であることから、人間を一握りの「勝ち組」と大多数の「負け組」に2分化してしまうという危惧が表明されている(斎藤, 2004, pp. 46–56)。このような事態は、既に顕在化している。雇用市場の流動化が高まり、パート・アルバイトの増加による雇用の不安定化、正社員との賃金格差、「フリーター」、「ニート[147]」、「ネットカフェ難民」と呼ばれる人々の激増、非婚化・晩婚化・少子化の進行、家庭の所得格差・文化格差による子供の学力格差の増大など、新自由主義と因果関係にある憂慮すべき事態が続発している(苅谷, 2003)。つまり、新自由主義がもたらす影響により、高度経済成長下で形成された中間層と平等社会が崩れ出し、2極化(富裕層と貧困層)が急速に進んでいるのである(「格差社会」の拡大)。

　社会階層が分極化する中で、国家が規範とする枠組みを逸脱する者達(ニートなど)に対して、「囲い込み」を行おうとする「新国家主義」(Neo-nationalism)的潮流も表出してきた[148]。「国旗及び国歌に関する法律」の成立(1999年)、「教育改革国民会議報告―教育を変える17の提案―」(2000年)が提示する教育基本法の改正案と、「奉仕活動」(広義には"voluntarism")の義務化、文科省が作成した「心のノート」[149](2002年)、中教審の「新しい時代にふさわしい教育基本法と教育振興基本計画の在り方について」(2003年)、「つくる会」の「新しい歴史教科書」などの一連の動きである(安部内閣が主唱した「品格ある美しい国づくり」や「再チャレンジ支援推進」も同様の傾向)。つまり、グローバル化の進展で、個人の規範や価値観も多様化

するが、ナショナルな枠組みを外れる者は、厳しく規制し、その標準化された枠内で多様性を容認し、「市場原理主義」(market fundamentalism) による総動員体制の自由競争を推奨していると解しうる動向である。

　以上、90 年代の教育政策の特徴を要約すると、(1) 80 年代の新自由主義的な「教育の自由化・再生化」路線が急ピッチで行われたことである。この背景としては、ナショナルな基盤を揺さぶるグローバル化の進展と、80 年代のバブル崩壊で、リアリティ（平成不況）に遭遇して、社会に広がった茫然とした不安や悲壮感などの暗影を解消する狙いがあった。実は国民の間には、不安や悲壮観の主因がグローバル化と新自由主義政策にあるにもかかわらず、その「身代わり」に（あるいは「目眩まし」のために）、国民の競争力を減退させるものとして現在改革すべき標的と見なされているのが、70 年代から継承されてきた「ゆとり教育」なのである。次に、(2) 90 年代に提唱された「生きる力」は、この改革すべき「ゆとり」と表裏一体の全人的能力であり、「学力低下」の反発を受けて、今後修正される様相を呈している。最後に、(3)「ゆとり」の影響を受けて、社会の規範的枠組みから忌避する消極的ノン・エリートに対して、国家が直接乗り出し矯正・規制しようとする「新国家主義」が台頭してきたこと、以上の 3 点が 90 年代以降の教育政策の大きな特徴である。

(2) 1998 年の学習指導要領：「地球語」としての英語

　教課審は 1998 年 7 月に答申「幼稚園、小学校、中学校、高等学校、盲学校、聾学校及び養護学校の教育課程の基準の改善について」を発表した。中教審の答申（'96 年、'97 年）の方向性を受け継ぎ、具体的な改善点として、(1) ゆとりの中で「生きる力」を育成すること、(2) 教育内容の厳選、授業時数の削減、高等学校の卒業単位数の縮減、(3)「総合的な学習の時間」の創設、道徳教育充実、国際化・情報化への対応の 3 点が示された。

　前項で論じたように、「学力低下」の主因とされる学習内容の削減は、「英語科」では、言語材料の削減[150]と授業時数の低減化[151]に顕著に見られる。「ゆとり」確保のために学習内容や授業時数を減らす一方で、多様性を持たせるため、中学の必修語彙数は前回の 507 語から 100 語へと大幅に削減した。これにより教科書出版社は、従来のような画一的な制限から解放され、題材や構成などが比較的自由になり、ポスト・フォーディズム的に他社との

差別化が行いやすく、特色ある教科書編纂が可能となった（現代英語教科書の詳細は第3章の榎本論文を参照）。

　他の改訂のポイントとしては、中学で外国語が必修化されて、原則として英語を履修させることが決定し、事実上全国の中学生は英語学習が義務付けられた。英語という言語は、Crystal (1997, pp. 1-14) が指摘したように、国際共通語として機能し、今日「地球語」(global language) として広く認知されるに至っている。戦後以来、地域の実情を考慮して選択性だったのが、IT革命・グローバル化の進展によって必修化されたのは大きな意味を持つ。21世紀に入り、英語は他の外国語よりも絶対的優位とされ、「地球語」としての地位を確立したといえよう。つまり文科省は、一方で「個性重視」や「特色ある教育」など、ある程度の多様性を国民に対して容認しているが、他方では、その多様性により規範からそれる要素は法的に統制し、ナショナル・システムの枠内に留めて、国民の画一化を図ろうとするネオリベラリズムの思潮が「英語の必修化」政策に露骨に現れていると考えられる (Macedo, Dendrinos & Gounari, 2003)。

　しかし、本来グローバリゼーションは、Robertson (1992, pp. 166-174) が主張しているように、単一の直線的・拡散的な運動ではなく、「地域主義」(localism / regionalism) と一体化したものとして捉えるべき概念（グローカリゼーション：glocalization）であり、統合化と断片化、集権化と脱集権化など、相容れない両義性を同時に内包している動きといえるだろう。したがって多面的な視野に立てば、グローバル化という概念に含まれる状況は、欧米の軍事的・外交的・経済的優位性を背景にした「標準英語」・「言語帝国主義」的な一次元的（一枚岩的）言語観だけではなく、近年世界中で広く見られる「新英語」(new Englishes, New Englishes)[152]・「世界各地の英語」(World Englishes)[153]・「バイリンガリズム」(bilingualism)・「多文化主義」など、変種や多様性を積極的に認めようとする両方の言説が併存していることになる (Jenkins, 2003, pp. 14-47)。

　けれどもこの点に関して言えば、日本の言語政策は、逸脱を許さない**標準英語教育**のみに特化したものであり、「コミュニケーション」と「グローバル化」を基底理念として、TOEICなどのスコアを物差しに英語力を測定し、グローバル・メリトクラシーと一体化した、規範的標準英語のみを学校教育で扱っている[154]。こうした一律的な言語教育には、人間から、人間の生活

世界から、言語を切り離して、道具 (tool) や技術 (skill) として教えようとする、国家が持つ言語観が表象されている (斉藤, 2005, p. 84)。以上のような貧困な国家的言語政策の結果として、言語は人間から遊離し、人間は、ことばから疎外されて、「道具的言語観」だけが一人歩きしていくのではないだろうか (この議論は終章で詳しく扱う)。

　次に中学指導要領の「目標」を見てみると、前回までは「外国語を理解し、外国語で表現する」という言葉で4技能について間接的な言及だったのが、今回は「聞くこと」と「話すこと」のみを特別扱いにしている。これは過去の指導要領と比較しても異例の出来事だ。更に「実践的なコミュニケーション能力」という言葉を「目標」に加え、非「実践的」な英語を拒絶しようとしている。中学では、少ない語彙での平凡な会話のやりとりが、中心的な学習内容となった。前回高校で導入された「オーラル・コミュニケーション」による口語重視の傾向が、中学にも波及したものと思われる。前回の高校指導要領 (1989年版) で掲載された科目の順番は、「英語 I・II」、「オーラル・コミュニケーション A, B, C」であったが、今回の指導要領では順序が逆転し、「オーラル・コミュニケーション I・II」が先頭に立っていることから、今回の改訂で口語を一層重視している姿勢が窺える。他にも、文法・読解中心の大学入試を改善するため、「センター試験」にリスニング・テストを導入する試みも行われた (2005年度開始)。

　それから、前回は「コミュニケーション」という用語を導入して、その内実が一切示されなかったのに対し、今回は「言語の使用場面」として挨拶、自己紹介、電話、学校生活などの具体的な日常生活の場面が取り上げられ、「言語の働き」の例として、考えを深めたり情報を伝えたりするもの、相手の行動を促したり自分の意志を示すものなどが列挙された[155]。授業では、問題を解いたり、記憶したりせず、実際の場面に近づけた状況で言語を使用して体得させようとしている (第1章で論じたように、このようなコミュニケーション観は人間中心主義的であることにも留意)。前回再度復活した「国際理解」の文字は、情報・福祉・環境・健康など各学校に、特色ある教育活動を実施させる目的で新たに設置された「総合的な学習の時間」に吸収されたため、「英語科」からは除外された。「国際理解」が消えたことで、「英語科」の目標は、標準英語による「実践的なコミュニケーション能力」の育成一本槍となる。

以上、一連の流れを略述すると、グローバル化と新自由主義のイデオロギーの下、「強い個人」を育成するために、地球語である「英語」を全国民に習得させることが必須の課題であると見なされた。世界各国で見られる、「文化相対主義」(cultural relativism)は日本の言語教育では重視されず[156]、アメリカ中心のヘジモニック・カルチャー（覇権的文化）の近代標準英語こそが教えるべき照準と見なされたと言える[157]。まさに「地球語としての英語」は、多様な識見を覆い隠してしまう危険を内包しているのである。この「実践的なコミュニケーション能力育成」という限られた範囲の中に、現代のポスト・フォーディズム体制が投影され、それまで国内の教科書会社や学校、教員などに制限を加えていた規制が緩和（deregulation）され、民営化（privatization）や市場化（marketization）が進み、それぞれが独自性や優越性を求めて、熾烈な自由競争を行っている。この傾向は、次項で述べるように、小学生や幼児といった、これまで英語学習とはあまり関係のなかった層までをも巻き込む様相を呈していくのであった。

(3) グローバル・メリトクラシー化で幼児から親までをも虜にする「使える英語」

　前項では、「コミュニケーション」と「グローバル化」を一体化させて、新自由主義の下、21世紀の変化の激しい時代を生き抜き、「地球的課題」(global issues)に対処できる「強い個人」育成のために、グローバル・メリトクラシーの「機軸言語」として、顕在的な会話重視の英語が学校教育で確立されたことを明らかにした。本項では、そのような英語教育が、日本全国に波及していく様を素描して、今日の社会コンテクストに広く行き渡る「第3次英語ブーム」と呼ばれる現象を概括していく。

　手始めに、学校教育を取り巻く状況の変化について述べる。90年代に入り、高校受験や大学受験に関して、不合格者が減少し始め、「自己推薦」、「地方入試」、「AO入試」、「入試科目削減」、「受験日複数化」、「学区制度の撤廃」、「学校説明会」など、従来生徒を選抜する機能を果たしていた「学校」が、少子化の影響で、生徒から「選ばれる学校」へと変貌した。学校の権限は低下し、その代わりに生徒獲得のため多元的能力評価と称して、様々な手段で自由競争に鎬を削るようになった。これが前項で詳述した、新自由主義とポスト・モダニティの影響によるものであることは言うまでもない。

このような学校の独自性強調のために、「英語教育」は格好の宣伝材料であった。その先駆的存在であったのが、加藤学園が 1992 年に日本で最初に行ったイマージョン・プログラム (Immersion Program) である。加藤学園のイマージョン教育採用の経緯は、従来日本で行われていた、知識注入型の詰め込み教育への反動と、「英語を教える」のではなく、「英語で教える」ことを理想とした早期英語教育の可能性の示唆であった (加藤, 1993, pp. 151–157)。それ以来、他の私立学校[158] などもこれを積極的に取り入れ、最近では一部の「セルハイ」(SELHi: Super English Language High School)[159] 指定校でも実施されている[160]。従来教育科目の 1 科目に過ぎなかった「英語」は、イマージョン・プログラム導入により、教科の枠を横断して学校教育全体を覆うまでに至ったともいえよう。

このような比較的年齢が早い段階で、自然に外国語を獲得させようとする発想は、1998 年の指導要領により、2002 年度から公立小学で「国際理解教育」の一環として「英語活動」が実施できるようになったことがその一因に数えられる (小学校の「英語活動」の詳細は文部科学省, 2001 を参照)。小学校への英語教育 (活動) 導入に関しては、母語への影響や、「臨界期」(critical period)、アイデンティティの問題、英語優越主義など、様々な問題点が議論の的になっているにも関わらず (例えば大津, 2004 を参照)、文科省の真の意図は、早期教育による実践的な「使える英語」習得であったのは否定できない。中学での英語の必修化と合わせて、小学への英語導入は、地球語となりつつある標準英語を、柔軟な頭脳を持つ幼児期に、楽しみながら自然に獲得させようとする狙いなのだろう。

公立小学校への英語導入により、全国の 90% 以上の小学校で英語活動が実施されて (文科省, 2004)、早期英語教育ブームの火付け役となり、90 年代半ば以降に「第 3 次英語ブーム」と呼ばれる現象が生じたのは、当然の帰結だったのかもしれない。雑誌『エコノミスト』(2002 年 2 月 5 日号) には、就学前の幼児に対する英会話教室の人気、幼児英語教材売上げの大盛況ぶりなど、加熱する「英会話ブーム」が特集されている (小山美香, 2002, pp. 52–53)。記事によると、その裏には、英語の習得に苦しんだ経験を持ち、我が子には将来そのような苦労をかけまいとする、親の切実な思いが潜んでいるという。つまり、幼児が英語を習うのは、幼児自身が望んでいるからではなく、高度成長の豊かな時代に生きながらも、英語習得には千辛万苦した親の

世代の苦い経験が背景にあるのである。小学校に英語が導入され、中学で英語が必修化されたことで、もはや将来英語という呪縛からは逃れられず、あるいは逆に言えば、それさえ獲得すれば将来高い社会的地位を得ることを見越して、親たちは子どもに早期の英語習得を促しているのである。

　当然、幼稚園や保育園も、その例外ではなかった。実際には、英語の歌、挨拶、ゲーム、ダンス、ぬりえ、カード遊び、絵本読み、マーチングなどの遊び活動に英語を取り入れたり、月1回程度地方自治体の ALT が幼稚園を訪問し、給食を食べたり、一緒に遊んだりするような機会を持つところが多い(山内, 1999, p. 187)。最近では、香川県に英語のみで保育を行う保育所(メリー GO ランド高松園[161])も開設され(四国新聞社, 2005)、共働き家庭をターゲットに英語を教える託児所も複数創設されるなど(野村, 2002)、必然的に少子化社会の中で、幼児獲得の激しい競争が展開されている。更には、正式に「学校」として認可はされていないが、在日外国人のための「インターナショナル・スクール」(international school)に、高額な授業料を支払って子供を通わせる親も増加している。中村(1999, pp. 12–19)の調査によれば、英語力と、国際性を培えることがそのメリットである。また、このところ、親と子が夏休みなどの長期休暇を利用して、海外に留学とホームステイする、いわゆる「親子留学」と呼ばれるプログラムも世間的に注目を浴びている。このような社会的状況を前提として、昨今の英語教育は育児産業にまで深く浸透し、広く商品化されている。

　したがって、一昔前の中学入学段階で全員足並みを揃えて「英語」を学習する、といった平等主義的な学習環境はもはや完全に失われたといってよいだろう。各小学校は「総合学習」の時間で、独自の手法で英語教育を実践しているため、裕福な家庭は入学前から多額の教育費を注ぎ込み、将来の社会的地位獲得の準備段階として、自然に英語を獲得させることに躍起になる一方で、従来と同じように、小学校で数時間英語に触れただけで中学に入学する生徒の両方が混在する。こうした早期教育と親子戦略の狙いは、英語を習得するために、「象徴的資本[162]」を幼い段階で身体化させようとするものだろう。その能力差がある生徒たちに対して、中学が現在行う英語教育は、簡単な日常会話と積極的な態度の育成であり、早期教育で優位な立場にある生徒が能力を発揮できる環境にある。前節1項で述べたように、新自由主義の影響で、家庭の所得格差と文化格差は、学力差にも影響を及ぼす傾向にあ

る。おそらく、言語能力差も拡大し、今後このような格差が問題化され、(真の狙いは、「刷り込み」的な言語獲得であるが、名目上はその格差克服のために)小学校はおろか、近い将来には、幼稚園などからの全国一律的な英語教育が実施されるかもしれない[163](しかし、その大きな障害は、誰がどのように教えるのかなど、教育環境整備の難しさである)。

いずれにせよ、90年代以降、英語学習は生涯学習や教育の市場化・私事化・早期限定化とも連動して、幼稚園や託児所、インターナショナル・スクールに見られるように、胎児や幼児、その親までをも巻込んだ。この間、前節5項で詳述した通り、80年代以降の平易な会話習得が、英会話学校や検定試験、広告産業などと並んで進展し、90年代以降には学校教育でも実施されてきた。これにより、簡単な日常会話程度ならば、英語を話せる人材も確実に増加したのである。これを端的に示すのは、80年代に市場価値が高かった通訳者が、特に90年代以降、急激に希少性を失っていったことに顕著に現れている[164](佐藤、2004, p. 63)。また、第3節6項で取り上げた英語の学習機会の格差解消を目的としたラジオ「百万人の英語」も、全国に英会話学校が満遍なく普及したため、1995年を以って終了したことからも裏付けられるだろう[165]。

以上を総括すれば、次のようになる。まず、グローバル化と、IT技術の進展で進んだ情報化社会に対応するため、英語教育でも実際に使える顕在的な能力が何にも増して渇望され、消費活動(英語文化)と教育活動(英語教育)が互いに歩み寄りを見せた。この世俗化した英語教育文化は、90年代に著しく拡張し、0歳の胎児にまで浸透することとなった。しかし、それは全国民に対して分かち無く施されているとはいえ、各学校の裁量に任せて多様な形態で(悪く言えば、無秩序に)与えられていると言える。そのような状況下で、幼児期から親の意向によって周到に準備された教育を受ける子どもと、そうでない子どもとの言語能力格差は益々拡大することが予想される。これは、政府が意図する新自由主義と新国家主義のイデオロギーに沿うものである(一部のグローバル・リテラシーを持つ「強い個人」と、愛国心や基本的能力しか持たない「弱い集団」の育成)。基本的には今後もこの方向性が拡大すると考えられるが、昨今の「話しことば」優位の社会的現象と連動し、学校教育で音声や口語を重視したことで、「学力低下」や「読解力低下」などの新たな問題が引き起こされていることから、(大衆の英語文化と、学

校の英語教育を同列に論じることは難しいが、）学校の英語教育は、消費活動で商品化した英語文化とは一線を画して、揺り戻しが行われるのではないだろうか。

　最後に、英語と比較するために、日本語・国語について、90年代以降の一連の動きを概観してみたい。世界に拡張する英語と時を同じく、国内外に向けて「日本語教育」の重要性が増している[166]。このような認識の下、国語審議会の答申「国際社会に対応する日本語の在り方」（1991年）では、社会の変化に対応するために、「日本語の国際化」が推進され3つの方針[167]が挙げられた。そこでは、世界に向けた情報発信促進のために、言語による情報交流を活性化する必要があるため、通訳と翻訳の重要性が指摘されている。加えて、日本語学習に対するきめ細やかな支援を施し、日系南米人や中国帰国者、外国人配偶者など、多様な人々のニーズに応じることが希求され、異文化とのコミュニケーションには、日本の伝統的「以心伝心」的な言語運用ではなく、的確な言葉で明確に自己表現することが必要だとも述べられている。「日本語」が今まで以上に重視されている理由は、70年代から80年代を通して、外国語（特に英語）が日本語に流入していることがその主因だと思われる[168]。日本人が、日常生活で、外国語（英語）と接する機会が著しく増大したことにより、現代社会に氾濫する意味の把握しにくい外来語と、その使用により引き起こされる意思疎通の不透明さ・不成立に対する問題意識が通底している（山田・難波, 1999. pp.161–162）。そのような事態を背景として、「日本語の国際化」が求められるようになってきたといえるだろう。以上の概況から、「移行期」での「国際化（大量の英語の流入）」の影響で、国内に存立していた2つの言語教育観（「国語」と「日本語」）は、90年代に大きな方向転換を迫られるようになった。今後のグローバルな情勢と社会変動に柔軟に対応するには、規範的な特性を持つ〈国家内的〉な「国語[169]」にではなく、異文化に適応できるような、多様な性質をもつ〈国家外的〉な「日本語」に、大きな役割が期待されだしているといえるだろう（子安, 1994）。そのような、ナショナルな基盤（言語や社会）を大きく揺らしているのは、他でもない、「地球語としての英語」なのである。

6. 分析：言語教育観と社会文化コンテクストの関係性

　第2節の「復興期」から第5節の「社会構造転換期」まで、多角的なアプローチを用いて、マクロ社会的ダイナミズムの変容と、日本の歴史的コンテクスト下で機能してきた「学習指導要領」に見られる英語教育観や、「英語ブーム」などの英語文化観を時間軸に沿って丹念に素描してきた。その結果からいえることは、広い意味での「英語教育」という概念や、その基軸となる「教育イデオロギー（教育理念）」といった諸言説は、各時代とその社会、そこに生きる人々（一部の特権階級だけではなく、大衆をも含む）の間での、協調・同化・分離・闘争・選別・強要・抑圧・規制・排除など、多様で複雑な相互作用過程を経て現代に至ってきたことである。決して、ある言説や制度が偶発的に浮上したのではなく、複合的な要因が互いに鬩ぎ合い、交錯しあいながら創出されてきたのである。

　しかしながら、これまで行ってきた記述では、日本で実践されてきた広義の意味での英語教育の時代的変遷と、社会構造の主要な流れは掴めたが、結局は、それらがどのような社会文脈に位置づけられて、具体的にどの領域からの影響を受けやすい（あるいは受けにくいのか）、そしてそれらの現象や思考様式が生成するメカニズムや接点を十分に解明したとは言い難い。そこで本節では、今まで記述的に述べてきた事柄を、より高次な巨視的視点から捉え直し、英語教育と深く関わる社会文化史的コンテクスト、具体的には「政治」、「経済」、「メディア」などといった諸領域と、「教育」との相関関係（影響関係）を整理してみたい。

　「教育」というフィールドの「相対的自律性」(relative autonomy) は、他の分野との兼ね合いから一体どの程度あるのか、また、その下位範疇に属する「学習指導要領」の中身や「英語教科書」などのテクストが、先に述べたマクロ社会的分野に、どの程度制約されるのかも考察する。ここで述べる「経済」や「政治」といったカテゴリーは、あくまでも日本の「英語（教育）」と関連すると思われる範囲内での、限定的な概念である。したがって、絶えず変化し続ける、ミクロ的諸現象の全てをここで回収することは不可能で、そこに本研究の限界があることも予め断っておきたい。以上を踏まえた上で、まとめの分析と考察を行っていく。

　まず始めに、今まで第2節から5節まで論じてきた「教育観」の軌跡を

	復興期	成長期	移行期	社会構造転換期
教育イデオロギー	民主主義 自由主義 逆コース 官僚主義 モダニティ →	経済主義 科学主義 国際主義 反近代主義	人間主義 ⎤ ゆとり教育 ⎦ 環境・心理主義 → 新自由主義 → ポスト・モダン →	→ 揺り戻し
教育人間像	人格の完成 自主的、自発的精神	期待される人間像	新学力観 個性重視 創造力	生きる力 逞しい日本人
能力観	一元的能力 ナショナル・メリトクラシー		多元的能力 グローバル・メリトクラシー	
学力観	経験主義	科学知識主義	人間主義	自己教育力
学習観	知識注入型 系統的・形式的 教師中心		問題解決型 相互作用的・行為論的 学習者中心	
教育コンテクスト	教育環境整備 教育法規 教育機会均等 地域格差増大 進学難 教育の民主化	大衆教育社会 平等主義 受験選別競争 高学歴化 偏差値 難易度ランキング 人材需要増大	教育の荒廃 受験競争激化 教育産業の外部化 生涯学習社会 情報・環境・平和・ 人権、国際理解教育	競争の弛緩 早期教育 教育改革 規制緩和 学校選択性 入試の多様化 特色ある教育

図1　教育観の軌跡と変遷

　大まかに整理すると、だいたい図1のようになる。各項目を簡潔に説明すると、上段は、時代別に4つに分けたものであり、これは本章の各節の区分と同じである。左の項目は「教育イデオロギー」、「能力観」、「学力観」など、カテゴリー別に分類したもので、歴史的な源流が辿れるように、時代を象徴するような重要用語を並べたものである。各時代の境界線は、あくまでも目安であり、必ずしも明確な線引きができるものではない[170]。この図を参考としながら、順を追って高次なレヴェルからの分析を加えていく。

　始めに、「教育」に見られる理念（例えば「生きる力」など）は、永久不変的に固定しているものではなく、むしろ、その発案者（すなわち国家）が置かれている各時代の情勢（教育イデオロギー）を受けて、大きく変貌している（揺らいでいる）ことが確認できる。そして、「教育人間像」や「学習観」や「能力観」なども、それと付随するかのように、移り変わっていることが認められる。このことから、ある特定の時代に求められる教育理念や教育人

	復興期	成長期	移行期	構造転換期
英語教授法	オーディオリンガリズム、自然法、直接法、オーラル・メソッド（アプローチ）、文法訳読式		CLT、タスク中心指導法、内容中心法、協同言語学習（ペア・ワーク、グループ・ワーク）	
学習指導要領と教育政策	地域と生徒の学習意識予備調査、実際生活に即した言語教育、文学・教育の偏重を是正、音声重視（primary skill）、構造主義、同化主義 ⇩ 「試案」の文字削除、戦前教養主義の復活、言語材料、語彙統制（必修語彙）、暗唱や反復練習、読解と書きことば重視、学習活動（言語活動）、英米中心の文化理解、「英語A（実用）」と「英語B（教養）」		機能主義、口頭言語、日常会話、話しことばと日常生活場面重視、言語活動中心、言語材料と語彙の削減と弾力化、コミュニケーション能力育成、積極的な態度、国際社会への眼差し、JETプログラム、ティーム・ティーチング、「オーラル・コミュニケーション」の必修化、留学生10万人計画、「英語が使える日本人」育成プラン、SELHi、小学校での英語活動、中学での英語必修化、センター試験へのリスニング導入、全国の英語教員研修実施、カリキュラム・デザイン	
英語教科書	英米	日本・アフリカ	アジア・中南米、他の英語圏 →	
英語試験	学力試験	英検 受験英語	TOEIC TOEFL	資格試験の段階別数値目標

図2　英語教育観の軌跡と変遷

間像などは、それらが「語られる」社会情勢により、かなりの程度影響されると言えそうである（教育と、社会、経済、文化などの関わりについては後述する）。

　次に、同じように「英語教育観」の変遷を時代ごとに分けて、まとめたものが図2である。上述した「教育観」の変化と同じように、「英語教授法」や「学習指導要領」も時代ごとに大きく変化している。無論、指導要領や教科書の作成には、一部の官僚だけではなく、民間からも有識者や専門家、現職教員など、様々な人々が携わっているため、一枚岩的に集約できるものではないが、図1の「教育人間像」によって構想された基本的枠組みから大きく外れるものとはなりにくく、その意味において「英語教育観」は図1の「教育観」によってかなり制約されると理解できる。「英語教科書」は、国際化や多文化主義の流れが、登場人物や題材に影響し、「学習指導要領」の指導事項や指導方法も、「英語教授法」との関連性が多分に見られる。「英語教科書」が脱英米化し、アジアやアフリカ、中南米などの国際社会に眼差しが向

けられていったのと、「英語教授法」の指導法が、オーラル・アプローチや文法訳読式などの機械論的・形式的学習から、コミュニカティヴ (CLT) なものへと変化しそれを測定する「英語検定試験」にも同様の兆候が見られたのは、密接に絡んでいる。

　このような変化は、（特にヴィクトリア朝期の）英文学や（暗号解読的な）受験英語に見られる、戦前の国民国家主義の下で形成された教条主義的な言語教育観が、戦後になって、テレビなどのメディア全般や、私費留学など交通システムの発達により、外国人や異文化と直接的にアクセス可能となったことで徐々に崩れだしていったためであろう。戦前的な特徴を堅持してきた、書き言葉中心の規範的な教育観は、「声」や「音」や「会話」などといった話し言葉、つまり「コミュニケーション」を主軸とする言語教育イデオロギーに回収されていった。英語学習の目的は、英米の文化的遺産の吸収・継承や、難解な書物の解読、高潔な人格の養成ではなく、世界との情報・意見交換を、簡潔な言葉で瞬時に行うことに特化していく。そこでは何よりも、「自己表現」、「スピード」、「情意的側面」、「関係性構築」など、目の前にいる他者を意識した友好的・親和的な個人の在り方が重視される。したがって英語教育に纏わる諸々の所産は、「教育イデオロギー」の力学だけではなく、メディアや国際交流などの社会・文化的影響を顕著に受けるものだと特定できるだろう。

　先に述べた英語教育観の変化は、学習指導要領の文言にも、明瞭に記されている。高校の指導要領は、科目名などが著しく変更されてきたため、過去のものと一概に比べることは難しく、ここでは、現行の中学指導要領（1998年版）を1958年版のそれと比較してみたい。「学習事項」、「授業形式」などの点から「教育的働きかけ」の度合いを、「統制」と「自立」に分けて分類したのが図3である。国家の統制力が、学校や教師などの教育機関に向けられていれば図の左側に置き、それが学習者に向けられ「自立」を促しているようならば、右側に位置づけている。1958年版の指導要領を取り上げる理由は、この年から指導要領が法的拘束力を帯びたものとして世に送り出され、そのフォーマットも整えられ、現行のプロトタイプとして確立したからである。この簡略図から分かることは、98年版では「言語材料」を除くすべての項目で、教育機関（学校や教師）の管制が弱まり、学習者の自立性の高揚が図られている。

統制 ←——→ 自立

1958年版（中） | **1998年版（中）**

各学年の指導重点段階
- 聞く→話す→読む・書く（1年）（2年）（3年） → 聞くこと・話すこと（全学年を通して）

授業形式
- 〈学習活動〉 教師主体
  言わせる・答えさせる
  聞き取らせる・問答させる
  日本語の意味を英語で書き表せる
  範読に習って音読させる
  暗記し、暗唱させる
→ 〈言語活動〉 生徒主体
  聞き取る・聞き返す
  問答し、意見を述べ合う
  適切に応じる・読み取る
  話が続くように話す
  考えながら黙読する
  読み手に伝わるように書く

学習事項
- 文・文の一部の転換
  文と文の関係や大意
  暗記した文・既習の文型
  実物・絵画・動作・対話
  劇の登場人物を分担
→ 強勢・区切り・イントネーション
  大切な部分・具体的な内容
  自分の考えや気持ち・相手の意向
  感想・意見・依頼・つなぎ言葉
  状況に合った適切な表現

指導の留意事項
- 反復練習 → 具体的な場面や状況
  ペア・ワーク、グループワーク

題材
- 英語国民の理解 → 英語を使用する世界の人々と日本人

- -

1998年版（中） | **1958年版（中）**

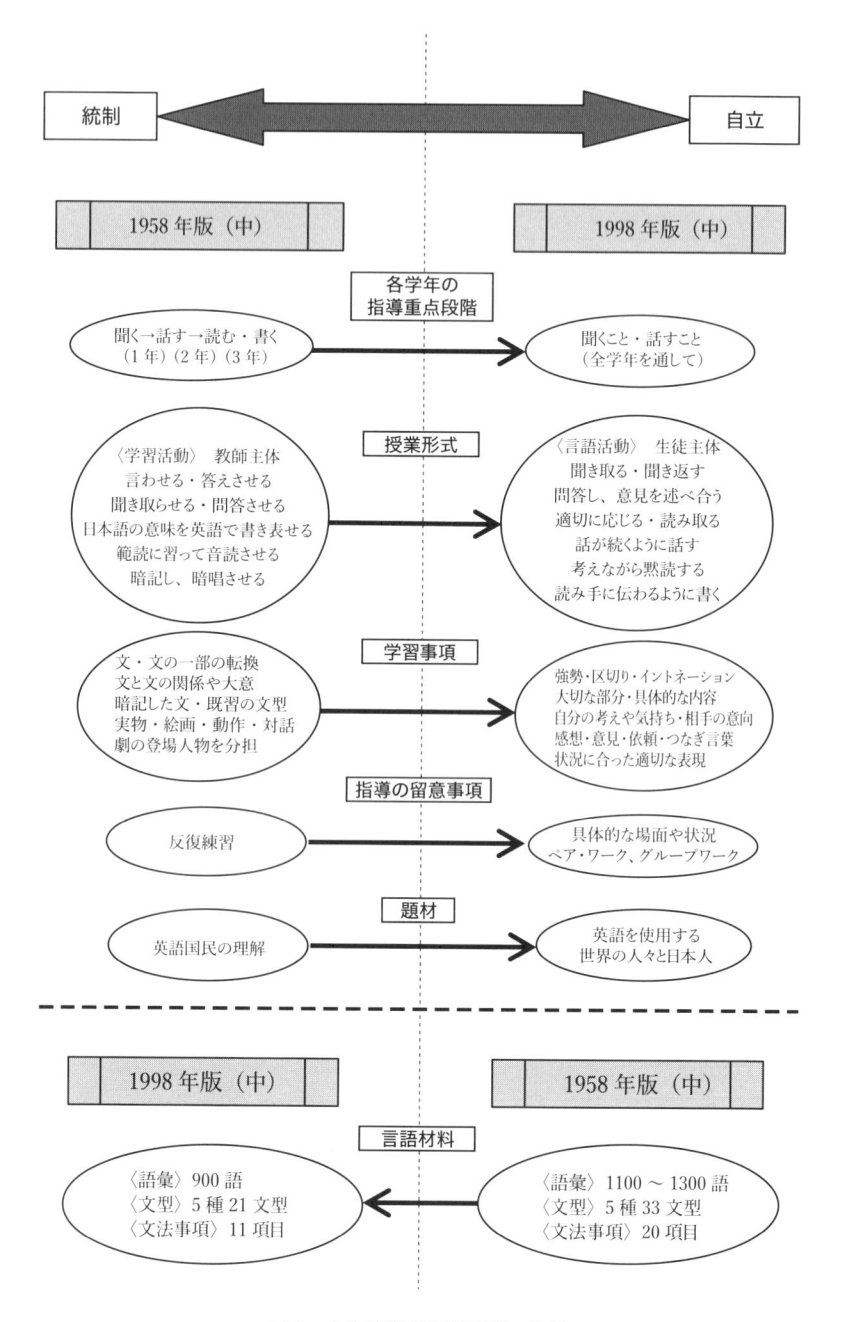

言語材料
- 〈語彙〉900語
  〈文型〉5種21文型
  〈文法事項〉11項目
← 〈語彙〉1100〜1300語
  〈文型〉5種33文型
  〈文法事項〉20項目

図3 中学校学習指導要領の比較

しかし、「言語材料」だけには厳しい規制が加えられている[171]。前述したような戦前からの教養主義の流れ、つまり現代的に言い直すと、「非実践的で使えない英語教育」につながる恐れがあるものを排除しようとする、教育機構(文科省)の思惑があるものと推測できる。新自由主義のイデオロギー下、自由放任・自由競争主義が(社会的再生産の機能を果たす)教育でそのまま実践されると、当然、各学校は全体として受験英語教育の方向へ、つまり、語彙拡大と訳読の方向へ傾斜していくと予想される。これを制御し、「国際コミュニケーションの道具としての英語、使える英語」のイデオロギーを保全するために、「言語材料」に関してこのような厳重な制限を課しているのであろう。

　以上をまとめれば、次のようになる。文科省を包含する国家の言語政策は、戦前の国民国家体制化で築かれた、学校や教師中心の権威主義的言語教育観から、生徒同士が共に創り出す構築主義に変転している。そのため、暗唱などの実生活での言語運用から離れた指導法は退けられ、「今ここ」(here & now)で生起する出来事が特権化されようとしている(記号論的には「象徴性」が低下し、「指標性」が増大したということ)。これは、社会文化空間の変容と付随して、言語教育の規範意識も同様に変化していることを明瞭に示していると思われる。

　このような言語教育のパラダイム転換は、英語教育という狭い領域内で限定的に見られる傾向ではなく、「教職観」にも重なって見られる。日本の「教職観」には、歴史的に大別すると3種類あるが、1つ目は、神仏に仕えて、高い徳性、優れた人格、神聖なイメージを持つ「聖職者論」である。2つ目は、この「聖職者論」を否定し、日教組が自らの生活権を擁護するために提起した「労働者論」である。上記の2つの教師像は、周知の通り、〈文部省・対・日教組〉、〈国家主義・対・反(日)国家主義〉といった方式で展開され、それは第3節(成長期)で既述したように、東西冷戦のイデオロギー対立と絡んでいる。その対立が弱体化し、文部省と日教組が協調路線に向かっている今、新たに登場してきた教師像が「専門職論」である。教師は、医者や弁護士同様、教育に必要な高度な専門知識や資格、優れた人格、献身的な自己犠牲など、あらゆる専門性を備えた(あるいは備えるべき)だとされ、自由競争でこれを査定しようとする動きがみられる。教員免許更新制度、教員給与体系見直し、第3者評価試行、学校バウチャー制度導入など、公教育再生

のために取り入れられている競争原理主義である。当然ながら、このような社会背景には、第5節（構造転換期）で述べた新自由主義があり、以上のことから、「言語教育観」と「教師観」が符合することが認められる。

「教職観」や「言語教育観」と同じように、人間を相手とする専門職である「医療・保険」の領域でも、ほぼ同様の変化が起こっている。図4は、上述した「（英語）教育」の分野を、「医療・保険」と比較したものである。本図は、近代的な特徴を持つ「復興期・成長期」と、脱近代的な「移行期・構造転換期」で、「教育」と「医療・保険」の分野で細目ごとに、変移が見られることを表す。医療サービスでも、西洋近代医学に依拠した専門家支配の枠組みから、治療を提供される側（患者）の人権が強まり、「納得診療」(informed-consent) や「第2診断」(second opinion) など、医者と患者が協力しながら治療行為を行う、相互参加型へと変わりつつある（野口・中山, 2001, pp. 217–234）。また、昨今の健康食品や健康ブームにも現れているが、できるだけ病気にかからずに快適な生活を送ろうとするセルフ・ケアが盛んなように、消費文化と大衆の遊戯的心性が結合し、従来の専門的領域から拡散して、コンテクストが脱標準化的流れへと移ろっている。ここまで、言語教育の変遷が、メディアなどの社会文化空間の変容と、ある種の関連性を示し、教職観や医療・保険領域でも同様の傾向が見られることを示唆した。他分野との比較により、「言語教育」という特定分野が、時代的背景から独立して存在しているわけではないことを確認した。次は、言語教育領域を、更に相対化するために、よりマクロな社会文脈に属する「政治」、「経済」、「社会」、「文化」といった分野と絡めて、時代の動向を簡潔にまとめて見比べてみたい。それらを暫定的に表したものが図5である。

この図から、「教育」というフィールドは、「政治・経済」の影響を露骨に受けやすく、かなりの相関関係を持つと同定できる。戦後型日本政治の図式は、大まかに言えば、戦前型政治の復活を目論む「保守・反動」と、それを反戦平和で阻止しようとする「革新」の対立軸である。再軍備・安保闘争が、60年代初頭に最高潮に達したが、そのイデオロギー対立は「所得倍増計画」に回収された。そこで「教育」は「経済」と一体化し（「教育投資論」）、国民を経済成長へと総動員していく。近代化の下では、政治・経済・教育が強固に結び付き、社会空間を大きく占有していた。

ところが、70年代前半に経済至上主義の歪が露呈し、人々が近代性に幻

	復興期・成長期	移行期・構造転換期
言語教育的側面のパラダイム・シフト	文法訳読教授法 AL、SLT	CLT 脱教授法時代
	教師主導の権威主義 聖職・労働職 模範的な人格者	学習者中心の構築主義 専門職 コミュニケーター、ファシリテーター
	講義形式の授業(受信型) ボトム・アップ式 暗唱や反復学習	学習者同士の相互作用活動(発信型) トップ・ダウン式 タスク活動、ペア・ワーク
	教師中心の教室 (teacher-dominated classroom)	コミュニカティヴな教室 (communicative classroom)
	言語材料(文法や語彙) 言語の構造	言語活動、言語使用 意味の交渉
	形式的な正確さ重視 母語話者の発音	適切な流暢さ重視 理解可能な発音
	言語能力 学力 知的作業を通じた知識	コミュニケーション能力 対人能力、自己表現力 意思疎通への意欲・態度
	欧米(英米) 帝国主義 標準英語	国際社会 多文化主義 世界各地の英語

→

	復興期・成長期	移行期・構造転換期
保健・医療的側面のパラダイム・シフト	プロバイダー・オリエンティッド	コンシューマー・オリエンティッド
	西洋医学医療 近代医療	代替医療(オルタナティブ・メディスン) マッサージ、整体、漢方、薬草、音楽療法、催眠療法、ヒーリング、ハーブ、アロマ・セラピー、ヨガ、鍼、灸、指圧、瞑想
	医療化 医療の過剰介入 施設化	脱医療化、自己治癒力、脱施設化 セルフ・ケア セルフ・ヘルプ・グループ
	能動・受動型 指導・協力型	相互参加型 自己決定権
	医師のパターナリズム 患者の「おまかせ」体質 情報隠蔽 情報操作	インフォームド・コンセント ミニマム・インターヴェンション 病名告知、事前指示書、カルテ開示 セカンド・オピニオン
	権威主義、専門家支配	自律性、不確実性

↓

権力関係に不平等・不均衡な人間関係が頻繁に見られる「医療・保険(医者と患者)」、「言語教育(教師と生徒)」という2つの領域において、マクロ的な視点で分析すれば上記の図で示したように、時代や社会の変動と連動するかのように、各項目のコンテクストが細分化され、弱い立場にある者(受け手、つまり患者や学習者)の権利が高まり(あるいは逆転して)、従来の伝統的アプローチに何らかの変化や転換が見られるようになる。

図4 英語教育領域と他領域(医療・保険)との比較考察

滅すると、「政治」や「教育」に占める「経済」の比重が弱まり、それに代わって、「心」や「環境」など、近代主義によって排除されてきた諸局面に光が当てられ、左派や新中間層に配慮した政策が策定されて、経済領域との融和が図られる。80年代以降に顕在化した新自由主義も、近代化の過程で既得権益化した、官僚や業界などの権威を攻撃することから、世論に広く支持され、反近代（反近代官僚主義、反近代福祉国家主義）という点で、前者のヒューマニズムや心理主義、環境主義とも歩調を合わせて進んでいる。

　このように、70年代以前は「教育・政治・経済」は、一致団結して国民国家統合（標準化政策）を推し進めてきたが、そのような象徴的暴力や不平等なコミュニケーションの在り方が、70年代以降、若者やメディアから反撃に遭うと、政府や文部省は、大衆の賛同を多く得やすい戦略をとる。それが「ポピュリズム[172]」(populism)と呼ばれる手法である（大嶽、2003）。80年代のメディアの影響力は「移行期」の大きな特徴であり、ポスト・モダン、ポスト・フォーディズム体制、バブル経済の中で、大衆を虚構空間的な仮想現実世界へと誘う。これと付随するかのように、教育政策も多様化したニーズに対応させて、「個性重視」など一個人の内面にまで踏み込んだ教育政策提言が行われる。

　このような思潮は、「ネオリベラル的ポピュリズム」と呼ばれるものであり、元来は国家と国民を統合し、標準化するのが「官」の役割であったのが、特に移行期以降、「官」は「私生活中心主義」により、解体しつつある公共空間を新たに再構築するため、**「改革」と称して「民」を装おいながら、脱近代化・脱標準化政策を断行**しているのである。80年代以降、英語教育界で進められてきた「JETプログラム」、「留学生10万人留学計画」、「国際理解教育」、「実践的なコミュニケーション能力の育成」、「オーラル・コミュニケーション設置」、「聞くことと話すこと重視」、「積極的な態度の育成」、「小学校への英語活動導入」、「SELHi」（セルハイについては注11と159を参照）、文科省の『「英語が使える日本人」の育成のための戦略構想』(2002年)など、一連の英語教育改革は、ネオリベラル型ポピュリズムへの傾斜だと容易に理解されよう。

　振り返ってみれば、戦後間もない頃、大衆の意識の中には、「カムカム英語」や『日米会話手帳』、『ジャック・アンド・ベティ』に代表されるように、豊かな生活を謳歌するアメリカと、彼らの言語への強い憧れがあった（第1

第 2 章　戦後日本のマクロ社会的英語教育文化　157

	復興期	成長期	移行期	構造転換期
政治と教育政策・教育観	福祉国家（大きな政府論）追い付き型			福祉国家批判（小さな政府論）先頭型
	55年体制、自民党一党支配、「保守」対「革新」、文部省対日教組			構造改革、アイデンティティ政治、脱派閥化
	東西冷戦、「西側資本主義」対「東側社会主義」、イデオロギー対立			脱イデオロギー化
	「逆コース」、中央集権化、教育制度整備、平等主義			規制緩和、民営化、新自由主義と格差社会
	中教審「後期中等教育の整備拡充」、「46答申」		臨教審答申	中教審「21世紀展望」
	人的能力開発、教育投資、「期待される人間像」		ゆとり、個性重視	「生きる力」、自己教育力
	学歴主義、会社主義、競争主義、選別主義		生涯学習、人間主義、心理主義、変化への対応	
	一元的能力、点数、偏差値、相対評価		多元的能力、新学力観、絶対評価	

経済と社会	特需景気	高度経済成長	石油危機、バブル景気	平成不況、実感なき景気回復
	アメリカ	ナショナルからインターナショナルへ		グローバリゼーション
	貧困社会	豊かな社会、経済大国	成熟社会	持続可能・循環社会

社会文化空間とメディアの動向	近代主義、標準化政策		反近代主義、脱標準化政策
	上意下達型、権威主義、官僚主義、官が公を創造		下位上達型、ポピュリズム、官が民を装う
	フォーディズム、画一化、中流意識、大衆化		ポスト・フォーディズム、差異化、2極化
	積極的逸脱、日教組、安保闘争、環境運動、世界同時革命		消極的逸脱、おたく、フリーター、ニート
	経済ナショナリズムによる平等主義、国民総動員		自己中心主義に対する新国家主義
	ラジオ、新聞、書籍、テレビ、同時通訳、地球村、アナログ		マス・メディア、衛星放送、パソコン、ゲーム、Eメール、ネット、ブログ、チャット、デジタル化、メディア融合、携帯電話、モバイル

図5　政治・経済・社会・文化と教育との相関関係図（国家・国民統合の視点）

次英語ブーム)。その後、高度経済成長期を通じて、海外旅行や英会話学校の普及により、英語に直接接触することが可能となったが(第2次英語ブーム)、依然として高度な英語力はつけられず(自虐的意識)、現代の親たちは、まだ果たされぬ夢を子どもに託し、早期英語教育が人気を博す(第3次英語ブーム)。こうして、大衆が戦後から描いてきた「使える英語」への夢と憧れは、現在、文科省を軸とする「中央」により、前面に押し出されている。かつて近代化の過程で行われてきた「受験英語」、「文法訳読」、「言語材料」など、「使えない英語」に繋がった過去の遺物を早期に取り除き、「改革すべき悪・敵」とみなすことで、大衆を国家の「味方」につけて、**下意上達を装い**ながら、実際には**上意下達的に、脱標準化政策を標準化**させようとしているのである。

　以上結論を整理すると、現代の社会コンテクストは、「中央集権主義」(centralism)の衰勢と共に、全体的にカネやモノを優先させる風潮が弱まり、社会・文化・教育モデルは、ヒトやココロ、エコロジーを重視する統合路線に向かっている。それに伴って、一昔前の、露骨で没個性的な権威圧力を極力回避して、大衆参加型の下意上達式な方途が取られ、国家の特権的地位も一見和らいでいる(新左翼性とポピュリズムの融合)。だが慎重に考えれば実際はその逆で、国家は国民の間に広く浸透し、深く根付いてしまった「斉一性」(uniformity)を変革するため「脱標準的な標準性」を、ネオリベラル的に一個人の心理や生育環境にまで介入し、多極分散的に可視化しにくい形で「操作」しているのだとさえ言い得るだろう。

　ブルデューは、教育を、科学や医療、芸術、学術などと並んで、専門的な一部の特権階級による、独占的な支配(つまり再生産機能性)が起こりやすく、相対的自律性が高いと考えた。自律性が高まれば、大衆や世論(消費者)をあまり考慮しないため、それだけ専門的支配(官僚主義)が生じやすくなり、権威、権力、威厳、威圧感などの象徴的な価値意識が高揚する(Lash, 1993)。日本の教育制度と行政システム、政治の諸機能、資本・資源の経済活動は、戦後から70年代前半までは一極集中的であり、「文化的効果」(cultural goods)を作り出す生産者側、つまり文部省や学校、教師などの近代的機構の実権(自律性)が非常に強かった。そして、現代教育を包摂する諸局面では、なおも高い自律性が保持されていると結論付けられる。この図式の全体像が、未だ広く認知されていないことが、教育分野を含む現代社会が

抱える大きな問題点の1つなのである。

7. 結論：より開かれた英語教育の可能性を求めて

　本節では、戦後日本の社会歴史的コンテクストの史的研究で得られた見解と、前節の分析部で考察した知見を踏まえて、総合的に本研究の結論を述べていきたい。

　冒頭の序論で述べたように、本研究は、学習者の経験的信念に基づく言語教育観（いわゆる「私的英語教育論」）に対して問題提起を行い、出来る限り「実証的」な記述をしてきた。また、「英語教育」という限られた範囲で行われている教室空間には、学習者の個人差や学校の教育方針などのミクロ的諸要因だけではなく、時代や空間をかなりの程度制約する、マクロ的文化要因が作動しているはずであり、それに関わる複合体を描き出すには、コンテクストを切り捨てる（あるいは、見落としたり隠蔽したりする）のではなく、社会文脈に位置づけ直し、そこで実践されてきた歴史的過程を吟味することが欠かせなかった（第1章の理論を想起）。

　結果的に、英語教授法、英語教科書、英語検定試験などの個々の客体は、英語教育で志向される世界観とほぼ一致することが分かった。英語教育観は、言語構造から言語運用、書記言語から口頭言語、受動的授業から能動的活動、米英モデルから多文化へと形態を変えてきた。すなわち、言語知識による権力構造が転落し、その代わり現代では、英語学習に参加する各人同士が、意見交換や意味の交渉を行い協力し合う構築主義と学習のプロセスが重視されている。こうした象徴的で抽象的な観念の変化は、意識に上りにくいため教師や生徒、学校、教委、教科書出版社、国家などをも無意識的に拘束する働きをする。教育が、国民国家の統合を意図するものであるならば、そこで言及されるシンボリックな教育観にも、同時に社会的意味が付与される。それは当然、各時代の社会構造や社会変動から生起しているため、各節で論証したように、各種審議会答申や指導要領の内容に鮮明に表出していた。

　まさに、社会で生き抜く理想的人間像が、教育言説の中で成立可能となる時、そこには既存の社会空間を改革しようとする、国家の欲求願望が大きな影響を及ぼす。然らば、国家が抱く社会理想モデルと教育的人間像は、不可

分の関係にあるといえるだろう。多重の歴史性を持つ、越境的な文化空間の中で、人間同士の価値観や行動体系、権力構造が織り成しあい、政治や文化などのフィールドが多層的に交差する「教育」という領域も、周知の如く、その激流の中で絶えず躍動している。この社会歴史空間のダイナミズムを考慮しながら「教育」を捉えるのに、ブルデューの理論的枠組みが有効であった。

そして、戦後日本の教育の相関的歴史性を検討した結果、戦前の軍国主義の総動員体制と、近代化の道程で制度化された学校システムは、（窮乏からの自由のため）戦後そのまま非軍事的な経済競争に投影され、60年代辺りまで維持されていた。一方で、この官僚主義の流れを汲む近代合理主義の弊害や歪みが問題化されると、70年代半ばに後退して、現代では、国民の理解賛同を得やすい新自由主義・大衆迎合主義（ポピュリズム）に傾斜する。その社会思潮が内包するスローガンは、「非実践的な英語」から「使える英語」という脱標準性である。この脱標準的政策を、全国民に対して、（コミュニカティヴな英語教育の枠内で）**標準化**しようとしているのが、現在行われている英語教育改革の中身なのである（例えば、今話題のSELHiなども、基本的には官主導による中央から地方への垂直体制であることを想起）。

このような結論に達したのは、特に高度経済成長により、もはやその裾野と影響力を無視できなくなりつつある、大衆文化を研究対象とする「カルチュラル・スタディーズ」の知見を生かしたからである。（1930年代からラジオ講座を通して拡がった）「英語会話（英会話）」は、戦後もラジオだけでなく、テレビや衛星放送、インターネットなどのメディアや、海外旅行や留学、英会話学校といった消費文化と融合し、一種の文化テクストとして生産され、質量ともに精錬されながら集合的に消費されていった[173]。他にも幾多の国際行事を契機として、視聴覚的な「英会話」は多くの大衆の衆目を集め、日常生活を明るく楽しく彩るサービス商品として拡散していった。

60年代までの文科省が、国家と国民の境界線を打ち破り、国民の欲望を充足させるような政策（歌や遊びの「英語活動」や、日常会話重視の「英会話」や「コミュニケーション教育」）へと転換したのは、先述した70年代からであった。圧倒的大多数の大衆を意識したことで、知的エリートに向けた古典主義的な言語教育は、日常生活世界に即した通俗的なものへと変わりつつある。この頃から、大衆迎合主義的な言語教育の動きが、今までに例を見

ないほどの速さで、(文科省をも含む)国家レベルで本格化しだしている。こうして、現代社会では、国家の教育政策と、大衆が望む教育内容と、メディアが創る社会文化空間の位相が、ほぼ重なりあっているため、非常に意識化しにくい形で「**英語教育文化**」ともいえる現象が急速に進行している。英文学や受験英語といった高尚で、享受するのにかなりの教養と素養を必要とする「ハイ・カルチャー」は、世界資本主義体制の下で、個性などに象徴される自己中心主義的な脱標準性を具備した、世俗的な英語文化に摺りかえられている。このような社会文脈の時流に沿って、現代の公共空間と社会コンテクストが併存しているのである(これは、どちらが良いかという単純な問題ではなく、史的変動の軌跡を認識するための議論である)。

　だが、ここで立ち止って考えておきたいことは、あまりに言語教育の射程を生活世界に置きすぎると、学習者の言語文化意識が、現実生活で経験可能な限定的状況(今・ここ)のみに縛られ、日常的な感覚世界のみに留まる危険性がある。つまり、社会変革や社会操作をできるような(メタ・レヴェルの)高度な言語認識能力ではなく、消費者活動や単純労働など、実生活で反復的に生じる出来事を乗り切るための、最低限度の(低度で平均的な)言語認識能力しか習得できない(あるいはそれに甘んじる)ことが懸念される(これは当然ながら、「主体」が前面に押し出されるあまり、人間に作用する全体的な「構造」や「状況」が後景化し、コンテクストに個人が従属・埋没することを意味する)。

　別の角度から、英語教育領域と、現代日本社会の構図を眺めれば、国家や大衆、諸集団や諸個人といったあらゆる人々は、(受けてきた教育や社会情勢からごく自然的に)近代的な世界標準英語を用いれば、異なる他者とも意思疎通ができると、ある程度確信を持っているため、一元化された世界に置かれ易くなる(他者認識の不在)。そして、均質化された共通の認識・行動体系を持つ境界内で、各々が標準語を使用しながら相対主義的な個性を発揮(表現)し、他者との安定的な関係性を生み出そうとする。その結果、本来的には、自己(自文化)と異なる他者性が混在する、多元的で象徴的な世界観・宇宙観(コスモロジー)が想定されるべきなのだが、現実的には、ミクロ次元の内閉化した日常経験的な狭所空間内で、脱コンテクスト化された(言語)教育行為が行われ易くなり、硬直化したイデオロギーが再生産されてしまうかもしれない。換言すれば、見かけ上の虚構的自由空間の中で、構

造的な同一性が諸個人の思考形式や行状を支配し、それが多彩な全体性（全容的なコンテクスト）を覆い隠し、本来的な教育思想の理念や思索（科学的思考力、社会的判断力、メタ認知能力、批判的理性など）が瓦解してしまう危険があるとさえ言えるだろう。

　つまり、英語教育界の中で、今、最も重大な問題を恐れずに言えば、次のようになる。時代の進展に伴い、教育や研究の標的が言語の使用面（プラグマティックな側面）へと段階的に移行しているが、他方、人間の心情、個人差、情報伝達、対話能力など、「今・ここ」で生起する超ミクロ的現象ばかりが微細に強調されると、前述の様な多層的コンテクストが不可視化されてしまう恐れがあるのだ。このような様相は、人間の認識・感覚・行動を一様に平準化するため、自己中心主義、自文化中心主義、言語文化帝国主義の独善に陥る危険性を孕んでいる（第3章で分析される教科書の登場人物たちのように）。事実、現代コミュニケーション教育の射程は、対話的側面のみに留まってしまっているように思われる。それ故、今後は、第1章で示したように、学理的にも実践的にも、極小なコミュニケーション教育（言及指示性）だけに拘泥せずに、極大なコンテクスト（社会指標性）をも同時に見据える（マクロとミクロの融合に照準を合わせる）真のコミュニケーション教育を探究すべきだろう。

　以上、本研究で明らかになったことを、もう少し拡大解釈すると、（近現代科学の末端に位置する）「英語教育」という研究領域は、決して一枚岩的に語られうるものではなく、また、他の領域から独立的に存在し、社会構造や時代空間から遊離しているものでもない。それは、前述したように、英語教育観や教育理想人間像、国家政策や社会構造、文化的枠組との間に、一定の相関関係が見られたことが示している。その前提に立てば、本章が目指した（コンテクストを広く扱うという意味で）批判的で、所与のコンテクスト（前提的指標）の解明に照準を定めた英語教育文化研究は、今後の英語教育の方向性や在り方に、1つの新しい視点を与えるものであったに違いない（従来は、この「社会文化実態面」がほぼ無視され、如何にして学習者に言語を習得させられるかという「教育効果面」のみが取沙汰されてきた）。

　けれども、本章が達した結論は、あくまでも巨視的視座から得られた1つの見解であり、例えば、教室などで日々実践される教育活動（限定的なミクロ社会的世界）全てを網羅的に説明し得るものではなく、ここに本研究の限

界性が指摘できる。無論、これらのミクロ社会的的出来事は、マクロ社会的的要因により大きく制約されるため、本研究が示唆した論考は、それなりに意義のあることだとは思われるが、今後は、リテラシー研究や教室ディスコース研究[174]などとも、相互に関連付けながら、**立体的、全体的な英語教育文化研究**および**ダイナミックな教育実践行為**を展開していく必要があると言える。

　また、本研究のように、既存の英語教育研究に加えて、教育社会学、環境学、メディア論、カルチュラル・スタディーズ、社会思想、批判的応用言語学などの関連諸学の融合を目指し、超領域的なアプローチを用いて捉えようとした社会歴史的コンテクストは、大げさに言えば、時空間と共に未来永劫変化する人類史的プロセスである。この悠久のサイクルの中で、英語教育の限界域を本源的に超えるためには、自己完結せずに自己相対化を図り、まずもって深遠な内省を導くことが不可欠であろう（そうして初めて、自己中心的な主観性を相対化しうるような、「客観的」な超越論的認識力が成立すると考えられる）。その上で、今後も継続的に多方面の分野にも習い、更なる実証的・包括的・批判的な視角からの研究、調査、実践が必要であろう。そのことによってのみ、英語教育で為されている行為事象や、考えられている思考様式などの、内外のメカニズムが明らかにでき、今後の英語教育の真の発展に繋がるのではないだろうか。

　以上が、第2章の総合的な結論であるが、第3章では、本章のマクロ的な歴史通覧では拾い上げることができなかった、よりミクロ的なコンテクストに関わる「英語教科書」のテクスト分析を扱う。当然のことだが、実際に教育行為が教室で為されるときに、「教科書」で登場人物たちが語るメッセージや繰り広げられるストーリーは、教育現場とそこに参与する人々（教師や生徒）に直接的にある種の影響を及ぼす。したがって、「教科書」を研究する意義は大きい。更に斬新なのは、批判的談話分析という手法を用いて、従来の「英語教科書」分析では取り扱われなかったテクストが細かに分析される。この具体的且つ現実的な作業により、本章で明らかになったような、社会文化的な現代英語教育観・コミュニケーション観が、実際の教育現場で用いられる教材に、どのような形で具体的に表象されているのか、という重大な問題を扱う。

注

1　欧米の功利主義的な言語観は、17世紀後半の英国王立協会(the Royal Society)と18世紀ヨーロッパの啓蒙主義が生み出した、経験主義、合理主義、進歩主義、自然科学的理性に由来する(Scollon & Scollon, 2001, pp.110–129)。

2　Phillipson (1992, pp. 185–218) によれば、英語が外国で学習される場合、陥りやすい典型的な発想として、(1) 英語のみで教えるのが最上、(2) 理想の教師は母語話者、(3) 英語教育の開始時期は、早ければ早いほど良い、(4) 英語に触れる量が多いほど良い、(5) 英語以外の言語が使用されると、正確性が失われる、の5つがある。

3　CLTの特徴は、(1) 文法能力は自由に操れることを目標とする、(2) 文法能力は、コミュニケーション能力の一部と捉える、(3) 実際場面での言語使用の適切性を考慮する、(4) 様々な場面で、よりふさわしい表現ができるように言語使用能力を高める、の4点である(Littlewood, 1981, p. 6)。つまり、CLTでは言語形式面に加えて、言語運用面に力点が置かれている。

4　「近代標準英語」(modern standard English)の確立期は、19世紀の英国ヴィクトリア朝で、当時、言語の多様性から来る意思疎通の困難を解消するために、文献学者や歴史言語学者(辞書や文学を通じた書記言語)、ロンドンの学識を持つ教養人の言葉(口頭言語)を規範として人工的、人為的に構築された(Crowley, 2003)。

5　Krashen & Terrell (2000) が提唱した5つの仮説とは、(1) 習得－学習仮説 (Acquisition-Learning Hypothesis) (2) 自然順序仮説 (The Natural Order Hypothesis) (3) モニター仮説 (The Monitor Hypothesis) (4) インプット仮説 (The Input Hypothesis) (5) 情意フィルター仮説 (The Affective Filter Hypothesis) である。「ナチュラル・アプローチ」とは、これらの仮説を骨子につくられた理論である。簡潔に言えば、第2言語習得は、理解可能なインプット(i+1)が適切に与えられ、かつ学習者の情意フィルターが低ければ、効果的に行われるというものである。

6　Ellis & Barkhuizen (2005) によれば、1960年代以降、間違い分析 (error analysis)、義務的機会分析 (obligatory occasion analysis)、頻度分析 (frequency analysis)、機能分析 (functional analysis) など、単文の文法や形式調査の対象であった。しかし、70年代後半以降、相互作用分析 (interactional analysis)、会話分析 (Conversation Analysis) など、談話に重点が置かれ始め、最近では、より広範なマクロコンテクストに意識が向けられ、社会文化分析 (sociocultural analysis)、批判的アプローチ (critical approach) が行われている。

7　Pennycook (2000, p.124) は、TESOL (Teaching English to Speakers of Other Languages) に見られる資本格差として、英語学習の授業料、母語話者の収入(経済資本)、社会的縁故関係(象徴資本)、身体動作(話し方など)、教材、TOEFLスコア、教授資格(文化資本)を列挙している。

8　藤村のように「英語」の完全廃止を望む者は少なかったが、大抵の論者は、英語教育に何らかの改革を求めていた。この論争を契機として、批判や改革論から「英語」を護持するために、「英文学」系の教育者たちは、「教養としての英語」を主張し、「英文学」の教育や研究が再編成され制度化された(山口, 2001b, pp. 92–108)。

9 　本研究で参照した学習指導要領は、すべて文部科学省（掲載日不詳）作成の学習指導要領データベースによった（詳細は巻末の参考資料を参照）。

10 　カルチュラル・スタディーズとは、70 年代のイギリスで始まった研究分野で（英文学研究やマス・コミュニケーション研究が中心）、1990 年代頃から人類学や歴史学、社会学、文学研究、美術史、映画研究、メディア研究にも広まり、現代の通俗的な文化テクスト（例えばサブカルチャーなど）を、横断的に捉えようとする研究分野である（詳細は吉見, 2001a を参照）。

11 　教育効果を検証する動向が最近出てきたことは、それなりに意味があるが、全国の各 SELHi 校の調査報告を見ると、「コミュニケーション教育」が「大学入試」にも有効であることを作為的に「証明」しようとする傾向が見受けられる（多額の研究費が文科省から各学校に補助されている点と、SELHi 校が新自由主義を地方に伝播する存在である点を考慮）。言語能力を測るには、強引な統計処理や単純なインタヴューでは不十分で、マクロ的なコンテクストも射程に入れて、複数の調査法を組み合わせる必要がある（3 角測量）。

12 　「敗戦」を「終戦」と呼び名を変えたのと同じく、当時のマスコミは「占領軍」を「進駐軍」と呼び、現実の状況から国民の目を背けさせ、敗戦のショックを和らげようとした。不安感や恐怖感を抱える国民の間で、子供や若い女性達は、比較的陽気な米兵たちと容易に打ち解け始め、徐々に米軍に対する好意的な意識を持ち始めていった。

13 　GHQ / SCAP, CI&E (General Headquarters, Supreme Commander for the Allied Powers, The Civil Information and Education Section) の略語。

14 　CIE が文部省に対して行った監督と統制の例として、1945 年の「四大教育指令」がある。これは、(1)「日本教育制度の管理方針」（占領軍の基本方針、文部省に対する連絡指示、教育関係者の指令の遵守を命令）、(2)「教職追放」（文部省に、軍国主義者・超国家主義者・占領政策反対者の罷免を命令）、(3)「国家神道の禁止」（国家神道施設への財政的、その他あらゆる援助を禁止）、(4)「修身・日本歴史・地理の停止」（3 教科の授業停止と教科書の回収を命令）の 4 つである（鈴木, 1983）。

15 　日本に対するアメリカの戦後教育改革構想は、太平洋戦争開始後（1943 年）間もなく着手されていた。天皇制・非武装化・賠償問題など軍国主義と超国家主義の除去と、教育の民主化が基本方針だった（ibid., pp. 5–30）。

16 　アメリカ政策機構の対日政策は、(1) 軍部の独走を穏健派が抑えられるような「介入慎重論」、(2) 日本人の手による改革の「積極誘導論」、(3) 天皇制廃止を含む大規模な改革の「介入変革論」、(4) 日本を国際社会に復帰させまいとする「隔離・放置論」の 4 つがあった。最終的には、軍部に全責任を負わせて、占領統治に天皇制を利用する「積極誘導論（間接占領統治）」が決定された（道場, 2005, pp. 67–94）。結果、天皇は訴追・退位されずに、「象徴天皇制」が存置され、この政治的妥協が、武装解除・占領倒置の円滑な進行、国民の反米感情抑制、世論掌握のためのメディア活用、冷戦時には、共産主義対抗のイデオロギー軸として利用された（ibid., pp. 122–152）。

17 　文部省が、国立教育研究所（1949 年設置）に監督させて、1948 ～ 1951 年の学年度に亘り、読む力及び学力向上の手段として、ローマ字使用と漢字・仮名併用の有効度を

測定する計画。当時、日本語表記の効率は悪く、何らかの表記改革が不可欠との認識が一般的であり、表記改革運動も盛んに行われていた (アンガー, 2001, p. 113)。

18 例えば、小学校の新入生に向けた「学習指導 (家庭環境)」の項には、「新入生にとって、学校はまったく新しい世界である。［中略］入学以前における児童の活動は、家庭とむすびついていたので、児童の世界は、家庭と身近な隣人であった。したがって、その人格的要素—行動も、言語も、習慣も、情操も、みな家庭環境によって左右されるといってよい。」と記され、学校外での生育環境がある程度考慮されていた。

19 第4章の中学校国語科学習指導では、ことばの指導が、日常生活から遠退かないよう指示され、「中学校の国語教育は、古典の教育から解放されなければならない。また、特殊な趣味養成としての文学教育に終ってもいけない。つねにもっとも広い「ことばの生活」に着眼し、実際の社会生活に役だつ国語の力をつけなければならない。」［強調引用者］と記されている。

20 明治半ば以降、当時の漢語と洋語の脅威に対抗するため、あるいは「国家」と「国民」を統一化 (標準化) するため、それまで学校教育の中心であった「漢文」や「古文」は、「国語 (現代文・標準語政策)」の下位範疇に追いやられた。このような「教育される国語」が規範設定のため理論的に依拠したのが「国語学」である。(イ・ヨンスク, 1996)

21 パーマーは1922年に文部省の英語教授顧問として来朝し、翌年には「英語教授研究所」(The Institute for Research in English Teaching) の初代所長となり、1936年までの14年間日本に滞在して、英語教育界の中心的存在として君臨し、オーラル・メソッドの普及に精を出した (山口, 2001b, pp. 161–164; Howatt & Widdowson, 2004, pp. 264–277)。

22 山口 (2001b, pp. 163–166) によれば、パーマーの実践した教授法は、「口話英語」に執着したものだったが、こうした「口話主義」は同時代 (戦前) の英語教育界に一定のインパクトを与えながらも、主流派の「英文学」教育を脅かすまでには至らなかった。「こうして英語界では、「英語会話」や「口話英語」や「口語英語」など名称は異なるものの、これら話し聞く英語は「英文学」の下位カテゴリーまたは入門編として分類されるか、教室の外でのみ教えられる周縁的な知として位置づけられた。」(ibid., p. 167)

23 英語表現の方は、アメリカだけではなく、"Do you have 〜 ?" の代わりに、"Have you got 〜 ?"、"OK." の代わりに "All right." が使われていて、イギリスを規範とした戦前の名残が随所に見られる (江利川, 2002, p. 27)。

24 総ページ数が759ページにも及ぶ、壮大な指導要領であり、戦後日本の英語教育の指針となることを期待されたが、膨大な量ゆえに教育現場では活用される事はあまりなかった。

25 例えば、中学の「一般目標」では、「聴覚と口頭との技能および構文型の学習を最も重視し、聞き方・話し方・読み方および書き方に熟達するのに役だついろいろな学習経験を通じて、「ことば」としての英語について、実際的な基礎的な知識を発達させるとともに、その課程の中核として、英語を常用語としている人々、特にその生活様

式・風俗および習慣について、理解・鑑賞および好ましい態度を発達させること」[強調引用者]と述べられている。この「一般目標」の文言は、読解中心の「教養主義」と「オーラル・メソッド」の折衷と解釈でき、冷戦の下で、戦前的な国家意識が随所に復活したものと捉えられる。

26 知識や常識、古典文学や芸術など、上流階級や知的エリートらによって重視される思想。19世紀のドイツで勃興し、日本では大正時代に高まった(大正教養主義)。教養主義は、人間の優れた文化的遺産により己の人格の完成を目指す。1970年頃に退潮し、現代で復活する兆しを見せている(詳細は第4・5節を参照)。

27 山口(2001a)によれば、岡倉由三郎は英語教育に、相互補完的な教育的価値と実用的価値の2分法を初めて持ち込み、会話力や作文力よりも読解力を通した人格修養(ヴィクトリア朝の英国紳士がモデル)を最重要視した。

28 小熊(2002, pp. 373–379)によれば、当時、このような実際生活と口語に重点を置く「国語教育」は、アメリカの実用主義的なコスモポリタニズムである、と批判された。討論や日常会話を重視するアメリカの経験主義的な「言語道具説」に対して、共産党系の民族主義者からは、「民族語擁護論」が唱えられ、この2つの潮流が「国語教育」の議論の的であった。しかし、双方の論調は、1つの国家(民族)に、1つの言語(国語)が必要との認識を共有していたため、皮肉にも両者は「共通語」を正当化する役割を担った(「共通語」の詳細は次節3項を参照)。戦後もこの「共通語」が、戦前の「標準語教育」と変わらずに残存している。

29 戦後復興期中盤の1951年には、就職者全体の半数が農業に従事した。また、進学者でも就職者でもない、無業者の大半が農家の子弟であった。農家の子供は学校教育よりは、家計と家業の重要な働き手として見なされていた。母親も教育ではなく、生産労働(重労働)に従事し、子供の教育には直接的に関わっていなかった(宮本, 2004, pp. 79–89)。このような親子関係は、経済成長期に豹変することになる(詳細は次節6項を参照)。

30 当時の状況として、巷には失業者が溢れかえり、極度の貧困に苦しむ中で、開放的態度や民主的諸政策、食料の供給など、日本国民の米軍に対する感情は、憎悪や恐怖から親愛に変わっていった。そして、新聞の求人広告欄には、「英語に堪能な者」を求める条件が掲載され、「英語を話せたらよい」という憧れと願望が国民の間に広がっていた(平川, 1995, pp. 89–93)。国民が「英会話」を習える社会の環境は整っていなかったが、この頃から「話す英語」は、国民を魅了し、職業に就くための有効な武器として考えられていた。

31 歴史的に、「英語会話」という概念が自立的に成立してきたのは、明治後期以降である。明治中期に「英文学」による読解主義・教養主義が高まりだし、そのような風潮に対して「英語会話」という対概念が誕生してきた(山口, 2001b, p. 160)。

32 彼は「カムカムおじさん」の愛称で国民に広く親しまれ、当時マッカーサー(Douglas MacArthur, 1880–1964)、吉田茂(1878–1967)に次ぐ人気者であった(川渕, 2001)。

33 平川が務めたラジオ番組「英語会話」は、NHKから1946年2月1日から1951年まで5年間放送されて、その後10ヶ月の休止期間をおき、12月25日からラジオ東京(開

局と同時に）で番組名を「カムカム英語」に変えて、放送局が逐次加わり、1955 年 7 月 30 日まで放送された（合計開始から 9 年 6 ヶ月間）。番組の持ち時間は 15 分間で、月曜日から金曜日まで毎日放送された（NHK の初期は土、日も放送）（平川, 1995, pp. 22–23）。

34　平川は初回の放送で、英語会話の秘訣を (1) 勉強などの苦しい努力をしない、(2) 赤ん坊が母親の口真似をするのと同じように、講師の発音や言葉の調子を真似る、(3) 家族と、できれば親子揃って放送を聴く、(4) 習ったことを日常生活で使う、(5) 完全な英語を話そうとせず、むやみに考え込まないこと、の 5 点を挙げている (ibid., pp. 10–11)。

35　例えば、文部省設置法による初等中等教育局の権限強化（1952 年）、学校教育法・同法施行規則改正による文部大臣の権限強化（1953 年）、指導要領の「試案」の文字削除（1955 年）、教科書検定強化、教科書調査官の設置、教育委員の公選制廃止と教育長の人事権限強化、地方教育委員会と校長の権限強化（1955 年）などがある（伊ケ崎, 1974, pp. 7–8）。

36　山田・難波（1999, pp. 161–162）によれば、この時期、国語審議会から出された答申（1952 年 3 月）は、外来語表記に関して、(1) 外来語をカナ書きで統一すること、(2)「原音主義」を採用せずに、日本語化した発音を写すこと、を原則とした。この「復興期」で問題とされていたのは、1991 年答申の「原音」と「慣音（外来語の慣用的カタカナ表記によって示される発音）」のどちらを尊重するのかが問題（結果的に両方を尊重）だったのではなく、人によって外来語を異なる表記で表すことによって生じる、意思疎通の困難さが問題だったのである。

37　「関税および貿易に関する一般協定」General Agreement on Tariffs and Trade の略。

38　吉見（2001b, p. 57）によれば、「50 年代半ばを境にして、極東アジアにおいては、社会主義圏に対する軍事的な基地の役割を韓国と台湾、そして沖縄が負い、日本全土はもっぱら経済発展のセンターとしての役割を担っていくことになった。」これ以降、日本全土では軍事的・暴力的な「アメリカ」の姿が影を潜め、「コカ・コーラ」(Coca-Cola) や「マクドナルド」(McDonald's) に代表される、文化的・経済的・消費的な「アメリカニズム」(Americanism) が確立されていった。

39　1950 年代後半に冷戦対立中であったアメリカでは、これを機に外国語習得の重要性が急速に高まり、新ブルームフィールド学派構造言語学と行動心理学に立脚したオーディオリンガリズム (audiolingualism: AL) が考案された（音素から形態音素、その後、形態素・統語という学習段階）。この社会的背景は、ソ連との科学技術競争に敗れないため、効果的かつ効率的な言語習得が急務となったことである。AL は 60 年代後半以降に衰退するが、その影響は今日でも教材や指導法に広く見られる (Richards & Rodgers, 2001, pp. 50–67; Koyama, 2005, pp. 33–37)。

40　高校における職業教育重視や、工業高校拡充などの方針を打ち出した。

41　簡単に財界（日経連）の教育要求を挙げると、(1)「新教育制度の再検討に関する要望」(1952 年)、(2)「当面教育制度改善に関する要望」(1954 年)、(3)「新時代の要請に対応する技術教育に関する意見」(1956 年)、(4)「科学技術教育振興に関する意見」(1957

42　1948 年の、在日朝鮮人が設立した「朝鮮人学校」を正規の学校として認めないという文部省の通達と閉鎖令に対して在日同胞が、民族学校を守るために起こした大衆行動。特に多数在住地域である大阪と神戸での闘争は大規模で、それに対する弾圧も熾烈を極めた。

43　中学から英語を継続して履修させる場合（高 1=600 〜 1000 語 / 高 2=700 〜 1200 語 / 高 3=800 〜 1400 語）と、高校で初めて履修させる場合（高 1=500 〜 800 語 / 高 2=600 〜 1000 語 / 高 3=700 〜 1200 語）の 2 通りである。

44　学習活動について次のように述べられている。「指導計画を立てるにあたっては，全学年をとおして読み方の分野に最も大きな重点をおくようにし，また，聞き方と話し方の分野の学習量は，学年が進むに従って漸減するようにする。」［強調引用者］

45　語彙統制は、効率的な外国語学習を促進する目的で行われる。学習の初期段階では、将来的に多くの語彙を獲得することを見込んで、文の基本的構造と音韻組織に習熟するよう、使用頻度と運用度の高い語彙を選定し、徐々に高度な運用力をつけることに目標が置かれる。基本的に、選定基準に学習者の要望は反映されにくい。語彙選定が、文部省のような国家機関により遂行される場合、抽出される語は慣習や好みが偏り易く、口語体（収集が困難）よりも文章体が多くなる。つまり、語彙統制と教養主義は、密接に結びついている。

46　この教養主義は、実例を用いた帰納的な文法指導や、解釈や訳読に固執しない読解指導を推奨している点で、必ずしも戦前の受験英語や英文学に見られる教養主義とは一致していない。

47　まえがきでは、「話しことばの学習指導が小学校の一年生から高等学校の三年生までずっと、教育課程の中で一つの地位を得ようとしているのも新しい傾向である。また、古典よりも現代文学のほうが生徒にとって興味もあるし、能力にも合っているから、国語の教育課程の中では、後者のほうがもっと重要な地位を占めようとしている。」［強調引用者］とある。

48　指導要領には、「読むこと，書くこと，聞くこと，話すことの均衡の取れた学習を行う必要がある。しかし，このことは，それらを必ずしも均等な比で学習させなければならない，ということではない。一般には，学年を追って，しだいに読むことの学習の占める比重が大きくなる。」［強調引用者］と記されている。

49　文部省が中央集権的性格を強め始めた時期は、朝鮮戦争（1950 〜 53 年）を契機として、日本がアメリカに追従し、反共の防波堤としての役割を担い（1950 年のレッドパージや警察予備隊の新設）、その恩恵に預かりながら、経済復興を遂げる体制が整った時期と同じである（特需景気）。これ以後、軍国主義体制復活の阻止と、いかなる戦争にも反対する「反戦平和」運動の思考様式が、ナショナルな言説空間において生成した（道場，2005, p. 313）。

50　総語彙数はそれぞれ、中 1 = 300 語、中 2 = 400 語、中 3 = 400 〜 600 語程度。

51　中学 1 年の項には、「題材は、主として英語国民の日常生活，風俗習慣，物語，地理，歴史などに関するもののうちから変化をもたせて選択し，特定のものに片寄らないよ

うにする。なお，題材の形式は，主として対話文および説明文とする。」と書かれている。
52 第3項の学習指導計画では，「第1学年においては聞くこと，話すこと，読むことおよび書くことの領域のうち，聞くこと，話すことの領域に比較的に重点をおき，第2学年においては3領域をほぼ同等に扱い，第3学年においては読むことの領域にやや重点をおくものとする。」とある。
53 高校の学習指導要領では，1単位時間を50分，1個学年35単位時間の授業を1単位と定めている。本章では，これ以降「単位時間」を「時間」と簡略化する。また，「9単位」とは，「卒業までに必要な単位数」のことを表している。中学では，「授業時数」という用語が使用され，年間を35週とした場合，例えば「年間授業時数」が140ならば，週あたり平均4時間（正式には「4単位時間」）になる。本章で以下に述べる「時間」や「単位」という語は，こうした教育課程編成の基準に基づき簡略化して言及する。
54 新語数は，「英語A」は1500程度であるのに対して，「英語B」は3600語程度。
55 題材に関して，「英語A」では「産業」に関する教材が求められたのに対して，「英語B」には「英語国民の思想感情」，「制度」が加えられて，教養的側面がより強いものとなっている（江利川，2002, p. 31）。
56 小学校指導要領では，以下のように述べられている。「聞くこと，話すこと，読むこと，書くことのうち，聞くこと，話すことに関しては低学年からじゅうぶんに指導し，小学校の第6学年を終了するまでに，どのような地域においても，全国に通用することばで，一応聞いたり話したりすることができるようにする。読むこと，書くことの指導は，学年が上になるにつれてしだいに比重を増して第6学年で一応のまとまりをつける。」とあり，「共通語」による一律指導と，読解重視の意図が窺える。
57 「共通語」とは，明治の近代化以来，戦後も進められた「方言撲滅」，「標準語」政策への批判を回避するために，言語中立的立場を強調して推奨された概念である。
58 高校の指導要領でも，「現代国語」の指導留意事項では，「共通語については，絶えず学習指導の全般の中で指導するようにする。」と記されている。
59 「教育的働きかけ」（action pédagogique）という用語は，ブルデュー・パスロン（1991, pp. 18–27）が使ったものである。学校や教会，職場など，ある一定の社会条件下で，不当に行われるコミュニケーション関係（「象徴的暴力：violence symbolique」）を指す。この「教育的働きかけ」は，特定の社会で支配的な階級の「文化的恣意」（arbitraire culturel）の押し付け・教え込みと捉えられる。つまり，ある一定の社会的条件があってこそ初めて，相手に正統化された「意味」を受け入れさせることができ，そこで「教え込まれる意味」は，相手に「解釈」される。社会的実践行為である教育を固定的ではなく，柔軟に捉えるブルデューの知見は有効であろう。
60 敗戦後，日本がテレビ放送を開始する際，放送用周波数帯を国産技術（7メガヘルツ）にするか，アメリカと共通（6メガヘルツ）にするかの論争があった。その背景には，当時アメリカの反共路線に同調し，そのために文化宣伝メディアとしてテレビを位置づけようとする構想があった（水越，1997, pp. 132–135）。テレビ放送の歴史も，教育

第 2 章　戦後日本のマクロ社会的英語教育文化　　171

の歴史と同じように、東西冷戦の社会構造の余波を強く受けている。
61　(1)「経済同友会の産学協同について」(朝日新聞)、(2)「所得倍増にともなう長期教育計画報告」(経済審)、(3)「大学制度改善について」(関西経済連合会)、(4)「専科大学制度創設に対する要望意見」(日経連技術教育委員会)、(5)「国民所得倍増計画」(閣議決定)がある。
62　教育基本法第 1 条では、「教育は人格の完成をめざし、平和的な国家及び社会の形成者として、真理と正義を愛し、個人の価値をたつとび、勤労と責任を重んじ、自主的精神に充ちた心身ともに健康な国民の育成を期して行わなければならない。」と定められている。
63　その特徴は、教育効果を数値で示す「教育投資論」的な見方に立ち、国民所得・労働力・物的資本・教育資本が、歴史的にそれぞれ量的・質的に拡大していることを引き合いに出し、教育の経済的効果と有効性を「証明」していることである。
64　Heath (1982) は、アメリカ南東部の児童のリテラシーを調査し、就学前の段階で、特に白人ホワイトカラー層の家庭で、就寝前に親が行う読み聞かせ (story telling) が、就学後の「言語能力」(つまり、学校教育システムへの適応度)に大きく影響していることを明らかにした。
65　ここで述べられている「能力」とは、点数や偏差値、学歴、年功などの一元的な能力ではなく、経済発展をリードする新しい能力である。学校以外での客観的な能力適正判断のために、各種検定試験制度の整備・拡充を促し、当時は能力発見の唯一の手段であった入学試験の合理化も求めた。経済優先のイデオロギーが蔓延した 60 年代は、多元的能力評価に向かわず、一元的能力開発や学歴重視の教育訓練活動に傾斜していった。
66　第 2 部 (日本人に期待するもの) の 1 章 (個人) では、自由である、個性を伸ばす、自己を大切にする、強い意志を持つ、畏敬の念を持つ、2 章 (家庭人) では、家庭を愛の場、憩いの場、教育の場、開かれた家庭とすること、3 章 (社会人) では、仕事に打ち込む、社会福祉に寄与する、創造的である、社会規範を重んじること、4 章 (国民) では、正しい愛国心を持つ、象徴に敬愛の念を持つ、優れた国民性を伸ばすこと、などが提示され、「象徴に敬愛の念を持つこと」の項が、戦前の超国家主義の復活だという批判が広がった。
67　授業時数は前回が 105 時間以上、つまり週当たり 3 時間を下回ってはならないとする最低授業時間だったのに対し、今回は年間 105 時間 (週当たり 3 時間) を標準として、特例を除きこれを上回ることが避けられた。語彙数も、前回が新語数 1100 〜 1300 語程度であったが、今回は 950 〜 1100 語程度と総じて削減された。
68　しかし、言語材料の発音では、依然として英米を規範とした標準的発音が模範とされていることから、英米を機軸とした国際理解であることは否めない。
69　東京オリンピックは、首都高速道路や日本武道館の建設、道路拡張、市外電車の撤去など首都東京の風景を一変させ、戦後日本の敗戦の記憶を片隅に追いやり、豊かな経済ナショナリズムに国民を総動員する 1 つの契機となった。
70　これについて、稲村 (1976) は「はしがき」で次のように述べる。「学習活動とは、「完

全」と定められた行為・知識に向かって人がその「完全」に接近しようとする活動である。［中略］言語活動とは、言語を手段として、思想・感情・要求・情報などを相手（もしくは読者）に伝達する活動（伝達活動）、および、相手（もしくは筆者）が伝達しようとする情報を理解する活動（被伝達活動）を言う。」

71　1955 年から 1970 年ぐらいまでの全国の教育現場では、フリーズ (Charles C. Fries, 1887–1967) の「オーラル・アプローチ」(The Oral Approach) のパターン・プラクティス（反復練習）が広く実施されていた（羽鳥, 1996, pp. 16–18）。

72　「初級英語」は初歩的な英語に慣れ親しませ、単位数は 6 単位（週当たり 2 時間）であり、新語数は 600 〜 1000 語程度。

73　「英語会話」は会話を行う基礎的能力と、進んで交流しようとする態度を養うことが目標で、単位数は 3 単位（週当たり 1 時間）、新語数は 300 語程度、題材は生徒の日常生活に関するものと定められた。

74　川端 (1986, pp. 13–14) によれば、日本人学校に対して政府が援助を始めたのが、1959 年からで、日本人学校が急増したのは 1965 年以降であるが、1976 年に文部省が出した報告書『海外子女教育の推進に関する基本的施策について』で、海外子女教育が基本的には「適応教育」であるとされた。

75　この社会的背景としては、1955 年頃から経済成長に伴い、農村から都市への大規模な人口移動が起こり、大量の若者（中卒者）が労働市場に参入した（おもに零細企業）。そして、都市の若者たちはより良い労働環境と、将来の安定性を求めて、高い学歴の獲得を目指す（高学歴化と競争激化）。年々高まる高学歴化の波により、最終学歴 = 就職というパターンが制度化された（「日本的雇用慣行」）。このような時期に、雇用者世帯に子どもの育児や教育を請け負う専業主婦（いわゆる「教育ママ」）が出現し、学歴競争の激化と連動して増加していく（「家庭内暴力」はその反動）（宮本, 2004, pp. 89–92）。高度経済成長下で形成された若者の成功モデル（高学歴化・一括採用・内部昇進・終身雇用）は、企業・学校・家庭が三位一体で、若者の自立を支える装置として機能し、80 年代にその傾向を強めながら、バブル崩壊まで引き継がれた。

76　番組名の「百万人の英語」(English for millions) の "millions"（多数）は、全国の人に可能な限り多く視聴して欲しいという願いを込めて託されたものである。旺文社の創立者である赤尾好夫 (1907–1985) が、テープレコーダーやテレビの普及率が低く、英語学習に地域格差が存在していたのを解消する目的で放送した。

77　主な講師陣は、立ち上げ期（50 年代後半から 60 年代）は岩田一男、斎藤次郎、J.B. ハリス、鳥居次好などで、70・80 年代は、荒井良雄、五十嵐康男、上田明子、國弘正雄、小林克也、田崎清忠、田辺洋二、遠山顕、戸田奈津子、トミー植松、鳥飼玖美子、ハイディ矢野、早見優、マリアン、水谷信子、御園和夫、渡部昇一などで、90 年代になり、小川邦彦、ケント・デリカット、小牧ユカ、塚本芳子、奈良橋陽子など、豪華な面々であった。

78　例えば、岩田一男の『英語に強くなる本：教室では学べない秘法の公開』(1961 年) などがある。この本は、わずか 3 ヶ月で 210 版 100 万部を売り上げ、この分野では『日米会話手帳』に次ぐ記録を持つベストセラーである。この本を楽しみながら読み進め

ると、自然に英語に強くなっているというキャッチ・フレーズが書かれ、最初の話では、トイレの外から誰かにノックをされたら、"Someone in."と答えなさい、と紹介されている。

79 第1回検定志願者数 37,663 名中、合格者数は 15,259 名だった。

80 オリンピック開催と経済成長で高まる国際化を契機に、日本の知名度の上昇と外貨獲得を目的として、60 年代には国際会議も多く日本で開かれる。それと同時に、「プロの国際会議の請負人」として、PCO (Professional Congress Organizer) が通訳者の手配（エージェンシー・ビジネス）に力を注ぎ始めた。1960 年代半ばには、エージェンシー兼 PCO が 4 社（ISS、サイマル・インターナショナル、日本コンベンションサービス、インターグループ）設立された（佐藤, 2004, pp. 43–45）。

81 「移行期(73 年〜 89 年)」になると、外来語についての解説記事が新聞紙上で目立ち始める。具体的には外来語の語義、語源の説明、外来語使用の効用、統計的数字の紹介などである。その反面、以前の様に、外来語に対する否定的意見が少なくなる（山田・難波, 1999, pp. 166–169）。このことは、外来語が著しく増大し、日本の日常生活に文化として浸透・定着し始めていることを示している。

82 異例とも思える 4 年もの歳月をかけて審議し、明治初年と終戦後に次ぐ「第 3 の教育改革」と位置づけ、初等・中等・高等教育の全段階に跨る基本構想を策定した。この答申の特徴は、高校や短大、大学などへの上級学校への進学率や、それに見込まれる土地費・施設費・人件費などの経費を試算し、総合的・長期的展望を持って教育投資額を予測計量で算出したことである。

83 これは、苅谷(1995)が言うところの、「大衆教育社会」の成立と同じ議論であろう。60 年代の高度経済成長の中流意識拡大は、努力と勉強次第で誰でもエリートになれるという一種の平等主義を生み、50 年代に見られた家庭の所得格差や社会階層が不可視化され、多くの一般大衆を学歴獲得競争へと動員した。

84 1960 年には 14 万 5000 人が「浪人生」となり、1970 年には 18 万 3000 人まで増え、その後 1991 年まで浪人生は増え続けていくことになる（木村, 1999, p. 86）。

85 報告書には、ゲームセンターやディスコなどの有害環境への接触や、中学段階で学校不適応が見られる生徒が、非行に結びつきやすい、とある。間庭(1997)は、60 年代後半から 75 年頃までの若者の犯罪傾向を「近代型犯罪」と特徴づけ、都市化や産業化がその背景であり、性的自由への渇望、金儲けや遊興の追及、権威への反抗などの「エゴイズム」(egotism)が原因だとする。

86 1979 年の「青少年と社会参加」では、(1)高度経済成長が経済優先の風潮をもたらし、青少年育成にマイナスに作用したこと、(2)文化的・精神的な「汚染」が広がったこと、(3)産業社会の高度化により、職域社会が青少年にとって生きがいと自己鍛錬の場でなくなったことを問題の要因として挙げている。近代化の弊害を深く認識し、脱工業化・脱学校化（ゆとり教育）を目指したのは、1978 年に大平内閣が打ち出した「文化国家構想（日本文化の特質を生かし、工業化からの脱却を志向）」と重なる動きである。つまり、「豊かな社会」という実現された実績を背景に、今度は「汚染」された「日本文化」を清めて資本化し、近代の超克を目指した思潮である。

87 特に、水俣病患者は政府が公式認定するまでの 10 年間、重度の病と極貧状態に苦しみ、地域社会からの差別と、企業や政府からの冷たい眼差しに喘ぎ放置された。60 年代後半に、政府が公害病認定をすると、メディアが伝えた真実に喚起・共鳴した支援者達により陳情や提訴などの社会運動に発展した（成、2004, pp. 53–71）。経済成長の立役者である企業が環境破壊や人権侵害を行い、国民の健康と安全を守るべき政府が、社会的弱者に冷徹で消極的な姿勢を見せたことは、当時の国民に多大な不信感を抱かせた。

88 経済を優先させた結果、70 年代になって初めて、環境の悪化が世界的に懸念された。特に、1972 年の「国連人間環境会議」（ストックホルム）では、国際議題として環境問題が議論され、先進国と開発途上国との利害関係が国際問題になった。因みに、民間レヴェルでも 70 年代以降に環境保護運動が本格的に始まった（「地球の友」、「グリーンピース」1971 年設立）。

89 「豊かな人間性」・「ゆとり」・「基礎・基本重視」の 3 点である。

90 中学の新語数が 950 〜 1100 語から 900 〜 1050 語、文型数は 5 種 37 文型から 5 種 22 文型、必修語は 610 語から 490 語、文法項目は 21 項目から 13 項目に減らされた。授業時間数も前回同様、最低ラインの週当たり標準 3 時間（年間 105 時間）と定められた。

91 このような口語軽視の風潮は、次回の指導要領改訂で登場する科目「オーラル・コミュニケーション」により一転する（詳細は本節 4 項を参照）。

92 小品種大量生産のフォーディズムに代わって、フレキシブルな生産工程において、需要の多様化に応じた多品種少量生産を効率的に行う（経済のソフト化・サービス化）、新しく考案された生産方式を指す（『社会学小辞典』、p. 567）。

93 効率と合理性を追求する機能主義思想に対する批判を表明し、遊び、象徴的表現、自由発想などを取り入れる運動を指す。ファッション、文芸、哲学、社会科学などの領域まで広がる現代思想の潮流を形成するキーワードのひとつ (ibid., p. 567)。

94 この教授法は 1930 年代から 1960 年代後半までイギリスで主流だった。機能主義・経験主義の社会人類学や言語学（ロンドン学派）に類似した言語観に基づき、具体的場面 (situation) に近づけて言語を経験的に習得させようとし、インドなどの大英帝国植民地で行われた。教師は中産階級の規範性を備えたイギリス人等で、語彙や文法などを統制し、学習者に主体性は与えられなかった。60 年代後半の反植民地主義・反帝国主義運動により批判に晒されることになる (Koyama, 2005, pp. 29–32)。

95 言語人類学者 Hymes (1972, p. 281) は、言語運用能力として、以下 (1) 形式的可能性（文法）、(2) 実現可能性、(3) 行為の文化的適切性、(4) 遂行と効果の問題、の 4 点を挙げている。原文は以下の通りである。(1) whether (and to what degree) something is formally *possible* (2) whether (and to what degree) something is *feasible* in virtue of the means of implementation available (3) whether (and to what degree) something is *appropriate* (adequate, happy, successful) in relation to a context in which it is used and evaluated (4) whether (and to what degree) something is in fact done, actually *performed*, and what its doing entails.

96 平泉は、「現在でも会話が、学校教育ではそれほどうまくいっていない理由は、実は三つほどある。(イ)先生方御自身が、昔の教育の結果で、会話は苦手という人が多く、生徒にも、従って教えて下さらない。(ロ)高校・大学の入試に「会話」が出ない以上、やる必要はない。(ハ)受験英語につよくなるということは、会話ができなくなることを意味する。」(平泉・渡部, 1995, p. 66)と述べたが、渡部は、「会話ができることが語学の重要部分でないことについては、みんな本能的に知っていたのである。内容ある外国語の文章を的確に把握することこそ外国語教育であることをどの学生も疑わなかったと言うことは、私は聖徳太子以来、長い漢学の伝統を通じて日本人の血肉になっている考え方だと思うのである。」(ibid., 1995, p. 32)と反論した。

97 メディアや消費文化などにより、個人の価値観や考え方が多様化し、ポスト・モダン的社会状況にある中で、教育もそれに適応させるよう、市場メカニズムの導入と規制緩和を行い、各学校間・教師間の競争と相乗効果により、教育界の活性化が主な狙いである。

98 認知心理学は行動心理学の後、1970年代以降台頭してきた研究分野である。学習者は言語習得過程で、様々な心的方略(mental strategies)を用いて、積極的に関わる参加者として見なされ、如何に意味を捉え、その内部で何が起きているのか、という学習者側の心的表象を把握することを目指す(Williams & Burden, pp. 13–20)。そこでは、「情報処理」(information processing)という概念が重要視されている(これは、従来の「言語構造」から「学習過程」へ視点が移行したことを意味する)。

99 上野(2001, p. 4)は、構築主義を(1)社会を知識の観点から検討しようという志向性を持ち、(2)知識は人々の相互作用で構築され続け、(3)広義の社会制度と結びついていることが認識されるべきだと特徴づけている。「構築主義」は、主に、新自由主義に反対する勢力が標榜する思想だと考えられるが、新自由主義やネオ・ナショナリズムを唱える勢力によっても活用可能であり、実際使用されているという指摘もある。(このような指摘は、構築主義に対して批判的なスタンスをとる本質主義的フェミニストたちなどによってなされている。)

100 80年代にイギリス保守党のサッチャー政権(1979年5月〜90年11月)、アメリカ共和党のレーガン政権(1981年1月〜89年1月)、日本の中曽根内閣(1982年11月〜87年11月)が時をほぼ同じくして成立し、福祉国家を批判して新自由主義的改革を行ったことが、80年代に見られた教育政策の大転換の背景にある。

101 第1次答申(1985年)では、(1)個性重視の原則、(2)基礎・基本の重視、(3)創造性・考える力・表現力の育成、(4)選択の機会の拡大、(5)教育環境の人間化、(6)生涯学習体系への移行、(7)国際化への対応、(8)情報化への対応の8つが挙げられている。

102 この新自由主義的教育改革の流れは、後に「総合制高等学校」(1994年)、「学校選択・通学区域の弾力化(1997年)」、「教育特区(2002年)」、「国立大学の法人化(2004年)」に繋がった。

103 その例として、"J-POP"、"J. LEAGUE"、"J-WAVE"、"JR"、"JT" など、世界と肩を並べる日本の国際性を世界にアピールしようとする自信過剰性の現れの "J" の頭文字が、この時代に挙って登場した(烏賀陽, 2005)。

104 多国籍企業のグローバルな経済活動による資本・製品・労働の流動化、通信技術やメディアの発達による情報の移動、海外旅行や私費留学の大衆化による人間や文化の交流は、東西列国やナショナルな境界を越えるようになり、第2の「国際化」をもたらした。
105 「国際理解教育」が外国語教育に導入されたことは、英米中心の帝国主義的な一面的言語・文化理解ではなく、環境教育・人権教育・平和教育・情報教育など、幅広いパースペクティヴを内包した、多面的人間育成を目指す言語教育実践を含意する。
106 1989年の中学校学習指導要領の「目標」では、「外国語を理解し、外国語で表現する基礎的な能力を養い、外国語で積極的にコミュニケーションを図ろうとする態度を育てるとともに、言語や文化に対する関心を深め、国際理解の基礎を培う。」とある。
107 このプログラム導入の経緯は、1979年の「米国人英語指導主事助手」(Mombusho English Fellows：略称 MEF) の招致と、1982年の「英国人英語指導員」(British Teaching Assistants) の受け入れが背景である。1986年からMEFは200億円の予算を注ぎ込み、JETプログラムへと生まれ変わり、文部・外務・自治省の3省合同の共同事業で組織された (川口, 1988, p. 101)。
108 Canale & Swain (1980, pp. 29–31) は、コミュニケーション能力 (communicative competence) の下位範疇として、文法的能力 (grammatical competence)、社会言語的能力 (sociolinguistic competence)、方略的能力 (strategic competence) の3つを挙げ、後に Canale (1983) によって談話的能力 (discourse competence) が加えられた。しかし、言語人類学の立場から見れば、この定義も1つの文化的慣習・様式に過ぎない (Foley, 1997, pp. 345–358)。このコミュニケーション観は、第1章で呈示した包括的な理論から見れば、情報伝達的、対人関係的、言及指示的、人間中心的なモデルであるという点を想起。
109 前回の指導要領 (1977年) では5種22文型が5種21文型に、13項目だった文法事項は11項目に、900～1050語だった総語数は1000語へと総体的に削減された。
110 1983年に当時の中曽根内閣が発表した、2000年までに、日本で学ぶ留学生を10万人 (国費留学生1万人、私費留学生9万人) にしようという計画。当時は、日本の経済発展に伴い、外国人の日本語学習熱が高まりを見せていた。
111 特定の物理的空間内 (国家や地域) に、少数 (多数) 派文化・先住民文化が競合している際に、各民族の多様性を認め合い、共栄共存を図る考え。歴史的には、ヨーロッパの啓蒙主義 (人間尊重) が起源で、現代では、フェミニズム運動や公民権運動などの、貧困や差別を解消する政治的要求から、階級やジェンダー、エスニシティなど、諸個人、諸集団のアイデンティティの承認を求める表現形態に変容している (Taylor, 1994, pp. 37–44)。
112 「国際共通語」として広く使用されている英語 (昔はラテン語、フランス語、アラビア語など) が拡散し、世界中の様々な言語 (約4500種類もの言語) と遭遇し、権力やアイデンティティを巡り、文化的摩擦が生じている。その際、世界の多様な言語を積極的に承認・奨励する考え方を指す。多言語主義は、差異を容認するため、功利主義的な言語観ではなく、関係性構築を重視する言語観が育まれることが期待される

(Edwards, 1994)。
113 国内の日本語学習者は、1971 年では 446 人だったが、1986 年では 35,767 人に及び、国外では 1974 年では 227,827 人が、1984 年には 580,943 人に至った (上野, 1987)。
114 子安 (1994) によれば、1940 年代、大日本帝国の「大東亜共栄圏」の建設遂行により、東亜の共通語 (第 1 外国語) として、「日本語」をアジア地域の異民族に教育する必要性が生じた。「日本語」の対外的普及に伴って、国内の「国語」は、国外の「日本語」との整合性が問われ、より保守的・防衛的な概念へと再構成された。そして 1970 年代以降、「国語学」は、新たな「日本語学」によって、取って代わられようとしている。
115 例えば、日米会話学院、津田英語会、神田外語学院などの専門学校や、エレック (ELEC) 英語研修所などの研究機関、同時通訳者養成のサイマルアカデミーや通訳ガイド養成所などの専門的な職業人養成学校、ベルリッツ (Berlitz) などの外国系英会話学校がある。
116 これは、オイル・ショック後の 1974 年から 1984 年まで、海外旅行者の伸び率が全体的に見て上昇せず、航空座席の供給量の過剰から旅行費用が低減化し、旅行代理店の旅行者掘り起こし対策が見られたことと一致する。そのため、新聞や雑誌には旅行商品の広告が多く掲載され、格安航空券の販売も行われるようになる (岡出, 1999, p. 32)。
117 ECC の歴史は古く、1962 年の経済成長の真只中に設立され、2007 年現在、全国主要都市に 152 校 (ECC 外語学院) を持ち、他にも予備校やビジネス専門学校、海外留学など多角化経営を手掛ける大企業である。
118 NOVA は、ECC に約 20 年遅れて 1981 年に設立され、1993 年に売り上げシェア率ナンバーワンを達成し、2006 年には全国に 600 校を超える拠点を持つ語学学校であったが、周知の通り、受講者とのトラブルが相次ぎ、2007 年に経営破綻した。
119 例えば、英検全国総合団体賞受賞 (1970 年)、英検 1 級合格者数全国 1 位の記録 (1976 年) がある。
120 この NOVA の「キャラクター戦略」は、古くは 1929 年の世界恐慌の大不況と世界大戦へと突入する時代の、「ミッキーマウス」、「ベティ・ブープ」、国産の「のらくろ」の氾濫、菓子におまけを付けた「明治ミルクキャラメル」の大ヒットに遡って捉えられる (大塚, 2004, pp. 227–229)。英語学習でも NHK の語学番組の「コーパスくん」など、純粋無垢なキャラクターは、消費者に好意的心理意識を与えるのに貢献する。
121 消費者が通いやすいように、駅前に学校を建てて (「駅前留学」)、多忙な現代人のニーズに応えて予約制を取り入れた。
122 Test of English for International Communication の略。
123 Test of English as a Foreign Language の略。
124 他にも ETS は、アメリカ大学進学の統一テストである SAT (Scholastic Aptitude Test) や、全米統一大学院入学学力テストである GRE (Graduate Record Examinations)、ビジネス・スクールの統一入学テストである GMAT (Graduate Management Admission Test) などを組織運営している。
125 受験者数の推移を見てみると、TOEFL の受験者数は 1981 年の約 1 万 8000 人から

12万人前後と急増し、TOEIC 受験者数も 1979 年には約 3000 人だったのが 2000 年には 100 万人を突破した。
126 英検は当初社会教育の見地から「生きた英語」を図る目的で、旺文社が中心となり、日本英語検定協会が、東京五輪と同年の 1963 年に開発した検定試験である。
127 その要因は、(1) 評価方法が、TOEIC や TOEFL の様な点数ではなく、級単位で行うために、級毎に実力にばらつきが見られることと、(2) 国内試験であるために、合格しても「国際的」メリットがほとんど無いことが挙げられる。
128 英検についての批判は、実際には使用しない難解な語彙を出題する(特に 1 級)、出題の基本が日本語である、大量の受験者に対応することから、試験官の質の確保が難しい、などがある。同様に、TOEFL や TOEIC にも、瞬発力や反射神経を計る、じっくり時間をかけて熟慮しにくい、リスニングは暗記力の勝負になっている、などの批判がある (鳥飼, 2002, pp. 77–78)。
129 言語能力観の変化の影響を受けて、テストに対する信頼性も変わったと思われるが、英検、TOEIC、TOEFL の 3 つのテストとも、受験者が自発的に発言するテストではなく、本来的な「コミュニケーション能力」を測定できるとは考えにくい (ibid., pp. 77–84)。
130 従来の教師主導の教え方への反動として生まれた教授法である。グループ活動などで、学習者同士が相互に協力して、社会的に構築された情報を交換し合うような学習を推進する。他者との相互学習の過程で、自身の学習意識を省みさせ、モチベーションの向上を図ることを狙いとする (Olsen & Kagan, 1992)。
131 (1) カナダのイマージョン教育 (1960 年代以来) や、(2) アメリカでのバイリンガル教育 (1970 年代以来) の事例や、(3) 伝統的教授法に対する反動として生まれた「特定の目的のための英語」(English for Specific Purposes: ESP) (1960 年代以来)、(4) ナチュラル・アプローチなど、60 年代から 80 年代にかけて見られた CLT の影響を受けて開発された言語教授法。学習者は主体的に学習に参加することが求められ、内容のあるテーマを、目標言語を使用しながら学び、結果的に言語の運用能力を高めさせようとする (Brinton, Snow & Wesche, 2003)。
132 「タスク中心指導法」は、伝統的な「形式重視の教授法」(form-focused pedagogy) の反動として考案された指導法。従来の教授法では、教師が授業をすべて管理し、一面的言語形式のみが学習対象だったのに対し、「タスク中心指導法」では、教師と生徒、生徒同士の相互活動を通して、言語の機能面 (意味・情報の交渉など) が重視されている (Ellis, 2003)。
133 この時代は、国民の国際意識が上昇し、英会話ビジネスが栄え、海外旅行の自由化も始まったが、総じて一般市民にとっては、外国に行くことや高度な英語能力を身に付けることはまだ身近ではなく、通訳訓練を受けて通訳者を志す者は、海外子女や留学経験を有する人々が大半であった (佐藤, 2004, pp. 51–55)。
134 60 年代末から米軍基地が日本本土からほぼ撤退し、「軍事的アメリカ」のイメージが薄れた。それとは逆に、銀座や六本木など旧米軍施設があった都市空間に、「消費的アメリカ」のイメージが広がり、ファッショナブルな若者の拠点となっていく。つま

り、戦後の「アメリカへの憧れ」が、実現可能な政治経済状況が出現したのである（吉見, 2001b）。

135　1983年の東京ディズニーランドの建設、任天堂株式会社の「ファミリー・コンピューター」発売が示すとおり、仮想現実的社会に消費者を誘導するような消費活動が行われ始める。また、アメリカから受容した祝祭行事（「クリスマス」、「バレンタインデー」）が、一大商業イヴェントになったのも80年代以降である。企業は若い男女をターゲットに、「ロマンティックな空間」を演出し、「ケーキ」や「チョコレート」に加えて、「プレゼント」の交換など、経済的効果を生み出し、日本の大衆文化として定着させた。

136　「新人類」は「東京ディズニーランド」や「ジュリアナ東京」に代表されるバブル経済的な都市空間と、現実社会とは隔絶した虚構世界の中で、自らを演出し世間（メディア）から一躍注目を浴びる。

137　「おたく」と呼ばれる人々は、現実社会から離れた「お宅」に籠もり、漫画やアニメ、ゲームなど各種サブカルチャーに没頭していた。「おたく」文化に関しては、1989年の東京・埼玉連続幼女誘拐殺人事件により、世間一般からネガティヴな見方が高まるが、90年代に入ると、諸外国から日本発のポピュラー・カルチャーとして注目を集めたことで、かつての否定的偏見は弱まり、肯定的意味合いで見られることもある（ネオ・オリエンタリズム）。

138　民間の英会話学校では、趣味・教養・楽しみ・友人作りなど様々な目的で、「英会話学校へ行けば、外国人の先生が楽しく英語を教えてくれる」程度の感覚を持つ学習者が多く、講師側も専門的な指導技術や日本文化への知識や理解もなく、短期の「旅行者」感覚で英語を教える現状も問題視されている。授業時間の25%を「自由会話」に、13%を「ゲーム」に使うような授業が展開されていることが報告されている（伊藤, 1994, pp. 33–47）。このような傾向は、第1節で述べたELT（世界標準英語教育）を拡散し、アメリカに次ぐ特権を獲得しようとしたブリティッシュ・カウンシルなどにも見られた（詳細はPhillipson, 1992を参照）。

139　1970年代後半から、「ゆとり教育」が実施されたが、80年代以降の経済のソフト化・サービス化とバブル経済により、有り余る時間的・金銭的な余裕を手にした子ども及びその家族は、大衆消費市場の中で顧客化していった。親は様々なサービスを利用し、レジャー的活動を通して子供との友好関係を築いたり、塾などの教育産業機関に子供を通わせた。その結果、前節で述べた「教育ママ」のような厳しい親子関係から、子供を手厚く保護する友達的な親子関係へと変容した（宮本, 2004, p. 92）。このような子供にとっての「心の居場所」的な家庭が定着した事で、90年代の雇用市場の危機的状況（就職難・就職氷河期）に直面して、いわゆる「ニート」と呼ばれる、労働市場に参加できない若者が大量に発生していくのだった（詳細は次節1項を参照）。

140　「コンピューターを中核とする情報の加工・変換・伝達・貯蔵などに関する方法・技術上の飛躍的発達の結果ひき起こされた経済的・社会的変革の総称。情報組織＝技術の3C革命、すなわち電子計算機（computer）、自動制御機器（control）、通信機器（communication）の技術的開発により実現したもので、情報技術革命（information technology revolution, IT revolution) ともいう。」(『社会学辞典』, p. 307)

141　地球環境問題への国際的取り組みは、リオ・デ・ジャネイロで開かれた国連環境開発会議(1992年)で本格的に始まった。この会議では、初めてNGOが参加し、政治的意思決定の変革(「グローバル・パートナーシップ」)が行われた(公開性・透明性・参加性の確保と途上国側への配慮)。そこで「アジェンダ21」が採択され、「持続可能な社会」の開発に向けて、「環境への負荷」をできるだけ下げ、「人間の満足度」を高める「循環型社会」の実現が目標とされた(松下, 2000; 吉田, 2004)。環境問題の地球的課題は、例えば、開発途上国への公害輸出、地球温暖化、オゾン層の破壊、酸性雨、海洋汚染、生物多様性の減少、森林減少、砂漠化、有害廃棄物の越境移動などがある。

142　「生きる力」とは、答申によると、(1)自分で課題を見つけ、自ら学び、自ら考え、主体的に判断し、行動し、よりよく問題を解決する資質や能力、(2)自らを律しつつ、他人とともに協調し、他人を思いやる心や感動する心などの豊かな人間性、(3)これらの資質や能力などを支えるためのたくましい健康や体力、以上の3要素である。

143　総合学習は、国際理解・情報・環境・福祉・健康など、各学校が創意工夫をして、教科の枠を越えて横断的に実施できる授業であり、小学校では国際理解と称して、事実上「英語活動(英会話)」が実施可能となった。

144　(1)学校制度の複線化構造、(2)中高一貫教育、(3)飛び入学などの教育上の例外措置が提起された。

145　その他の政策としては、「中高一貫教育の普及」、「総合制高等学校の設置」、「学校評議員制度の導入」、「学校選択の自由化」、「国立大学の法人化」、「民間人校長」、「学校の自己評価」、「少人数学級」などがある。

146　教育界では、世間一般で高まった「学力低下論」により、「ゆとり教育」は方向修正を余儀なくされ、文部科学省(以下、文科省)の態度は、その弁明と説明の対応に追われた。具体的には、文科省「確かな学力の向上のための2002アピール『学びのすすめ』」(2002年)や、中教審「新しい時代における教養教育の在り方について」(2002年)、学習指導要領の一部改正(2003年)がある。教養主義の高まりにより、元文部科学省大臣中山成彬(1943-)は、中央教育審議会に対して、次回学習指導要領改訂時に「ゆとり」教育を全面的に見直すことを指示した(『読売新聞』2005年2月11日)。また、全国一斉学力調査の復活(『読売新聞』2005年8月26日)、小学校の授業時間数増加も決定した(『読売新聞2007年8月30日』)。

147　NEET, Not in Employment, Education, or Training の略。

148　国家の枠を逸脱するノン・エリートに対して、「日本人」という共通の規範意識を持たせて、愛国心や公共心、倫理観、職業観を涵養し、社会連帯的意識の解体やモラル・意欲の低下、犯罪率の上昇、資本主義の活力低下を抑止しようとする思潮。

149　「心のノート」は2002年4月に、全国の公立小学校・中学校に配布された補助教材である。日常生活や全教育活動を通じた道徳教育の充実を図るために作成され、自己の生活や体験を振り返れるように、児童・生徒に語りかけるようなテクスト・イメージで統一されている。しかし、歴史や社会を読み解く批判的能力を低下させ、ナショナ

リズムを幼いうちから自然に刷り込ませる「国定修身教科書」との批判もある（三宅, 2003）。
150 中学校の総語数は 89 年版が 1000 語だったのを、今回は 900 語まで更に絞った。高等学校の指導要領でも、「英語Ⅰ」の新語数が、100 語削減されたことにより、高校 3 年間の総語数が前回 1900 語だったのが、今回は 1800 語に縮減された。
151 年間授業時数も、前回の中学指導要領では年間 105 〜 140 時間（週当たり 3 〜 4 時間）とある程度の幅を持たせることが許容されていたのに対し、今回は一律的に年間 105 時間（週当たり 3 時間）が標準と定められた。高校でも「英語Ⅰ」の週当たり時間数が、4 時間から 3 時間に削られた。
152 Jenkins (2003, p. 22) は、'new Englishes' を、北米、オーストラリア、ニュージーランド、南アメリカなど、英語を母語とする国々で、'New Englishes' をインドやフィリピン、シンガポールなど、第 2 言語あるいは公用語として使用している英語と特徴づける。
153 「新英語」や外国語として英語を使用する地域も含めた、世界各地の多様な英語の変種を総称した呼び名。
154 今次の指導要領改訂の「英語必修化」、その後、文科省から出された『「英語が使える日本人」の育成のための戦略構想』（2002 年）、『「英語が使える日本人」の育成のための行動計画』（2003 年）、教育特区による SELHi の設置、全国公立英語教員の研修の実施（研修内容の詳細については、文部科学省『「英語が使える日本人」の育成のための英語教員研修ガイドブック』（2003）を参照）などである。
155 このように、口語を機能別に分けて学ぶ思考様式は、1960 年代の国際化と同時に進展した「第 2 次英語ブーム」での「英会話」が持っていた言語観と、ほとんど変わらないものである。田崎（1965）の『英会話のすすめ』には、本指導要領が提示したコミュニケーション教育と同じような内容が記されている（田崎, 1965）。
156 それを裏付ける調査結果として、特に 80 年代後半以降、日本社会にニューカマー外国人が多く流入したが、その子供達の多くが、学校をドロップ・アウトしていることが報告されている。教育理念上は「個性重視」、「心の教育」、「国際理解」を掲げているが、実際の教育現場は、多文化化的状況に積極的に対応しようとせず、日本語至上主義や同質化促進が、外国人の子供達に課されている（志水, 2002）。
157 例えば、高校指導要領の「言語材料」では、「原則として、現代の標準的な英語によること」と書かれ、但し書きとして、「様々な英語が国際的に広くコミュニケーションの手段として使われている実態にも配慮すること」とある。すなわち、「現代の標準的な英語」とはアメリカの標準英語であり、語用論、社会言語学、言語人類学などが示す文化的差異の知見を積極的に応用しようとする姿勢は見られない。
158 例えば、佼生学園（2000 年開始）、緑ヶ丘女子（2001 年開始）、ぐんま国際アカデミー（2005 年開始）がある。
159 英語教育を重点的に行う学校を指定し、英語教育を重視したカリキュラムの開発、一部の教科を英語で行う教育。大学や海外姉妹校との効果的な連携方策等についての実践的研究を行うことを旨とし、文部科学省が推進する事業である。平成 14 年度は全

国16校、平成15度は34校、平成16年度は35校、平成17年度は101校が指定された。
160 例えば、立命館宇治高校（2002年開始）、秋田県能代北高校（2005年開始）など。
161 英語に堪能な日本人保育士3人とアメリカ人などのスタッフ2人によって、1歳半から就学前までの幼児を受け入れ、年齢に関係なく、語学力に応じてクラスを振り分けて保育に英語教育を取り入れた。
162 「象徴的資本」とは、「ブルデューのことば。文化資本をとくに強調するために「象徴的」ということばが使われているといえる。態度・物腰、話し方、ものの見方など、目に見えにくい人びとの性向（ハビテュス）にとくに関連して使われる」（『社会学小辞典』、p. 302）
163 2006年1月1日の『読売新聞』の記事によれば、政府・与党は小中学校9年の義務教育を、幼稚園などの幼児教育を加え、10～11年間に延長する方針を定めた。この狙いは、少子化対策のための幼児教育無償化だが、他にも、養育環境の違いによって生み出される問題、小学低学年で騒ぐ「小1問題」の是正や、学力低下への歯止めがある。将来的に、全国の義務教育環境が整えば、幼児からの英語教育が開始されるだろう。
164 鳥飼（2001, pp. 21–26）によれば、70年代以降の英語の大衆化と共に、通訳者に対する希少性が薄れ、言語や文化に対する専門性が不可欠である、という認識が欠如したまま現在に至っている。今後はより裾野を広げて、コミュニケーション論や言語学、応用言語学などの領域とも統合した通訳研究・通訳教育が求められる。
165 「百万人の英語」は「第3次英語ブーム」の余波を受けて、2002年に旺文社グループの教育測定研究所により、メール・マガジンという新しいコンテンツを使って復活し、現在は英語学習の輪を全国に広げることに貢献している。
166 海外での日本語学習者の数は、1990年の時点で981,470人であったが、1998年には2倍以上の2,102,103人まで増加している。更には、1966年の36,693人と比較すると、実にこの30年間で、約58倍も増加したことになる（嶋津、2001, p. 27）。
167 （1）世界に向けた日本や日本語についての情報及び日本語による情報の発信を促進すること、（2）日本語学習需要の多様性に応じたきめ細かな日本語学習支援を進めること、（3）国際的なコミュニケーションに対応するための日本語運用能力の在り方を明らかにし、それを踏まえて日本人自身の運用能力を伸ばすこと、の3点である。
168 山田（2001, pp. 29-33）によれば、1930年代から70年頃までは、大部分の外国映画が翻訳題名で公開されていたが、70年代からは、カタカナ題名が急速に普及した。80年代以降は、外国映画全体の半数以上がカタカナ題名となり、比較的高度な英語力なしには、題名の意味の理解が難しくなっている。
169 「新しい時代に応じた国語施策について」（1993年）では、言語生活における豊かで美しい言葉遣いのために、言葉の乱れを正し、緩やかな形で標準化を促そうとする狙いが窺える。画期的なことは、初めて「方言」を地域の文化として尊重したことである。しかし、全国的コミュニケーションの手段としては、依然として「共通語」を規範にしようとする意図が述べられ、その基盤に「国語教育」があるのは明らかである。
170 例えば、第5節1項でも言及したように、「グローバリゼーション」が世界的に拡張

してきたのは、「移行期」からだと考えられるが、日本においてこれが強く意識されだすのは、バブル崩壊後の「構造転換期」からであり、「グローバリゼーション（グローカリゼーション）」は図5で「構造転換期」に配置した。

171 ここでいう「自立」と「統制」とは、単に国家からの制約が加えられて、教育現場や教科書出版社の裁量権が、「拡大」するか「縮小」するのかを表しているにすぎない。当然、指導要領の制約が少なければ、各学校の自由裁量権は拡大し、相対的には「自立」した教育活動が展開できると考えられる。これと混合する恐れがある用語に、ブルデューも「自律性」（autonomy）という概念を使用しているので注意が必要である。

172 80年代にワイドショー的報道番組が成立し、政治の分野で、イメージ戦略化が定着しだしてきたことと大きく関係していて、芸能人やスポーツ選手が政治参入し、「政治」が大衆にとって娯楽化したことと繋がっている（大嶽、2003, pp. 225-227）。

173 この類の言語教育における音声主義は、歴史的に遡れば、18世紀後半からの産業革命、無線機から電話、蓄音機、テープレコーダー、ラジオにテレビなど19世紀から20世紀前半の電気革命と、それに象徴される音響メディアの変容など、資本主義発達の中で広がった現象である（吉見、1995）。

174 近年の教室ディスコース研究は、不透明な権力関係や儀式的慣習が生成する教室空間で、「実際に何が起き、何が為されているか」を動的に捉えることを目標としている（詳細はCollins, 1996; Cazden, 2001を参照）。

参考文献

Asikaga, M. (2003). A historical sketch of overseas study of the Japanese people. *Journal of Kyushu University of Health and Welfare, 4*, 41–49. Kyushu University.

東浩紀（2001）．『動物化するポストモダン：オタクから見た日本社会』講談社．

ボードリヤール，J.（1995）．『消費社会の神話と構造』（今村仁司・塚原史訳）．紀伊国屋書店．［原著：Baudrillard, J. (1970). *La société de consommation, ses mythes, ses structures.* Paris: Gallimard］．

Block, D. (2003). *The social turn in second language acquisition.* Washington, D. C.: Georgetown University Press.

ブルデュー，P.・パスロン，J. C.（1991）．『再生産：教育・社会・文化』（宮島喬訳）．藤原書店．［原著：Bourdieu, P., & Passeron, J. C. (1970). *La reproduction: Eléments pour une théorie du système d'enseignement.* Paris: Les Editions de Minuit］．

Brinton, D. M., Snow, M. A., & Wesche, M. (2003). *Content-based second language instruction.* Ann Arbor, MI: The University of Michigan Press.

Brown, H. D. (2000). *Principles of language learning and teaching* (4th ed.). New York: Pearson Education.

Calhoun, C. (1993). Habitus, field, and capital: The question of historical specificity. In C. Calhoun,

E. LiPima, & M. Postpne (Eds.), *Bourdieu: Critical perspectives* (pp.61–88). Chicago: The University of Chicago Press.

Canagarajah, A. S. (1993). Critical ethnography of a Sri Lankan classroom: Ambiguities in student opposition to reproduction through ESOL. *TESOL Quarterly* 27 (4), 601–626.

Canagarajah, A. S. (1999). *Resisting linguistic imperialism in English teaching*. Oxford: Oxford University Press.

Canale, M., & Swain, M. (1980). Theoretical bases of communicative approaches to second language teaching and testing. *Applied Linguistics*, 1 (1), 1–47.

Canale, M. (1983). From communicative competence to communicative language pedagogy. In J. C. Richards, & R. W. Schmidt (Eds.), *Language and communication* (pp.2–27). New York: Longman.

Candlin, C. N., & Mercer, N. (Eds.). (2001). *English language teaching in its social context*. London: Routledge.

姜尚中・吉見俊哉（2001）．『グローバル化の遠近法：新しい公共空間を求めて』岩波書店．

Cazden, C. B. (2001). *Classroom discourse: The language of teaching and learning* (2nd ed.). Portsmouth, NH: Heinemann.

Collins, J. (1993). Aspects of structural and processual theories of knowledge. In C. Calhoun, E. LiPima, & M. Postpne (Eds.), *Bourdieu: Critical perspectives* (pp.116–138). Chicago: The University of Chicago Press.

Collins, J. (1996). Socialization to text: Structure and contradiction in schooled literacy. In M. Shilverstein, & G. Urban (Eds.), *Natural histories of discourse* (pp.203–228). Chicago: The University of Chicago Press.

Crowley, T. (2003). *Standard English and the politics of language* (2nd ed.). New York: Palgrave Macmillan.

Crystal, D. (1997). *English as a global language.* New York: Cambridge University Press.

Dayan, D., & Katz, E. (1992). *Media events: The live broadcasting of history.* Harvard, MA: Harvard University Press.

Edensor, T. (2002). *National identiy, popular culture and everyday life.* Oxford: Berg.

Edwards, J. (1994). *Multilingualism.* New York: Routledge.

「英語オンリーの保育所、オープン」（2005 年 5 月 22 日）『四国新聞社』2005 年 10 月 23 日 http://www.shikoku-np.co.jp/ news/education/200505/20050522000052.htm より情報取得．

Ellis, R. (1994). *The study of second language acquisition.* Oxford: Oxford University Press.

Ellis, R. (2003). *Task-based language learning and teaching.* Oxford: Oxford University Press.

Ellis, R., & Barkhuizen, G. (2005). *Analysing learner language.* Oxford: Oxford University Press.

江利川春雄（1992）．「戦後の英語教科書にみる異文化理解の変遷」『日本英語教育史研究』第 7 号，113–145 頁．日本英語教育史学会．

江利川春雄（2002）．「英語教科書の 50 年」『英語教育』第 51 巻，第 3 号，27–36 頁．大修館書店．

Foley, A. W. (1997). *Anthropological linguistics: An introduction.* Malden, MA: Blackwell.
Graff, H. J. (1979). *The literacy myth: Literacy and social structure in the nineteenth-century city.* New York: Academic Press.
Halsey, A. H., Lauder, H., Brown, P., & Wells, A. S. (1997). *Education: Culture, economy, and society.* Oxford: Oxford University Press.
濱嶋朗・竹内郁也・石川晃弘（編）（2002）．『社会学小辞典』〔新版〕有斐閣．
羽鳥博愛（1996）．「英語教育観の変遷」『国際化の中の英語教育』（7–29頁）．三省堂．
Heath, S. B. (1982). What no bedtime story means: Narrative skills at home and school. *Language in Society*, 11 (1), 49–76.
平泉渉・渡部昇一（1995）．『英語教育大論争』文藝春秋．
平川洌（1995）．『カムカムエヴリバディ：平川唯一と「カムカム英語」の時代』日本放送出版協会．
広田照幸（1998）．「〈子どもの現在〉をどう見るか」『教育社会学研究』第63集，5–22頁．日本教育社会学会．
堀切勝之（2004）．「戦後我が国の教育政策について—中央教育審議会等と歴史事情の素描（その一）—」『教育論叢』第16巻，第1号，17–37頁．近畿大学教職教育部．
堀内克明（1988）．「評価すべきかな英会話最新事情」『知識』第84号（1988年12月号），150–157頁．彩文社．
Howatt, A. P. R., & Widdowson, H. G. (2004). *A history of English language teaching* (2nd ed.). Oxford: Oxford University Press.
福井保（1969）．「戦後の英語教育」日本の英学100年編集部（編）『日本の英学100年：昭和編』（335–345頁）．研究社．
船橋洋一（2000）．『あえて英語公用語論』文藝春秋．
藤田武志（2003）．「戦後日本の受験社会の変遷に関する社会学的考察」『上越教育大学研究紀要』第22巻，第2号，475–491頁．上越教育大学．
Hymes, D. (1972). On communicative competence. In J. B. Pride, & J. Holmes (Eds.), *Sociolinguistics* (pp.269–293). Harmondsworth, UK: Penguin.
伊ヶ崎暁生（1974）．「戦後教育の展開」宮原誠一・丸木政臣・伊ヶ崎暁生・藤岡貞彦（編）『資料　日本現代教育史1』（2–12頁）．三省堂．
今井裕之（2004）．「学習指導要領の分析に基づく、中学校英語教育のコミュニケーション観の批判的考察」『言語表現研究』第20号，41–52頁．兵庫教育大学言語表現学会．
稲村松雄（1976）．『学習活動と言語活動』開隆堂．
伊藤明美（1994）．「民間語学学校における外国人英会話講師の指導上の特徴と問題点」『藤女子大学・藤女子短期大学紀要，第1部』第31号，31–50頁．藤女子大学．
岩木秀夫（2004）．『ゆとり教育から個性浪費社会へ』筑摩書房．
岩田一男（1961）．『英語に強くなる本：教室では学べない秘法の公開』光文社．
Jenkins, J. (2003). *World Englishes: A resource book for students.* London: Routledge.
Kachru, B. B. (Ed.). (1992). *The other tongue: English across cultures* (2nd ed.). Urbana, IL: University of Illinois Press.

加賀野井秀一（1995）．『20世紀言語学入門―現代思想の原点』講談社．
苅谷剛彦（1995）．『大衆教育社会のゆくえ：学歴主義と平等神話の戦後史』中央公論社．
苅谷剛彦（2003）．「教育における階層格差は拡大しているか―社会的セーフティネットとしての公教育の政策課題」樋口美雄・財務省財務総合政策研究所（編著）『日本の所得格差と社会階層』（129–143頁）．日本評論社．
加藤正秀（1993）．「英語イマージョン・プログラムの発足―教育革新の流れのなかで―」『富士フェニックス論叢』第1号，151–161頁．富士フェニックス短期大学．
川端末人（1986）．「歴史的展望による帰国子女教育問題」東京学芸大学海外子女教育センター『国際化時代の教育：帰国子女教育の課題と展望』（12–31頁）．創元社．
川渕洋美（2001）．「戦後初期におけるNHKラジオ英会話―平川唯一とカムカム英語―」*Immaculata*, 第5号，13–23頁．ノートルダム清心女子大学英語英米文学研究会．
川口格昭（1988）．「公立小学校における外国人英語指導助手導入の考察」『東海大学紀要外国語教育センター』第9号，101–107頁．東海大学外国語教育センター．
川澄哲夫（1978）．「英語科廃止の急務」川澄哲夫（編著）『資料日本英学史2：英語教育論争史』大修館書店．
木村好美（1999）．「予備校の社会史―予備校の"全国展開"がもたらしたもの―」『奈良女子大学文学部教育文化情報学講座年報』第3号，83–92頁．奈良女子大学文学部人間行動科学科教育文化情報学講座．
小林仁司（1991）．「国際化と新学習指導要領」『岡山商大論叢』第27号，第1巻，79–94頁．岡山商科大学学会．
小泉仁（2000）．「学習指導要領における英語教育観の変遷」『現職教員の教育研修の実態と将来像に関する総合研究』118–154頁．平成12年度科学研究費補助金基盤研究研究報告書．
小谷敏（1998）．『若者たちの変貌―世代をめぐる社会学的物語』世界思想社．
小山美香（2002.2.5）．「加熱する幼児向け英語ブーム」『エコノミスト』2005年2月5日号，52–53頁．毎日新聞社．
Koyama, W. (2004). Honorifics in critical-historic pragmatics: The linguistic ideologies of modernity, the national standard, and modern Japanese honorifics. *Journal of Pragmatics*, 36, 2023–2054.
Koyama, W. (2005). A historical drift of culture and communication: A social semiotic shift in linguistic theories and language teaching from the medieval culture of the written "There and Then" to the modern culture of speaking "Here and Now" — Part II (the early-to-mid 20th century).『異文化コミュニケーション論集』第3号，23–39頁．立教大学大学院異文化コミュニケーション研究科．
子安宣邦（1994）．「「国語」は死して「日本語」は生れたか」『現代思想』第22巻，第9号（1994年8月号），122–138頁．青土社．
Krashen, S. D., & Terrell, T. D. (2000). *The natural approach: Language acquisition in the classroom.* Harlow, UK: Longman.
ラミス，D.（1976）．『イデオロギーとしての英会話』（斎藤靖子訳）晶文社．
Lash, S. (1993). Pierre Bourdieu: Cultural economy and social change. In C. Calhoun, E. LiPima, &

M. Postpne (Eds.), *Bourdieu: Critical perspectives* (pp.193–211). Chicago: The University of Chicago Press.
イ・ヨンスク（1996）.『「国語」という思想：近代日本の言語認識』岩波書店.
Lightbown, P. M., & Spada, N. (1999). *How languages are learned* (2nd ed.). Oxford: Oxford University Press.
Littlewood, W. (1989). *Communicative language teaching.* Cambridge: Cambridge University Press.
Lowenberg, P. H. (2000). Non-native varieties and the sociopolitics of English proficiency assessment. In J. K. Hall, & W. G. Eggington (Eds.), *The sociopolitics of English language teaching* (pp.67–85). London: Multilingual Matters.
Macedo, D., Dendrinos, B., & Gounari, P. (2003). *The hegemony of English.* Boulder, CO: Paradigm Publishers.
間庭充幸（1997）.『若者犯罪の社会文化史：犯罪が映し出す時代の病像』有斐閣.
松下和夫（2000）.『環境政治入門』平凡社.
McConnell, D. (2000). *Importing diversity: Inside Japan's JET program.* Berkeley, CA: University of California Press.
McLuhan, M., & Powers, B. R. (1989). *The global village: Transformations in world life and media in the 21st century.* New York: Oxford University Press.
メイ, J. L.（2005）.『批判的社会語用論入門：社会と文化の言語』（小山亘訳）. 三元社.［原著：Mey, J. L. (2001). *Pragmatics: An introduction* (2nd ed.). Oxford: Blackwell］.
道場親信（2004）.「社会運動の歩あゆみ―世界システムへの挑戦者たち」大畑裕嗣・成元哲・道場親信・樋口真人（編）『社会運動の社会学』（235-250頁）. 有斐閣.
道場親信（2005）.『占領と平和：〈戦後〉という経験』青土社.
三宅晶子（2003）.「「心のノート」のテキスト・イメージの分析：子どもの内面から服従を作り出していく国定教材」『現代思想』第31巻, 第4号,（2003年4月号）, 122-138頁. 青土社.
宮本みち子（2004）.『ポスト青年期と親子戦略：大人になる意味と形の変容』勁草社.
水越伸（1997）.「テレビの登場と視聴者文化」吉見俊哉・水越伸（著）『メディア論』（128-138頁）. 放送大学教育振興会.
文部科学省（2001）.『小学校英語活動実践の手引』開隆堂.
文部科学省（2002）. *Handbook for team-teaching* (Rev. ed.). ぎょうせい.
文部科学省（2003）.『「英語が使える日本人」の育成のための英語教員研修ガイドブック』開隆堂.
文部省調査局（1962）.『日本の成長と教育：教育の展開と経済の発達』帝国地方行政学会.
中村浩子（1999）.「公教育離脱の選択に見る二つの私事化―インターナショナル・スクール選択家庭の事例から―」『教育社会学研究』第65集, 5-23頁. 日本教育社会学会.
中村敬（2004）.『なぜ「英語」が問題なのか？―英語の政治・社会論』三元社.
成元哲（2004）.「なぜ人は社会運動に関わるのか―運動参加の承認論的展開」大畑裕嗣・成元哲・道場親信・樋口真人（編）『社会運動の社会学』（235-250頁）. 有斐閣.
Newmeyer, J. F. (1988). *The politics of linguistics.* Chicago: University of Chicago Press.

「2007年度から小6と中3対象、全国学力テスト…文科省方針」(2005年8月26日).『読売新聞』2005年10月23日 http://www.yomiuri.co.jp/kyoiku/news/20050826ur02.htm より情報取得.

野口裕二・中山和弘(2001).「保険医療の思想・文化―近代医療を越えて―」山崎喜比古(編)『健康と医療の社会学』(217-236頁). 東京大学出版会.

野村昌二(2002).「お子さま争奪託児所バトル：携帯も英語も、少子化だからこそ」『アエラ』第15巻, 第7号, 38-40頁. 朝日新聞社.

Norton, B., & Toohey, K. (Eds.). (2004). *Critical pedagogies and language learning*. Cambridge: Cambridge University Press.

沼口博(1995).『学校教育と経済発展―学歴・教育・訓練と日本的特質』学文社.

小熊英二(2002).『〈民主〉と〈愛国〉：戦後日本のナショナリズムと公共性』新曜社.

大嶽秀夫(2003).『日本型ポピュリズム：政治への期待と幻滅』中央公論新社.

大嶽秀夫(2007).『新左翼の遺産―ニューレフトからポストモダンへ』東京大学出版会.

大津由紀雄(2004).『小学校での英語教育は必要か』慶應義塾大学出版会.

大塚英志(2004).『「おたく」の精神史―1980年代論』講談社.

大矢一人(1994).「占領期地方教育改革に関する軍政部教育担当係官協議会の分析」『藤女子大学・藤女子短期大学紀要, 第1部』第31号, 51-77頁. 藤女子大学.

岡出清典(1999).「日本人の海外旅行者数の推移についての一考察」『道都大学短期大学部紀要』第35号, 29-36頁. 道都大学短期大学部.

Olsen, J. W-B., & Kagan, S. (1992). About cooperative learning. In C. Kessler (Ed.), *Cooperative language learning: A teacher's resource book* (pp. 1–30). Upper Saddle River, NJ: Prentice Hall Regents.

Pennycook, A. (1989). The concept of method, interested knowledge, and the politics of language teaching. *TESOL Quarterly*, 23 (4), 589–618.

Pennycook, A. (1998). *English and the discourses of colonialism*. New York: Routledge.

Pennycook, A. (2000). The social politics and the cultural politics of language classrooms. In J. K. Hall, & W. G. Eggington (Eds.), *The sociopolitics of English language teaching* (pp.89–103). London: Multilingual Matters.

Pennycook, A. (2001). *Critical applied linguistics: A critical introduction*. London: Lawrence Erlbaum Associates.

Phillipson, R. (1992). *Linguistic imperialism*. Oxford: Oxford University Press.

Richards, J. C., & Rodgers, T. S. (2001). *Approaches and methods in language teaching* (2nd ed.). Cambridge: Cambridge University Press.

Roberts, C. (2001). Language acquisition or language socialization in and through discourse?: Towards a redefinition of the domain of SLA. In N. C. Candlin, & N. Mercer (Eds.), *English language teaching in its social context* (pp.108–121). London: Routledge.

Robertson, R. (1992). *Globalization: Social theory and global culture*. London: Sage.

Robins, H. R. (1990). *A short history of linguistics* (4th ed.). Harlow, UK: Pearson Education.

Roszak, T. (1995). *The making of a counter culture: Reflections on the technocratic society and its youthful*

opposition. Berkeley, CA: University of California Press.
斉藤貴子（2005）．『日本の英語教育における英語観：政府・文部科学省英語教育政策の批判的談話分析』立教大学大学院異文化コミュニケーション研究科修士論文［未刊行］．
斎藤貴男（2004）．『教育改革と新自由主義』子どもの未来社．
真田信治（1991）．『標準語はいかに成立したか―近代日本語の発展の歴史』創拓社．
佐藤あずさ（2004）．『日本通訳産業研究：ザ・ディレクトリー』早稲田大学大学院アジア太平洋研究科博士論文［未刊行］．
Scollon, R., & Scollon, S. W. (2001). *Intercultural communication*. Oxford: Blackwell.
嶋津拓（2001）．「海外の日本語教育に対する支援の現状と展望」『Science of humanity：人文学と情報処理』第33号，27–32頁．勉誠出版．
志水宏吉（2002）．「学校世界の多文化化：日本の学校はどう変わるか」宮島喬・加納弘勝（編）『変容する日本社会と文化』（62–92頁）．東京大学出版会．
汐見稔幸（1994）．「企業社会と教育」坂野潤治・宮地正人・高村直助・安田浩・渡辺治（編）『シリーズ4日本近現代史：戦後改革と現代社会の形成』（289–330頁）．岩波書店．
Street, B. V. (1984). *Literacy in theory and practice*. Cambridge: Cambridge University Press.
「小学校授業時間、30年ぶり増、高学年は英語も　中教審」（2007年8月30日）．『読売新聞』2007年9月16日 http://news.goo.ne.jp/article/asahi/life/K2007083003500.html?fr=rk より情報取得．
絓秀美（2003）．『革命的な、あまりに革命的な：「1968年の革命」史論』作品社．
鈴木英一（1983）．『日本占領と教育改革』勁草社．
武田徹（1995）．「『日米会話手帳』というベストセラー」朝日新聞社（編）『「日米会話手帳」はなぜ売れたか』（11–21頁）．朝日新聞社．
谷村綾子（2004）．「中央教育審議会答申を中心にみた戦後日本教育改革の課題―占領下での教育改革から昭和46年中教審答申まで―」『京都大学大学院教育学研究科紀要』第50号，317–329頁．京都大学大学院教育学研究科．
田崎清忠（1965）．『英会話のすすめ（上・下）』講談社．
Taylor, C. (1994). The politics of recognition. In A. Gutmann (Ed.), *Multiculturalism: Examining the politics of recognition* (pp.25–73). Princeton, NJ: Princeton University Press.
Thorne, S. L. (2000). Second language acquisition theory and the truth(s) about relativity. In J. P. Lantolf (Ed.), *Sociocultural theory and second language learning* (pp. 219–244). Oxford: Oxford University Press.
Tollefson, J. W. (2000). Policy and ideology in the spread of English. In J. K. Hall, & W. G. Eggington (Eds.), *The sociopolitics of English language teaching* (pp.7–21). London: Multilingual Matters.
Tollefson, J. W. (Ed.). (2002). *Language policies in education: Critical issues*. Mahwah, NJ: Lawrence Erlbaum Associates.
富岡多恵子（1983）．『「英会話」私情』集英社．
鳥飼玖美子（2001）．「現代における通訳の意味と通訳教育の重要性」『Science of humanity：人文学と情報処理』第33号，20–26頁．勉誠出版．

鳥飼玖美子（2002）．『TOEFL・TOEIC と日本人の英語力：資格主義から実力主義へ』講談社．
津田幸男（2003）．『英語支配とは何か―私の国際言語政策論』明石書店．
上野田鶴子（1987）．「世界に広がる日本語教育」『国文学：解釈と教材の研究』第 32 巻，第 14 号，60–65 頁．学灯社．
上野千鶴子（編）（2001）．『構築主義とは何か』勁草書房．
上田勝美（1987）．「教育改革と教育の理念―臨教審第一次・第二次答申との関連で―」『龍谷法学』第 19 巻，第 4 号，27–50 頁．龍谷大学法学会．
烏賀陽弘道（2005）．『J ポップとは何か―巨大化する音楽産業―』岩波書店．
アンガー，M. J.（2001）．『占領下日本の表記改革：忘れさられたローマ字による教育実験』（奥村睦世訳）三元社．［原著：Unger, M. J. (1996). *Literacy and script reform in occupation Japan: Reading between the lines.* New York: Oxford University Press］．
Vogel, E. F. (1979). *Japan as number one: Lessons for America.* London: Harvard University Press.
吉田文和（2004）．『循環型社会：持続可能な未来への経済学』中央公論新社．
和田秀樹（2004.10）．「TOEIC はなぜ英検に勝った：世界中のテストを牛耳る団体「ETS」の正体」『文芸春秋』第 82 巻，第 14 号，317–323 頁．文藝春秋．
和田稔（2004）．「小学校英語教育、言語政策、大衆」大津由紀夫（編著）『小学校での英語教育は必要か』（112–128 頁）．慶應義塾大学出版会．
Wilkins, D. A. (1976). *Notional syllabuses: A taxonomy and its relevance to foreign language curriculum development.* London: Oxford University Press.
Williams, M., & Burden, R. L. (1997). *Psychology for language teachers: A social constructivist approach.* Cambridge: Cambridge University Press.
山田雄一郎・難波恭子（1999）．「外来語批判―最近 50 年間の新聞資料の検討―」『広島修大論集（人文編）』第 40 巻，第 1 号，143–181 頁．広島修道大学人文学会．
山田雄一郎（2001）．「外国映画題名のカタカナ表記について―変遷とその社会的意味―」『広島修大論集（人文編）』第 41 巻，第 2 号，1–52 頁．広島修道大学人文学会．
山口誠（2001a）．「メディアの編成、知の編成―初期放送における「英語」と「国語」の節合過程と二つの「共通語」の政治学―」『思想』2001 年 1 月号，41–63 頁．岩波書店．
山口誠（2001b）．『英語講座の誕生：メディアと教養が出会う近代日本』講談社．
山内圭（1999）．「幼稚園・保育園での英語教育の取り組みについて（1）」『新見公立短期大学紀要』第 20 巻，183–198 頁．新見公立短期大学．
矢野眞和（2000）．「グローバリゼーションと教育」『教育社会学研究』第 66 集，5–19 頁．日本教育社会学会．
安田敏朗（1999）．『〈国語〉と〈方言〉のあいだ―言語構築の政治学』人文書院．
山住正己（1987）．『日本教育小史―近・現代―』岩波書店．
「幼稚園から義務教育、延長幅 1 〜 2 年…政府、与党方針」（2006 年 1 月 1 日）．『読売新聞』2006 年 1 月 1 日 http://www.yomiuri.co.jp/kyoi ku/news/20060101ur02.htm より情報取得．
吉見俊哉（1995）．『「声」の資本主義；電話・ラジオ・蓄音機の社会史』講談社．

吉見俊哉（2000）．『カルチュラル・スタディーズ』岩波書店．
吉見俊哉（2001a）．『知の教科書：カルチュラル・スタディーズ』講談社．
吉見俊哉（2001b）．「「アメリカ」を欲望／忘却する戦後：「基地」と「消費」の屈折をめぐって」『現代思想』第29巻，第9号（2001年7月臨時増刊号），44–63頁．青土社．
「ゆとり教育見直し、秋までに基本方向…中教審に要請」（2005年2月11日）．『読売新聞』2005年10月23日 http://www.yomiuri.co.jp/kyoiku/news/20050216ur03.htm より情報取得．

参考資料

米国教育使節団（1946）．「米国教育使節団報告書（第一次）」「戦後日本教育史料集成」編集委員会『戦後日本集成教育史料　第一巻』(84–116頁)．蒼人社．
中央教育審議会（1957）．「科学技術教育の振興方策について」教育事情研究会（編）『中央教育審議会答申総覧（増補版）』(49–60頁)．ぎょうせい．
中央教育審議会（1966）．「後期中等教育の整備拡充について」教育事情研究会（編）『中央教育審議会答申総覧（増補版）』(135–159頁)．ぎょうせい．
中央教育審議会（1971）．「今後における学校教育の総合的な拡充整備のための基本的施策について」教育事情研究会（編）『中央教育審議会答申総覧（増補版）』(181–267頁)．ぎょうせい．
中央教育審議会（1974）．「教育・学術・文化における国際交流について」2008年11月5日 http://www.mext.go.jp/b_menu/shingi/12/chuuou/toushin/740501.htm より情報取得．
中央教育審議会（1996）．「21世紀を展望した我が国の教育の在り方について（第一次答申）」2005年10月22日 http://www.mext.go.jp/b_menu/shingi/12/chuuou/toushin/960701.htm より情報取得．
中央教育審議会（1997）．「21世紀を展望した我が国の教育の在り方について（第二次答申）」2005年10月22日 http://www.mext.go.jp/b_menu/shingi/12/chuuou/toushin/970606.htm より情報取得．
中央教育審議会（2002）．「新しい時代における教養教育の在り方について」2005年10月22日 http://www.mext.go.jp/b_menu/shingi/chukyo/chukyo0/toushin/020203.htm より情報取得．
中央教育審議会（2003）．「新しい時代にふさわしい教育基本法と教育振興基本計画の在り方について」2005年10月22日 http://www.mext.go.jp/b_menu/shingi/chukyo/chukyo0/toushin/030301.htm より情報取得．
経済審議会（1963）．「経済発展における人的能力開発の課題と対策」
「21世紀日本の構想」懇談会（2000）．「日本のフロンティアは日本の中にある―自立と協治で築く新世紀―」2005年10月15日 http://www.kantei.go.jp/jp/21century/houkokusyo/index1.html より情報取得．

国語審議会（1993）．「新しい時代に応じた国語施策について」2005 年 11 月 10 日 http://www.bunka.go.jp/kokugo/frame.asp?tm=20051112003037 より情報取得．

国語審議会（2000）．「国際社会に対応する日本語の在り方」2005 年 11 月 11 日 http://www.mext.go.jp/b_menu/shingi/12/kokugo/toushin/001217.htm より情報取得．

教育改革国民会議（2000）．「教育改革国民会議報告―教育を変える 17 の提案―」2005 年 10 月 22 日 http://www.kantei.go.jp/jp/kyouiku/ houkoku/1222report.html より情報取得．

教育課程審議会（1976）．「小学校、中学校及び高等学校の教育課程の基準の改善について（答申）」教育課程研究会（文部省小学校教育課内）（編）『教育課程審議会の答申―〔付〕座談会・関係資料―』（39–84 頁）．ぎょうせい．

教育課程審議会（1987）．「幼稚園、小学校、中学校及び高等学校の教育課程の基準の改善について（答申）」『教育』1988 年 2 月増刊号，第 38 巻，第 3 号，120–164 頁．国土社．

教育課程審議会（1998）．「幼稚園、小学校、中学校、高等学校、盲学校、聾学校及び養護学校の教育課程の基準の改善について」2005 年 10 月 22 日 http://www.mext.go.jp/b_ menu/shingi/12/kyouiku/ toushin/98　0703.htm より情報取得．

文部省（1945）．「新日本建設の教育方針」「戦後日本教育史料集成」編集委員会『戦後日本集成教育史料　第一巻』（121–122 頁）．蒼人社．

文部省（1946）．「新教育指針」「戦後日本教育史料集成」編集委員会『戦後日本集成教育史料　第一巻』（130–200 頁）．蒼人社．

文部科学省（2002）．「確かな学力の向上のための 2002 アピール『学びのすすめ』」2005 年 10 月 22 日 http://www.mext.go.jp/b_menu/houdou/14/01/020107.htm より情報取得．

文部科学省（2002）．『「英語が使える日本人」の育成のための戦略構想』2005 年 10 月 22 日 http://www.mext.go.jp/b_menu/shingi/chousa/shotou/020/sesaku/020702.htm より情報取得．

文部科学省（2003）．「OECD 生徒の学習到達度調査（PISA）2003 年調査国際結果の要約」．2005 年 10 月 22 日 http://www.mext.go.jp/b_menu/toukei/001/04120101.htm より情報取得．

文部科学省（2003）．「学習指導要領の一部改正」2005 年 10 月 22 日 http://www.mext.go.jp/ b_menu/shuppan/sonota/990301.htm より情報取得．

文部科学省（2003）．『「英語が使える日本人」の育成のための行動計画』2005 年 10 月 22 日 http://www.mext.go.jp/b_menu/houdou/15/03/03033102.pdf より情報取得．

文部科学省（2004）．「小学校英語活動実施状況調査結果概要（平成 16 年度）集計」2005 年 10 月 23 日 http://ww w.mext.go.jp/b_menu/shingi/chukyo/chukyo3/ siryo/015/05071201/005/003.htm より情報取得．

文部科学省（掲載日不詳）．「学習指導要領」2005- 年 11 月 15 日 http://www. nicer.go. jp/guideline/old/ より情報取得．

日本経営者団体連盟（1952）．「新教育制度の再検討に関する要望」宮原誠一・丸木政臣・伊ヶ崎暁生・藤岡貞彦（編）『資料　日本現代教育史 2』（96 頁）．三省堂．

日本経営者団体連盟（1954）．「当面教育制度改善に関する要望」宮原誠一・丸木政臣・伊ヶ崎暁生・藤岡貞彦（編）『資料　日本現代教育史 2』（97 頁）．三省堂．

日本経営者団体連盟（1956）．「新時代の要請に対応する技術教育に関する意見」宮原誠一・丸木政臣・伊ヶ崎暁生・藤岡貞彦（編）『資料　日本現代教育史2』(98–100頁)．三省堂．

日本経営者団体連盟（1957）．「科学技術教育振興に関する意見」宮原誠一・丸木政臣・伊ヶ崎暁生・藤岡貞彦（編）『資料　日本現代教育史2』(101頁)．三省堂．

臨時教育審議会（1988）．『教育改革に関する答申（第一次〜第四次）』大蔵省印刷局．

青少年問題審議会（1979）．「青少年と社会参加」総務庁青少年対策本部（編）『青少年の健全育成をめざして―青少年問題審議会10年の歩み―』(143–188頁)．大蔵省印刷局．

総理府青少年対策本部(1979)．『非行原因に関する総合的調査研究』総理府青少年対策本部．

第3章 英語教科書登場人物とは誰か？：
「教育」と「コミュニケーション」のイデオロギー的交点

榎本剛士

1. はじめに

　本章を始めるにあたり、本書においてこれまでに記述されてきたことを簡潔に確認しておきたい。

　まず、第1章では、英語教育に関する言説において、その「モデル」としての内実があまり批判的に考察されることなく使われているように見受けられる、「コミュニケーション」という概念について、理論的整理、および、より包括的な枠組の提示を行った。具体的には、(1) サイバネティクスの意味論的なモデル (すなわち、今日の英語教育の基盤にあるように思われるモデル)、(2) ヤコブソンの (プラハ構造主義の) 6機能モデル、そして (3) 現代言語人類学に代表される出来事モデル、以上3つのコミュニケーション・モデルについて、概説的な導入を行った。すでに明らかなように、(1) において中核をなすものは、脱コンテクスト化された体系としての「コード (＝文法)」であった。そして、(2) においては「メッセージ」、そしてそれが持つ「機能」と、「(詩的機能による) テクスト化」のプロセスへ機軸がずらされ、さらに (3) にまで至ると、社会文化史的な「場」で起こる (偶発的な) 出来事として、すなわち、相互行為の中心である「オリゴ」を基点としてなされる、前提的・創出的な「コンテクスト化 (コンテクストの指標)」、そして、そのことを通じて起こる「テクスト化」、このようなプロセスの総体として、「コミュニケーション」が理解されるようになる。この「出来事モデル」の根底

には、「指標性（＝オリゴからの近接性）」や「類像性」、「象徴性」といった記号論的原理があり、その原理は、コミュニケーションのみならず、文法、そして社会言語空間全体に通底するものであることが、第1章全体を通じて、明確となったであろう。

　第2章においては、戦後日本における（政策や教授法を含む）英語教育、および英語（英会話）産業の流れを、政治、経済、教育、大衆文化といったマクロ社会文化史的要素との絡み合いの内に読み直すことが試みられた。そこから浮かび上がってきたことは、英語教育、また、「英語」にまつわる言説は、決して、それだけで独立して（すなわち、脱コンテクスト化した形で）存在することができるものではなく、常に社会文化的コンテクストを前提として生起する、という確固たる事実である。そして、このことがまた示唆することは、今日の英語教育に関する言説の中であたかも「自明」であるかのように語られる「コミュニケーション」という文句さえも、歴史的、社会文化的コンテクストに根ざした形で生起している、ということであろう。

　さて、これまでの章の中で十全に行われた、包括的な理論的枠組の提示、および、マクロ社会文化史的分析に続いて、本章が目指すことは、「英語教科書」という、実際に教室に入ってゆくことができる具体物（text artifact）も、社会文化的コンテクストを指し示すものであることを示す、この1点である。

　本章においては、まず、これまでになされてきた「英語教科書題材論」を手掛かりとして、戦後の英語教科書の題材の変遷を簡単に確認したのち、2002年度版の中学英語教科書を、登場人物間のやりとりに着目して分析する。そして、分析の結果を、日本における教育改革の動向、具体的には、「新自由主義」と（それを補完する）「国家主義」に支えられた今日の教育改革が求める「人間像」に照らし合わせて考察することで、「実践的コミュニケーション」を指向する英語教科書の中にも、確実に、イデオロギー的操作の痕跡が見られることを明らかにすることを目指す。

　あえて言うならば、本章の目的は、「英語をどのようにして教えるか」という問いを一旦留保し、「（学校という制度的な「場」において）英語が教えられるとはいかなる社会的行為なのか」という観点から英語教育について考えるための、1つのきっかけを示すことである。誤解を避けるために付言しておくが、ここで筆者は、「英語をどのようにして教えるか」という問題設

定を否定しようとしているのではない。また、教科書出版社や執筆者をただ闇雲に批判しようとしているのでもなく、況や、教科書に見られるイデオロギー的操作に対して、教室における実践が全く無力であると主張したい訳でもない(むしろ、その逆である)。

しかし、「英語をどのようにして教えるか」という観点からのみによって語られる英語教育論が、結局、英語教育に関する偏った認識しか生み出さず(つまり、英語教育、およびそれに関する言説が投錨されている社会文化的コンテクストに関する批判的考察を欠き)、時に、英語教育の「全体」に対する我々の批判的な眼を覆い隠すものでさえある、ということは強く認識されるべきではないか。以上の点を読者とともに確認した上で、本章における議論を始める。

2. 戦後英語教科書の題材の変遷と題材批判：その概観と新たな視点の必要性

次節において、「(実践的)コミュニケーション」を前面に打ち出した英語教科書の分析を行うが、その準備段階として、本節では、戦後の英語教科書の題材の変遷、および、題材に対する批判を、極めて大雑把にではあるが、確認し、それを踏まえて、本章における問題意識の所在を明確にする。

(1) 戦後英語教科書題材論と題材批判

戦後の英語教科書の題材の変遷を一言で表すならば、それは、「題材における「国際化」の歴史であり、それはまた、アメリカ一辺倒主義の崩壊と日本人の主体的立場を重視した題材への移行の歴史であった」(江利川, 1992, p. 136)ということに集約されよう。江利川(1992)は、「登場人物(の nationality)」「主人公(の nationality)」「設定場所(＝課の舞台設定)」「国名・地名(の登場回数)」という分析項目を設定し、これらに関する計量的なデータを基盤として、各時代の社会的背景とも関連させながら、1949年度、1972–74年度、1981–82年度、1990–1992年度の英語教科書の題材を分析した。以下、江利川(1992)における包括的な論考を指針としながら、戦後の英語教科書の題材の変遷を追ってみよう。

1949年度、すなわち、敗戦後の国家再建の手本(モデル)としての「アメ

リカ像」が日本に強く存在した頃においては、アメリカが英語教科書の題材の中心となっていた (ibid., pp. 118–119)。アメリカ白人中産階級の家庭生活、学校生活、社会生活を題材とした、開隆堂の *Jack and Betty* は、当時絶大な人気を博した。「絶対に暗い話題を入れてはならない」という立場から、「豊かなアメリカ」「自由なアメリカ」が描き出され (紀平, 1988, p. 186)、そこに広がる明るい世界、物の豊かさに支えられた生活は、「憧れの生活」として、当時の生徒の心に焼き付けられたのである (岩本, 2002, p. 27)。

1972–74 年度になると、上記全ての分析項目において、依然アメリカが突出し続けるものの、日本および日本人が英語教科書に登場し、日本を舞台とした文学作品、民話も載せられるようになる (江利川, 1992, p. 120)。さらに進んで、1981–82 年度の教科書においては、アメリカ（人）の登場の割合が減少し、代わって日本（人）の登場の頻度が上昇する。日本人がアメリカで活動する場面設定が増加するのみならず、この時期の英語教科書においては、オーストラリアやカナダといった、英米以外の英語圏、そしてアジア、アフリカ、中南米諸国も登場する。江利川 (ibid., pp. 121–122) によれば、このことの背後には、1969 年以降に展開される資本輸出の自由化、1971 年のニクソン・ショックによるアメリカ経済の弱体化の表面化、および、1973 年のオイル・ショックに端を発する、国内市場の縮小と外国市場獲得に向けた日本の資本の動きといった、社会（経済）的要因が存在する。つまり、このような（社会・経済的）流れの中で、日本人の目は世界の各地に向けられ、それが英語教科書にも反映するようになったのである。

このような傾向は、1990–1992 年度使用の教科書にも継承され、そこにおいては、日本（人）の増加、アメリカ（人）の減少が引き続き観察されるだけでなく、アジア諸国の増加が顕著となる。すなわち、この頃になると、日本・日本人を中心に据え、英米のみならず、世界へと拡がる題材がより確固たる位置を獲得するに至るのである (ibid., pp. 122–123)。

上記を概括すると、英語教科書の題材の変遷は、日本経済の発展と対外進出に照応した形で展開する、「『異文化理解＝アメリカ理解』とする図式の崩壊」から、「日本人の積極的登場と『発信型』重視の教材」への移行を経て、「アジア・アフリカの登場と理解の深まり」、そして「少数民族の記述」の増加へ向かう流れとして、大体、把握することができよう (ibid., pp. 126–135, 137)。

以上、江利川 (1992) に則した形で、戦後の英語教科書の題材の変遷を概観したが、上に示した見解は、他の題材研究が導き出すところでもある。たとえば、Hino (1988)[1] は、戦後の英語教科書を 1964 年 (東京オリンピック開催年) で 2 つに時代区分し、その上で、64 年以前の教科書は、*Let's Learn English* に見られるように、極めて英米中心的であったが、64 年以降は日本においても文化の多様性が意識され始め、1986 年発行の英語教科書では、英米、ヨーロッパ、アジア、アフリカ、そして日本文化が、比較的バランスよく提示されているとしている。また、そのような変化の背後には、経済成長によって自らの文化や価値観に対する自信を回復した日本 (人) の姿があるということを指摘している (Hino, 1988, pp. 311–312)。

　また、青木 (1991) は、英語教科書における「題材は、それぞれの時代に、その教科を通じて何を教育しようとするのかの理念と切り離して考えることはできない」とし (ibid., p. 87)、昭和 20 ～ 40 年代の英語教科書における題材の変遷を、「戦後の新教育制度下における英米中心、あるいはアメリカ一辺倒の題材の時代を経由し、一層広い世界や身近さを取り入れた題材の時代」を迎えるものとしている (ibid., p. 107)。

　さらに八代 (1989) は、昭和 24 年から昭和 61 年までの中学校用検定済英語教科書約 30 冊を対象に、上に示したような流れを、「日米関係」に特化した形で見出している。以下、少し詳しく見てみよう。

　八代 (1989) によると、昭和 24 年版の *Jack and Betty* では、日米の交流は見られず、居間、食堂、キッチン、寝室、庭、冷蔵庫といった家庭の描写から、大都市の高層住宅、自動車、野球、クリスマス、コロンブス・デー、ワシントンの誕生日に至るまで、ただ一方的なアメリカ文化の紹介が行われている (ibid., pp. 132–133)。

　昭和 30 年代に至って、英語以外の外国語、および、アメリカ以外の外国が紹介され、"Japan" ということばが登場するようになるが、圧倒的なアメリカ文化重視であり、日本に対する無関心が依然として甚だしいことが指摘されている (ibid., pp.133–134)。

　そして昭和 40 年代に入ると (昭和 41 年版の *Standard Jack and Betty* では)、アメリカ人と日本人が直接会話する場面が描かれ、さらに昭和 40 年代後半になると、日本人としての健全な誇りと自信を持った日本人登場人物が出現する。しかし、アメリカと日本は未だ互角の関係に置かれず、アメリカに基

点が置かれた内容であった (ibid., pp. 135–139)。

ところが、昭和60年代に入ると、上記の構図が一変する。昭和61年に開隆堂より出版された *Sunshine English Course* においては、日本の家庭でホームステイをしながら、日本文化について学ぶアメリカ人生徒が登場し、日本人生徒との直接交流が描かれるのみならず、日本を基点として、(所謂) 第3世界へ、すなわち、日米関係を超えた、世界の国々へと関心が移行するのである (ibid., pp. 139–142)。

以上、八代 (1989) によって示された題材の変遷を簡潔にまとめると、昭和24年から昭和61年までの中学校用検定済英語教科書における日米関係は、昭和20年代に見られる「アメリカの一方的な紹介」、および、30年代の「(圧倒的なアメリカ重視であるが) アジアを含む世界への関心」から、40年代における「日本の場面設定」と「日本人としての健全な自信と誇りを持った日本人の登場」を経て、60年代における、アメリカ人が日本文化を学ぶという「日米関係の逆転」への流れを示す、ということになろう (上記、江利川 (1992) によって示されている題材の変遷とほぼ同一の流れがここでも指摘されていることに留意されたい[2])。

さて、ここまでに概観したように、戦後の英語教科書の題材の変遷には、一定の方向性が観察される訳だが、アメリカ一辺倒から文化的多様性への道をたどっているかのように見える題材の変化の中にも、特定のイデオロギーが存在していることが指摘されている。

たとえば、中村 (1985, p. 77) は、「国際理解は西側理解の枠を乗り越えなければ真の意味での国際理解とはならない」と警告を発し、表面的には多様性を帯びてきた英語教科書の題材の裏に潜む、「植民地主義」的な世界の構図を的確に指摘している。また、小林 (2001, 2003)、Kobayashi (2004)、および、中村 (2001, 2002) は、英語イデオロギーは言うまでもなく、「他者」、発展途上国、環境、ジェンダー、戦争、障害者を脱政治化した形で表象する題材を取り上げ、英語教科書に依然として潜む「植民地主義」を指摘しつつ、今日の英語教科書における題材の「政治的無意識」を鋭く批判している[3]。仲 (2006) においては、戦後の学習指導要領の変遷に焦点が当てられ、時代が進むにつれて国際英語の理念が導入されつつも、「ネイティヴ信仰」が未だ根強く残っていることが、実証的に示されている。

さらに、中村・峯村 (2004) は、「ファースト事件[4]」の当事者として、戦

争を「学習者に無縁なもの」として描くことの問題を指摘している (中村・峯村, 2004, p. 37, et passim)。同時に、教育への国家の不当な介入 (ibid., pp. 57–58)、また、当時の英語教育界における、「政治に目をつぶる」という体質を批判し (ibid., p. 39)、英語教科書そのものの政治性を正面から露呈させている。

英語教科書の登場人物に関する研究に目を向けると、教科書登場人物の接触場面に着目した高木 (2003) は、日本人から英語母語話者への発話量が圧倒的に多く、非英語母語話者と日本人との間の発話量が極端に少ないことを数量的に明らかにしている (ibid., p. 68)。また、Naka (2007) は、英語教科書の登場人物の出身地や扱われる言語・文化が多様化する中においても依然、登場人物が英語学習者として理想化 (idealized) されており、彼／女らが一枚岩的な言語観を持っていることを論証している。

このように、戦後の英語教科書が、着実に、言語的・文化的多様性に向けて歩を進めてきたことに疑いの余地はないと思われるが、そのような中においても、依然として根強く残っている「西洋中心主義」的、「植民地主義」的な題材の扱いに関して細心の注意を払う必要があることは、上に挙げた批判的研究が示す通りである。

(2) 本章における問題意識の所在

ここまで、戦後の英語教科書の題材の変遷を概観し、その上で、英語教科書に潜むイデオロギー批判を鋭く展開した研究を、いくつか紹介した。ここで、前項までに述べてきたことを、繰り返しを懼れず、確認しておきたい。すなわち、(1) 英語教科書における題材の変遷は、アメリカ一辺倒を脱し、世界の多様な国々・文化に目を向けると同時に、日本文化が前面に押し出されてゆく歴史であるが、(2) 表面的にはアメリカ一辺倒を脱したかに見えても、実際には植民地主義的な世界の捉え方が、依然として英語教科書に色濃く反映されている、以上のことが、前項において明確となったのではないだろうか。

しかし、上記の先行研究の功績と有効性を十分に認めた上で、これらの題材論、および題材批判に見られる、ある一定の偏向と、それに伴う限界を指摘したい。上に示したこれまでの題材論は、ほとんどが、英語教科書における題材を、西洋 (特に英米) と、(日本を含む) アジア諸国・発展途上国・文

化的マイノリティとの間の「支配 vs. 被支配」「平等 vs. 不平等」「優勢 vs. 劣勢」といった、権力構造的な枠組において（つまり、ヘゲモニー闘争として）問題化している。実際、このような枠組にある程度までの批判力があることは、（上に示した）これまでの題材研究、および題材批判において、十分に示されているところである。しかし、それは果たして、英語教育における題材批判の唯一の枠組なのだろうか。つまり、「実践的コミュニケーション」という理念を基盤とし、様々な国から来た登場人物が、（主に同年代の人々と）積極的にコミュニケーションを図る様子が描かれている今日の英語教科書においては、「西洋中心主義的な支配の構造を批判する」という単一の切り口のみで、教科書の題材に潜む（イデオロギー的）問題のすべてを扱うことは、極めて困難ではないか。このような問題意識から、本章は、研究対象を登場人物間のやりとりに特化し、登場人物が「何について」「どのように語っているか」を分析することで、登場人物の「人間性」に至り、そこから「西洋による支配の構造」に一気に飛躍するのではなく、英語教育を取り巻く「教育」というコンテクストを経由することによって、上に示した批判を引き継ぎつつも、英語教科書における題材研究・題材批判の新たな地平を切り開くことを目指すものである。

(3) 研究方法

　本章においては、近年特にメディア研究などの分野において日本でも認知されている、「批判的談話分析（Critical Discourse Analysis, CDA）」というアプローチを採用する。

　CDAの源流は、1970年代末期から80年代前半にかけて登場したCritical Linguistics（CL）にあるが、90年代になって、"CDA"という用語が定着した。CDAとは、一定の理論的モデルや方法論を持つ一つの学派といったものを指すのではなく、現代社会の不平等な力関係を内包した談話を批判的に分析するという認識のもとで発達してきた、（CLを含む）一連の談話研究、およびそのアプローチのことをいう（野呂・山下, 2001, p. 17; Wodak, 2001, p. 5）。すなわち、CDAとは、談話を批判的に分析することによって、一般に「常識」とされていたり、「正しい」とされていたりすることの背後に隠された前提や権力構造を明らかにすることを目的とした、"discourse analysis 'with an attitude'"（van Dijk, 2001, p. 96）である。

このような構えから、Kress (1991, p. 85) は、テクストの構造や生成過程、解釈の過程を、それらを支える権力構造とともに明らかにし、社会内の談話行動やテクストを脱自然化（denaturalize）することによって、言語・談話行動と、社会・政治的な権力や支配構造との間の入り組んだ関係を露呈させることを、CDA 実践者の目標として挙げている。また、Fairclough (1985, p. 753) は、談話がマクロ的構造の再生産にいかにして寄与しているのかという問いが、CDA の核心部にあるとしている。すなわち、支配的社会構造が、特定の談話の型の蓄積を通じて、意味の生産における権力やイデオロギーの影響を曖昧にし、自らを自然なもの、安定したもの、延いては前提化されたものにしていくプロセスを捉え、それを明るみに出すことが、CDA の大きな課題とされているのである (Wodak, 2001, p. 3)。

　このように、CDA は、談話によって表出し、かつ維持される社会的不平等を研究するアプローチである (Wodak, 2001, p. 2)。したがって、言語そのものではなく、社会・文化的プロセスや構造の言語的側面に関心を向け、なおかつ、（社会）問題を基盤とした (problem-based) アプローチであるということに、CDA の本懐が存在するといえよう (Fairclough, 2001, p. 125)。（CDA の問題点については、最終節で簡単に触れる。）

　上記、本章における問題意識、および CDA のアプローチに依拠し、次節以降、「実践的コミュニケーション能力の育成」を目標に掲げる 1998 年告示の学習指導要領に基づいて作成された、2002 年度版の中学英語教科書を、中学生登場人物が従事するコミュニケーション（会話、インタビューから、E メール、スピーチ、手紙までを含む）に焦点を当てて分析する。分析対象となる教科書は、平成 12 年度の検定を通過した 7 社中、採択占有率上位 5 社[5]による、以下の 15 冊である。

　　東京書籍　New Horizon: English Course 1~3（以下 NH）
　　開隆堂　　Sunshine: English Course 1~3（以下 SS）
　　三省堂　　New Crown: English Series 1~3（以下 NC）
　　学校図書　Total English 1~3（以下 TE）
　　教育出版　One World: English Course 1~3（以下 OW）

　分析の手順として、以下の項目を段階的に検証する。

a. 英語教科書における「中学生の英語コミュニケーション」の枠組

まず、教科書に描かれている、登場人物が従事するコミュニケーションの一般的な枠組を特定するため、以下の点について調査する。

- 登場人物の出身国
- 語られているトピック
- コミュニケーションに共通した展開のパタン

b. 語られているトピックに関する、登場人物の認識

この段階では、登場人物による発話内容に焦点を当て、語られているトピックが、彼／女らによってどのように認識されているかを明らかにする。

c. 上記 a. および b. が指し示す、登場人物の人間像

まず、上記2段階の分析結果を統合し、英語教科書に描き出されているコミュニケーションは、どのような人物による、どのような事柄に関しての、どのようなコミュニケーションかを明確化する。その上で、登場人物に内面化された価値観や態度を明らかにし、彼／女らの人間像を抽出する。

d. 今日の教育改革が求める人間像と登場人物の接合

本章における分析の最終段階として、新自由主義を基盤とする現在の教育改革が目指す人間像と、英語教科書の登場人物の特徴とが一致することを指摘し、そのことによって、中学英語教科書が、「登場人物」を媒介にして、「教育」というコンテクストを指し示す(指標する)ことを明らかにする。そして、最終的な結論として、「登場人物」という方法をふんだんに利用した、「コミュニケーション」を志向する英語教科書が描き出す世界(像)を浮き彫りにする。

上のような見取り図を設定し、以下、具体的な分析に入る。

3. 英語教科書登場人物は何を語り、何をしているのか：「コミュニケーション」のための教科書を分析する

　前節では、戦後の英語教科書の題材の変遷、および英語教科書の題材批判の論点を確認したうえで、本章における問題意識の所在を明確にした。本節においては、「実践的コミュニケーション」を理念として掲げる、1998年告示の学習指導要領に合わせて作成された2002年度版の中学英語教科書を、「登場人物（間）のコミュニケーション」に着目しながら、詳細に、かつ段階を追って分析する。

(1) 登場人物の出身国

　前節においてすでに明らかなように、戦後1950年代、60年代の中学校英語教科書に登場する人物は、アメリカ人が主流であった。しかし70年代には、アメリカに滞在する日本人、80年代になると、日本へホームステイするアメリカ人が描かれるようになり（淺川, 1996, p. 75）、数量的に見ても、50年代から90年代に進むにつれ、日本人登場人物の増加、アメリカ人登場人物の減少が見られると同時に、イギリスやオーストラリア等、アメリカ以外の英語圏、また、中南米やアジア出身の登場人物が多く現れるようになる（江利川, 1992, p. 12）。そのような流れを反映し、2002年度版の中学英語教科書に登場する中学生の出身国は、日本、アジア近隣諸国（中国・韓国）、「英語圏」[6]（アメリカ・イギリス・オーストラリア・カナダ）、アフリカ（ケニア）、また、中南米（メキシコ・ブラジル）である（表1）。すなわち、前節で述べたような、〈アメリカ一辺倒から、広く世界へ目を向けた題材へ〉と

表1　主な中学生登場人物の出身国

New Horizon (東京書籍)	Sunshine (開隆堂)	New Crown (三省堂)	Total English (学校図書)	One World (教育出版)
日本	日本	日本	日本	日本
アメリカ	中国	中国	ケニア	韓国
オーストラリア	ブラジル	ケニア	アメリカ	中国
	アメリカ	アメリカ		ブラジル
	カナダ	イギリス		メキシコ
		オーストラリア		アメリカ

いう日本の英語教育の（題材の）流れの延長線上に、2002年度版の英語教科書を位置づけても、差し支えはなかろう。つまり、今日の中学生が体験する英語コミュニケーションには、アメリカのみならず、世界の様々な地域からの（同年代の）人々が参加するということが、英語教科書において前提とされていることが窺える。

(2) 登場人物によって語られているトピック

では、前項で見たような、世界の様々な地域からの中学生は、何について語っているのだろうか。

江利川（2002, p. 36）が指摘するように、2002年度版英語教科書では、「環境問題、平和と人権、多文化共生、国際ボランティア」など、地球規模の視野を養う教材が大部分を占める。「登場人物によるコミュニケーション」（会話、インタビュー、スピーチ、手紙、日記など）という形で提示されるものに限ってみても、表2が示すように、所謂「日常会話」のみならず、「科学・技術」、「戦争・平和」、「公共・福祉」、「環境・共生」、「人間・言語・コミュニケーション」、「異文化理解・自文化紹介」など、「アメリカ文化の一方的な紹介」とは程遠い、多様なトピックに関して、登場人物が語（り合）っていることが分かる。

これを前項と関連づけると、今日の英語教科書においては、日本をはじめ、様々な国や地域から来た中学生登場人物たちが、上に述べたようなトピックに関して語る（語り合う）光景が描かれている、ということになる。

(3) コミュニケーションの展開のパタン

ここまでに、中学生登場人物の出身国、および、彼／女らのコミュニケーションのトピックについて言及したが、次に、本項においては、登場人物によるコミュニケーションを1つのプロセスとして捉え、前項で同定したトピックについて、どのような相互行為が行われているのかを明らかにしたい。

結論から言うと、2002年度版の英語教科書における、中学生登場人物のコミュニケーションは、トピックとなっている事物・事象に関して、(1)それらの独自性（独特の特徴）や他のものとの類似性、また、自文化や自分の意見・考えとの相違点・共通点、あるいは、それらに関する現状や問題点を

第3章 英語教科書登場人物とは誰か？ 207

表2 登場人物によるコミュニケーション（ダイアローグ、スピーチ、手紙・Eメール、日記など）のトピック

	New Horizon（東京書籍）	Sunshine（開隆堂）	New Crown（三省堂）	Total English（学校図書）	One World（教育出版）
科学・技術	インターネット (1-U7) コンピューター (2-U3)	Eメール@ (1-P8) 宇宙開発の歴史 (3-P10)	インターネット@ (2-L8)	インターネット (1-L6) インターネット (3-L1) NASA (3-L3)	科学者になる夢 (2-L5)
戦争・平和			地震 (2-L9) 原爆 (3-L3)		
公共・福祉	自転車置き場 (2-U5) バングラデシュの学校事情 (3-U3) 使用済み切手集め (3-U3) テレビゲームの影響 (3-U5)	自動販売機 (1-P4) マザー・テレサの活動 (2-P4) ボランティア (2-P5) 職業体験 (3-P8)	介助犬 (1-L8) 職業体験 (2-L3) 保育士になる夢 (2-L6) 飢餓問題 (3-L7) バリアフリー (3-L8)	ボランティア (1-L9) Food drive (2-L7) ボランティア (3-L5)	フリーマーケット (1-L7) 飢餓問題 (2-L5) カンボジアの日本人ボランティア (3-L6) 自動販売機 (3-L7)
環境・共生	リサイクル (3-U2)	リサイクル (1-P10) 資源・エネルギー節約 (1-P10) 森林と漁業の関係 (3-U9)	ナショナル・トラスト (1-L9) 美化デー (2-L3) ごみ問題 (2-L9) 環境破壊 (3-L7)	川の清掃 (2-L1) ごみ問題 (2-L9) 環境破壊 (3-L7)	動物愛護 (2-L7) 北海道の自然保護 (3-L3)
人間・言語・コミュニケーション	点字 (3-U1)	韓国人学生とのコミュニケーション (3-P2) 個人の独自性 (3-P6)	象形文字 (1-L2) 漢字 (1-L7) ケニアの言語 (2-L2) バングル (2-L3) 手話 (2-L4) イギリスの言語@ (2-L5)	スタビリ語 (1-L7) ボディ・ランゲージ (1-L7) 色を使った表現 (2-L3) コミュニケーションの基本 (3-L3)	スペイン語 (2-L1) 人間の共通性 (2-L8) 上海における英語 (3-L4) ジェスチャーの違い (3-L4)
異文化理解・自文化紹介	折り紙 (1-U4) オーストラリアの気候 (1-U9) クリケット (1-U9) 「カンガルー注意」の標識 (1-U9) ブルーマウンテン (1-U10) 南十字星 (1-U10) お正月 (U-U11) 中国の大仏 (2-U2) ベッドメイキング (2-U4) クリスマスカード (2-U6) 英語の落語 (3-U4) レイチェル・カーソン (3-U6)	建物の違い (1-P2) ものの数え方 (1-P6) 通学方法 (1-P7) クリスマスカード (1-P9) ヨセミテ国立公園 (2-P1) 応援のしかた (2-P2) クリスマスのエビフード (2-P7) 日本・イギリスの校舎 (2-P9) 歓迎テニス (2-P9) 箸置きテーマ (2-P11) オーストラリアのビーチの紙幣@ (2-P11) アメリカ・日本の学校 (3-P2) 韓国の祭り (3-P4) クラブラスマス (3-P5) 沖縄の歌 (3-P5)	けん玉、ビー玉 (1-L4) アメリカの学校 (1-L6) クラブ活動 (1-L1) 韓国の食事マナー (2-L4) イギリスの食事マナー（国・スポーツ）(2-L7) アイヌ (2-L7) 沖縄の民謡・踊り (3-L2) 茶道 (3-L5) ラネンツ (3-L5) ラクロス (3-L5)	ケニアの地理 (1-L5) エアーズ・ロック (1-L6) おせち (1-L10) 自由の女神 (1-L11) 大井川のSL (2-L1) 上野公園の花見 (2-L2) 香港の地理・歴史 (2-L5) ロンドンの地下鉄 (2-L5) バッキンガム宮殿 (2-L5) 感謝祭 (2-L7) アメリカのテーマ・映画 (2-L10) アンコールワット遺跡 (3-L4) アメリカのシエスタ (3-L4) マチュピチュ遺跡 (3-L4) インドの食事マナー@ (3-L4) インドの慣習 (3-L4)	犬 (1-L2) 日本の学校の時間割表 (1-L2) 部活動 (1-L3) 寿司 (1-L10) アメリカの通学方法 (1-L5) ブーブの学校 (1-L5) 鎌倉見物 (1-L8) アメリカの食べもの、日系人・企業 (1-L10) アメリカの学校@ (2-L1) 千羽鶴 (2-L3) アメリカのテーマ (2-L4) 折り紙 (2-L4) アメリカ (2-L6) おすし (2-L8) 中国の楽器 (3-L1) 韓国の食器 (3-L1) 日本の和室 (3-L1) 日韓の食事マナー (3-L1) 沖縄の友人、踊り、家並み (3-L2) 上海・横浜の姉妹都市関係 (3-L4)

※ 括弧内は学年・課（U=Unit, L=Lesson, P=Program）、@はEメール上でやりとりされるトピックを示す。
※ NC2, Lesson 5における「イギリスの［国］・スポーツ」は、コミュニケーションに関するEメール上のやりとりであるが、メッセージの送信・返信という形で扱われているため、ダイアローグ扱いとした。

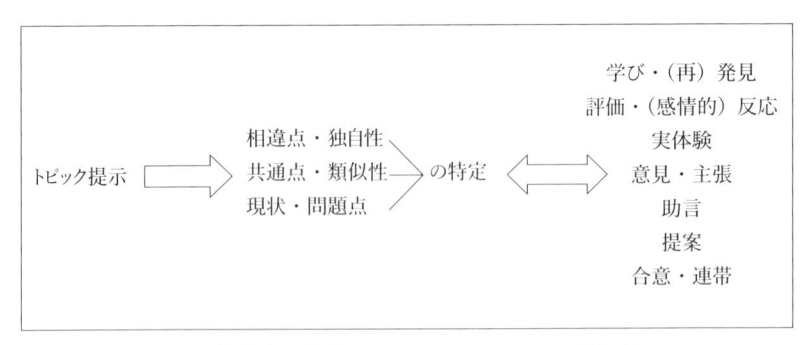

```
┌─────────────────────────────────────────────────────────┐
│                                      学び・(再) 発見      │
│              相違点・独自性              評価・(感情的) 反応 │
│   トピック提示 ⇒ 共通点・類似性 → の特定 ⇔   実体験        │
│              現状・問題点                意見・主張        │
│                                         助言             │
│                                         提案             │
│                                        合意・連帯         │
└─────────────────────────────────────────────────────────┘
```

図1 「中学生の英語コミュニケーション」の展開パタン

特定しながら、(2) 学びや (再) 発見、実体験、および価値判断を行ったり、また、(1) を受けて主張・助言・提案をしたり、さらには、最終的な合意や連帯を導いたりする過程である (図1)。以下に具体例を挙げながら、そのプロセスを見てみることにする。

　以下は、自転車置き場に関する、アメリカ人の Demi と日本人の健によるやりとりであるが、トピック提示から問題の特定、そして意見交換、合意への流れが顕著に現れている。

　　Demi ： Did you hear about Miki?
　　Ken ： Yes. A bike fell off on her near the station.
　　Demi ： Right. Poor Miki broke her arm.
　　Ken ： Too many people park their bikes there.
　　Demi ： I think we need another parking area.
　　Ken ： I think so, too.　　　　　　　　　(NH 2, Unit 5, p. 47)

　ここでは、まず Demi がトピックを提示し、そこから、両者が同じ状況把握をする。次に、健が駐輪についての問題を特定し、Demi がそれについての解決策に関する個人的な意見を述べている。そして最後に、健が Demi の意見に賛同して、コミュニケーションが完結している。
　次は、日本人のあきと韓国人の Se Ri の間に起こる、和室についてのやりとりである。

Se Ri	: Aki, what's the next room for?
Aki	: It's used by my mother and father.
Se Ri	: Can I take a closer look at it?
Aki	: Sure, but why are you interested in that room?
Se Ri	: I've never seen this kind of floor in my country.
Aki	: It's *tatami*. It's made of straw. What kind of floors do you have in Korean houses?
Se Ri	: Today they're made of wood and heated during the winter.
Aki	: That sounds nice because I don't like the cold.

(OW 3, Lesson 1, p. 8)

ここでは、はじめに Se Ri が和室への興味を示し、あきに質問をする形でトピック提示がなされる。あきが質問に答えると、Se Ri は近くで見てもよいかと許可を求め、あきがそれを承諾する。続いて、Se Ri の興味の理由に関するやりとりのあと、あきが畳の特徴について言及する。次に、Se Ri があきの質問を受けて、韓国の家の床の特徴について述べ、最後にあきが、それに対する評価をしている。つまりここでも、登場人物が互いの国における床の違いについて語り合い、それを受けて、個人的な評価をするパタンが見られる。

彩（日本人中学生）と Mike（アメリカ人中学生）による、インターネットに関する以下のやりとりにおいても、同様のパタンが認められる。

Aya	: I want to look at NASA's homepage, but I don't know how to use the Internet.
Mike	: Don't worry, Aya. I'll show you.
Aya	: Thanks, Mike. I have the address, but I don't know where to type it.
Mike	: It's easy. Just type it there and hit "Enter."
Aya	: Wow! That was simple!
Mike	: NASA's homepage is my favorite.

(TE 3, Lesson 1, p. 10)

この例では、まず彩が「NASA のホームページを見たいが、インターネットの使い方が分からない」と、彼女の意志と能力について言及する。Mike

は、「自分が教える」という立場を確立した後、操作が簡単であることを告げた上で、インターネットの操作方法を彩に教える。そして、NASAのホームページに辿り着いた彩は、あまりの簡単さに驚嘆の声をあげている。ここでは、登場人物が、インターネット特有の利点である、情報検索操作の容易さを知り、それに対する驚きという反応で、コミュニケーションが展開しており、ここでもやはり、図1に示したパタンが明瞭に再現されている。

　遊びに関する、日本人の久美と中国人の美怜による以下のやりとりは、互いの文化の共通点を発見するプロセスである。

　　Meiling ： What am I doing?
　　Kumi　 ： Are you playing soccer with feathers?
　　Meiling ： You're right in a way. The 'ball' is a *chientsu*.
　　　　　　 We kick it up in the air as many times as possible.
　　Kumi　 ： It looks a little like *kemari*. *Kemari* is a game that Japanese played
　　　　　　 long ago.
　　Meiling ： Some Chinese and Japanese games may have the same origins.
　　　　　　　　　　　　　　　　　　　　　（NC 3, Lesson 5, p. 37）

　ここでも、まず美怜が、自分がやっている遊びに対する久美の注意を惹きつけ、久美はそれに対する疑問を投げかけている。久美の質問に答えた後、美怜は中国の遊びであるチエンツに関する説明をする。それを聞いた久美は、日本の遊びである蹴鞠との類似性を発見し、美怜もそれに同意している。ここでも、図1に示したような、登場人物が互いの文化の共通点を発見するプロセスとしてのコミュニケーションの展開のパタンが、明確に現れていることが分かる。

　英語教科書におけるこのようなコミュニケーションの展開パタンは、2人以上の登場人物間のやりとりのみならず、手紙やスピーチといった形態においても認められる。以下は、乙武洋匡氏の著作[7]に関する、中国人Liの感想文である。

　　This book taught me how to think about my life. The last part of the book
　　says:（本からの引用）..... Now I see that it's OK to be different. Everyone

is different and everyone has a unique role in society.

(SS 3, Program 6, pp. 48–49)

　本の内容を受けて、Li は人間そのものに関する、彼の新たな認識を記述している。そして最後には、主張とも取れるような強い語り口で、社会における個人の役割について言及しているが、ここでは、人間そのものの独自性に対する気づきから、主張へという流れが見て取れる。
　フィリピンの日本人ボランティアに関する、日本人中学生亮のスピーチにおいても、同様である。

"Give a man a fish, and he'll eat for a day. Teach a man to fish, and he'll eat forever." These words have become a rule for volunteers everywhere.

　上記のように始まる亮のスピーチは、日本人ボランティアのフィリピンでの活動について叙述した後、以下のように締め括られる。

What should we do for people in need? They don't just need things given by others. They are waiting for our helping hands.

(TE 3, Lesson 5, pp. 45–47)

　ここで認められるのも、フィリピンの現状に関する語りから、行動の必要性の主張へという展開のパタンである。
　このように、2002 年度版の中学英語教科書における中学生登場人物のコミュニケーションには、一定のパタンが見られるのである。ここで、本項で明らかにした「パタン」を、本節 1 項・2 項で明らかにした、登場人物の出身国、および、トピックに関連させると、以下のように結論づけることができる。すなわち、「（実践的）コミュニケーション」を志向する、2002 年度版の中学校英語教科書においては、日本をはじめ、様々な国籍を持つ中学生登場人物たちが、社会問題や文化的事象を中心としたトピックに関して、主体的にコミュニケーションを図りながら、相互理解を生み出したり、自らの意見等を発信したりする様子が描かれているのである。
　さらに言い換えると、「（実践的）コミュニケーション」のための英語教科

書が提示する中学生の英語コミュニケーションとは、日本を含んだアジア諸国、英語圏、アフリカ、中南米など、世界の様々な地域から来た人物間に起こる、「科学・技術」、「戦争・平和」、「公共・福祉」、「環境・共生」、「人間・言語・コミュニケーション」、「異文化理解・自文化紹介」についての語り（合い）である。そして、それはまた、誇りを持って独自性を発信し、相違点や類似性、共通点を見つけ、それらに驚嘆すると同時に、社会の現状や問題点を痛切に感じながら、それらについての学びや実体験、価値判断、主張、あるいは提案をしたり、合意や連帯を導いたりする、極めて協調的なプロセスである。以上が、今日の中学英語教科書に描かれている「コミュニケーション」の枠組である。

(4) トピックに関する登場人物の認識

前項では、英語教科書において描写されている「コミュニケーション」の枠組について分析した。本項においては、登場人物の発話内容に焦点を当て、語りの対象となっているもの・ことに関する登場人物の認識を、表2に示した6つのトピックに則して明らかにする。

1) 科学・技術

2002年度版中学英語教科書に登場する中学生は、コンピューターを積極的に活用している。表2の中で、＠がついているトピックは、Eメール上でやりとりされているものである。さらに、コンピューターそのものについて言及するやりとりを見てみると、NH 2、Unit 3に登場する健は、コンピューターが欲しい理由を、"I want to learn about people around the world."（p. 23）としている。また、TE 3、Lesson 1では、Mikeが、彼の家族全員がインターネットを使用していること、また、彼自身がカナダの女の子とネット上で話したことを彩に伝え、それを聞いて驚いた彩は、Mikeの助けを借りながら、インターネットに挑戦する。NASAのホームページに辿り着いた彼女は、"Wow! That was simple!"（p. 10）と言いながら使い方を学び、"This is exciting!"（p. 11）と、インターネットを使うことに対して、大変な興味を持っている。NC 2、Lesson 8においても、美怜と岡先生は、"The Internet is really useful." "it's really fast" "I think it is the fastest way to communicate with people around the world." "And the easiest!"（p. 61）と言いながら、インター

ネットの有用性について語っている。さらに2人は、"You have to be careful about the Internet.""You mean, the most interesting pages may not be the most reliable."(p. 62)と、インターネットの使用に伴う危険性についても言及し、リスクに対する責任を持った使用を促している。

　コンピューター以外の科学・技術に関する語りは、登場人物の夢に関するものでもある。TE 3、Lesson 3 では、"Do you want to go into space some day?" と尋ねる Chris に対して、亮は、"Yes! It's my dream." と答えている (p. 27)。また、OW 2、Lesson 5 では、あきが彼女の将来の夢について語っているが、彼女の夢は、"to be a scientist and produce enough food for hungry people"、また、"to produce safe new food" である (p. 44)。SS 3、Program 10 においても、由紀の将来の夢は「宇宙で活躍すること」である。さらに、"The name [6カ国が共同開発中の国際宇宙ステーションに与えられた、「希望」という名前] shows the goal of the space station: hope for the future of science and hope for world peace."(p. 76; カッコ内筆者)という彼女の発話では、宇宙開発（科学）の発展と世界平和への希望とが半ば同一視されており、「科学」の発展そのものが、あたかも「人類の夢」であるかのように叙述されている。

　以上のような登場人物の発話から、彼／女らの科学・技術に対する認識を読み取ることができよう。登場人物にとって、コンピューターやインターネットに代表される（情報）技術は、使用に伴うリスクに対して自ら責任を負いながら積極的に駆使されるべきものである。また、宇宙開発や新種の食物の開発に代表される最先端科学は、（希望を持って）自ら参加・開拓するものであり、将来の夢の対象となるものなのである。

2) 戦争・平和

　本研究での分析の対象となった2002年度版の中学英語教科書において、戦争・平和に関する登場人物間のやりとりが見られるのは、NC 2・3のみである。NC 2、Lesson 9 は、Mukami が地雷について発表し、その後、健と話し合う場面であるが、カンボジアの地雷についての発表において Mukami は、"Some of them [Cambodian children] are killed and many others are injured. Landmines do this."(p. 71; カッコ内筆者)と述べている。発表を聞いた健は、"Landmines are terrible."(p. 72)と、感情レヴェルでの反応をす

る。そして 2 人は、字が読めず、地雷原の標識が分からない子どもたちがカンボジア語を覚えられるように と、日本人ボランティアが製作したポスターを見ながら、"there're many ways to work for peace" (p. 73) という結論を導き出している。

NC 3、Lesson 3 においては、久美と Mukami が原爆の被害について語っている。特に Mukami は、原爆の被害を受けて亡くなった人々の物語を読んだり、被害を受けた人々の数について話したりしながら、"That's terrible!" (p. 18) と、地雷に対する健の反応と同様の感想を述べている。また、原爆ドームに関して、彼女らは、"the Dome tells us, 'Never forget.'" "Right. It also means 'a nuclear weapon-free world.'" ということばを交わし (p. 19)、原爆ドームが持つ普遍的なメッセージについての解釈を行っている。

上記のような、英語教科書における戦争の扱いに関して、小林 (2003, p. 70) は、戦争は極めて政治性を持つ行為であるにもかかわらず、教科書においては非政治的な扱いを受けていると指摘している。また、中村 (2002, p. 33) は、英語における「平和教材」に関して、戦争が何故起こったのか、そして当事国がその始末をどうつけたのかという点を素通りし、単に悲惨さだけを伝えても、戦争の因果関係に関する問題意識は学習によって少しも内面化されないという問題点を指摘しているが、上に示した、戦争・平和に関する 2 つのコミュニケーションにおいても、登場人物が戦争を無条件の悪として認識していることが分かる。すなわち、「戦争」は絶対の悪であり、「平和」は絶対の善である (中村、2002, p. 33) という (批判的視点を欠いた) 認識が、登場人物間のコミュニケーションにおいて前提とされているのである。

3) 公共・福祉

公共・福祉に関するコミュニケーションの一貫した特徴は、中学生登場人物が、社会問題の解決について主体的に考え、公共へ積極的に参画しよう (したい) とする様子が描かれていることである。"Just hoping isn't enough. Hope without action causes all kinds of problems. We <u>have to</u> do something." (OW 3, Lesson 7, p. 67)、"We <u>should</u> learn how to solve these problems [about barriers]." (NC 3, Lesson 8, p. 64)、"<u>Let's</u> find one [barrier]." "And find a way to remove it." (NC 3, Lesson 8, p. 66)、"I <u>want to</u> help you and your children [by becoming a nursery teacher]." (NC 2, Lesson 6, p. 45)、"<u>My dream</u> is to be a scientist and produce enough food for hungry people." (OW 2, Lesson 5, p. 44)、"What should we do for people in need?" (TE 3, Lesson 5, p. 47)、"We have to find that [how to be good volunteers] out for ourselves." (OW 3, Lesson 6, p. 56)（以上、下線強調およびカッコ内筆者）という発話には、公共に参画することに対する登場人物の積極的な態度が明確に表れていよう。

　公共・福祉に関するコミュニケーション（特に、ボランティアがトピックになっているもの）におけるもう1つの特徴として、ボランティアや援助を受ける側の声の不在が挙げられる。以下に、いくつかの例を示す。

　まず、分析対象となっている教科書において、ボランティアや援助の対象となっている側の声が登場する箇所は、TE 3、Lesson 5 と、SS 2、Unit 5 である。しかしそれらには、1人称の主語が見られない。TE 3、Lesson 5 の亮のスピーチで引用されているフィリピンの人々の声は、"This present（＝井戸）is more wonderful than money. This well will be here for us for a long time." (p. 47; 下線、カッコ内筆者、以下同様）である。SS 2、Unit 5 は、由紀と Li が、車椅子に乗っている老人の山田さんを手伝う場面であるが、山田さんの発話は、"Be careful. That bicycle is in the way." (p. 38)、"Li, could you take me to my friends house? Today is his birthday." "Will you please take me to my friend's house?" (p. 40)、"Go straight ahead, and turn left at the fourth corner. His house is on the right." (p. 41)、以上である。これらの発話の中では、ボランティアの行為を受ける側すらも、自らを "us" や "me" という目的格に位置づけており、行為の主体としての声がほとんど欠如しているのである[8]。

　次に、中学生の登場人物による発話に焦点を当てると、ボランティアや援助をする側としての、彼／女らの視点が浮き彫りになる。NC 3、Lesson 7 は、1994年度のピューリッツァー賞を受賞した「ハゲワシと少女」という報道写真についてのやりとりであるが、"The weakened child was dying. In my opinion, Carter [＝写真を撮った人物] had to save the child first." と言う Tom に対して、久美は、"Remember, his photo focused the world's attention on Sudan. This saved many starving Sudanese." (p. 58; カッコ内筆者）と、彼女の見解を述べている。ここでの2人の登場人物の会話は、「目の前の少女を助けるべきか」、「多数の飢えたスーダンの人々を助けるべきか」に関する意見の相違はあるにせよ、「我々は救済する者、彼らは救済されるべき者」と

いう構図の中において起こっている。

　TE 3、Lesson 5 における亮のスピーチは、このような構図を明示的に表すものである。彼のスピーチは、"They don't need things given by others. They are waiting for our helping hands." (p. 47) で締め括られているが、ここでは、フィリピンの人々が、あたかも他人からの援助を待ちわびているかのように描写されている。また、OW 2、Lesson 5 におけるあきのスピーチでは、彼女は、"Some people are against this kind of food [抵抗力が強くなるよう人工的に開発された小麦], but it can help hungry people." と言いながら、食べ物に手を伸ばす子どもたちの写真を指差すのである (p. 44; カッコ内筆者)。ここにおいても、飢えた人々を救済するために新種の食物を開発する側と、それによって救われる側とが明確に分離された構図を読み取ることができる。

　最後に、ボランティアの側が相手から学ぶことについて言及している例を挙げる。OW 3、Lesson 6 では、Nick、あき、健太の 3 人が、カンボジアでボランティア活動をしている高山さんに行ったインタビューについて発表する場面が描かれている。インタビューのビデオをクラスに見せた後、3 人は、"We have to learn the language and the culture of local people." (Nick)、"That way we can understand people's real needs." (あき)、"Ms. Takayama says volunteers should respect the local people's way of thinking." (健太) と述べているが (p. 56)、ビデオの中で現地の人々の考え方や文化について語られている部分はなく、子どもたちに絵本を読んで聞かせるという活動に関して、ボランティアの視点からのみ語られている。同様のことが、老人ホームでのボランティア (TE 1, Lesson 9) に関する、彩の発言についてもいえる。彼女は、"I always learn so much." (p. 82) と言いつつも、何を学んだかについては全く言及せず、"I read stories. And we talk and laugh together. Sometimes I just listen to the people there." (p. 82)、"I take a walk with her [足が弱く、車椅子を使っている山本さん] around the garden." (p. 83; カッコ内筆者) と、自分が老人に対して行っている活動についてのみ言及している。

　小林 (2003) は、このような、社会構造や歴史 (植民地支配、帝国主義、南北問題) に一切言及せず、援助や施しを与える側 (「先進国」) と、受ける側 (「発展途上国」) の 2 分法を確固たる前提とした題材設定を、「植民地主義にもとづく根本的な不平等の追認」として批判している (小林, 2003, pp. 66–68,

71)。しかし、上述のように、登場人物が従事しているコミュニケーションは、植民地主義的な枠組に加え、彼／女らの、積極的な参画の態度も同時に指し示していることを想起されたい。これら2点を併せて考慮した時、「（弱者の救済のため）積極的に参画すべきもの」としての「公共」という、登場人物が持つ前提的認識が明らかになろう。

4) 環境・共生

　環境（問題）に関するコミュニケーションにおいても、前項で示したような、登場人物の態度や感情、また、植民地主義的構図を読み取ることができる。

　まず、感情レヴェルにおいて見てみると、買い物袋を持参し、"We can save the earth this way." (SS 1, Program 10, p. 81) と言う由紀に対して、Lisaが、"Oh, that's great!" (ibid.) と、肯定的な感情表出をしている。同様に、亮から「春休みに家族で川の空き缶拾いをした」という話を聞いたMikeは、"Really? That's interesting." (TE 2, Lesson 1, p. 9) と、興味を示している。さらに、釧路湿原に空き缶や空き瓶を捨てていく旅行者がいることを聞いた健太は、"That really makes me angry." (OW 3, Lesson 3, p. 24) と言い、怒りの気持ちを抱いている。これらの発話は、環境問題に対する、登場人物の感情レヴェルでの参加を示している。

　また、登場人物によるやりとりの中には、環境問題に対して積極的に行動を起こそうとする登場人物の態度を指し示す発話が、随所に見られる。日本において、毎年1人あたり400 kgのごみが出ていることを聞いた亮は、"Really? That cannot go on. But what can we do?" (TE 2, Lesson 9, p. 75) と、問題解決のためにできることを尋ねている。NC 3、Lesson 4 では、地球の温暖化について、Tomが、"What can we do?" (p. 27) と、同様の問いを発している。さらに、他者に対して、行動を起こすよう働きかける発話も見られる。"Let's work together. Our actions will make the earth healthier." (NC 3, Lesson 4, p. 28)、"You are wasting energy. Can you turn down the heater?" (SS 1, Program 10, p. 82)、"We should all volunteer together." (TE 3, Lesson 7, p. 69) には、問題解決に対する、他者を巻き込んだ、登場人物の積極的な態度が明確に表れている。

　これまでに示してきた登場人物の発話は、環境問題に関する、感情レヴェ

ルにおける価値判断、また、問題解決への内面化された積極的態度を表すものであったが、さらに注意深く観察すると、中学生登場人物が環境について語る際のもう1つの特徴が現れる。それは、地球や動物と人間とをつなぐ行為が、"save"（救済する）と "protect"（保護する）であるということである。具体的には、"We can save the earth this way." (SS 1, Program 10, p. 81)、"We must save them [forests] quickly." (NC 3, Lesson 4, p. 27)、"Can you save all the animals here?" (OW 2, Lesson 7, p. 66)、"[I]t [National Trust in Japan] protects Shiretoko in Hokkaido. It also protects Shirakawa Village in Gifu." (NC 1, Lesson 9, p. 81)、"People have tried to protect nature at Lake Akan, too." (OW 3, Lesson 3, p. 26)などが挙げられる（下線強調及びカッコ内筆者）。これらの発話においては、自然から人間への働きかけに関しては言及されておらず、自然は破壊され、病んでおり (ill, dead)、人間はそのような自然や地球を救う立場にあるという、不均衡な二項対立的関係が前提となっていることが分かる[9]。

　中村 (2002, pp. 35–39) は、英語教科書において、「西側の先進国」対「途上国」という世界秩序を問題とせず、単純化した形で環境問題を論じることには、一歩誤ると「植民地主義」的になる危険性があると指摘しているが、上に示したような、環境問題に関する登場人物の発話は、植民地主義的構図を、中村が指摘するような「先進国」対「途上国」という次元だけに閉じ込めておくことができないという結論を導く。なぜなら、登場人物が環境や動物について語る際、彼／女らは環境や動物を、保護 (protect) され、救済 (save) されるべき、無力なものとして認識しているからである。つまり、前項で示した、「植民地主義にもとづく根本的な不平等の追認」が、人間と自然との間にまで拡張されているのである。したがって、登場人物が保持する、環境・共生に関する認識は、「破壊される環境・地球に対して、積極的に行動を起こすべき」という、環境問題に関するイメージのみならず、自然と人間との間における「保護・救済する側（人間）とされる側（自然）」という、2つに分離された不均衡な関係を含んでいるのである[10]。

5) 人間・言語・コミュニケーション

　2002 年度版の英語教科書においては、"So even the same gestures can mean different things in different cultures." (OW 3, Lesson 4, p. 38) や、"Mike, you often do that gesture. What does it mean?"、"You use many interesting gestures."(TE1, Lesson 7, p. 66)という発話が示すように、コミュニケーションの非言語的側面に対する、登場人物の気づきが見られる。しかし、言語的側面に目をむけると、第2節で紹介した批判が的確に指摘するような、英語を当然のものとして受け入れる態度が随所に認められる。

稀な例として、NC 2、Lesson 2 における、"Once the British ruled Kenya, and some people learned English. But we didn't take English as our national language. That is Swahili."(p. 8)という Mukami の発言のように、登場人物が自らの出身国における、英語と母語の歴史について言及している場面も見られる。しかしながら、"Lots of people can speak English in Shanghai. So if you can speak English, you can make friends easily."と言う中国人の Mey、また、それに対して、"Then I should study English harder."と答える健太や(OW 3, Lesson 4, p. 36)、アメリカのホームステイ最終日の日記で、"I want to practice English more and more. I want to come back [to the U. S.] some day."(TE 3, Lesson 3, p. 28; カッコ内筆者)と語る亮には、「何故英語が社会の中である特定の位置を占めているのか」という問題意識の欠如や、英語学習における、アメリカのみを志向した態度が窺える。

また、今日の英語教科書には、日本人にとっての、「アジア対アジア以外の国々」という構図を見て取ることができる。SS 3、Program 2 において、武は Lisa に対し、"We talked to each other in two languages, both English and Korean."(p. 19)と、韓国の学校を訪問した際、英語のみならず韓国語を使ってコミュニケーションを図ろうとしたことについて言及している。また、NC1、Lesson 7 において、久美は、"I study Chinese."(p. 58)、NC 2、Lesson 4 においては、"I will study Korean in the future."(p. 24)と述べ、彼女が中国語を勉強していることや、将来韓国語を勉強したいという意志を表明している。一方彩は、"Do you speak English or Swahili at home?"と、ケニア出身である Sue に尋ね、Sue は、"I usually speak Swahili. My parents sometimes use English."と英語で答えている(TE 1, Lesson 7, p. 65)。また、Carlos は、"People in my area don't use much English. At home everyone speaks Spanish all the time."(OW 2, Lesson 1, p. 8)と言い、彼が普段は英語を使用していないことを明確に主張しているが、これは、メキシコ出身の Carlos と日本出身のあきとの間に起こった、英語によるコミュニケーション

の中でなされた発話である。つまり、これらのやりとりからは、日本人登場人物に宿る、アジア（特に日本の近隣諸国）の言語は積極的に学ぶが、それ以外の地域の人々とのコミュニケーションには英語を使用するという、アジアに限定された地域主義的発想が見て取れる。

　ここまで、登場人物の非言語に対する気づきや、言語に対する意識を見てきたが、分析対象となっている教科書においては、登場人物が人間そのものについて語る場面が、2つ存在する。まず、SS 3、Program 6に登場するLiは、前述の乙武洋匡氏の著作を読んで、"Everyone is different and everyone has a unique role in society." (p. 49) と感想文で述べている。また、OW 2、Lesson 8では、アメリカから日本へ帰国するあきが、"I've spoken to lots of people. I've learned we're about the same inside." (p. 74) と語っているが、両者からは、（英語教育において）前提とされている人間観が垣間見える。まず、個人の独自性を主張する前者には、個々の能力開発や個性の実現を至上目標とする「個人主義」が読み取れる。また、「人間はみな同じである」という後者の主張は、他者の社会文化的・歴史的コンテクストを捨象し、自己の世界と他者の世界とを同一視するような「普遍主義」に基づいているといえる。こうした、一見矛盾するとも思えるような、すなわち、「個人（個別）的なもの」と「普遍的なもの」を同時に志向するような構図は、じつは、相互補完的な関係にあり、それは2002年度版の英語教科書を根底で支える原理となっていると思われるのだが、そのことについては、次節において述べる。

　以上から、言語・人間・コミュニケーションに関する登場人物の認識は、コミュニケーションにおける非言語的側面や、英語の社会的側面に対する気づきは見られるものの、依然英語を中心とした一枚岩的なものであり（Naka, 2007も参照）、同時に、日本人にとっての、「アジア対アジア以外の国」という構図を含んでいるものであると言える。また、個人の自己実現や能力開発を目指す自由な（普遍的な）主体として、「人間（一般）」は位置づけられているのである。

6) 異文化理解・自文化紹介

　欧米中心的な意識を脱却し、世界に目を向けるという流れは、登場人物の出身国（本章第3節1項）のみならず、教科書で扱われる文化においても同様に見られる。表2を見ると、（依然英語圏が中心ではあるが）日本国内、

中国、韓国、インド、南米の文化にも目が向けられていることが分かる。しかし、表からもう1つ明らかになることは、文化が、もの（折り紙、けん玉、建造物）や行事（祭り、感謝祭）、食べ物（タコス、寿司）、習慣（ベッドメイキング、食事マナー）など、すべて目に見えるもの、静的なものに偏っており、価値観や世界観としての文化が覆い隠されているということである。言い換えると、登場人物間のコミュニケーションにおいて話題となる文化の多様性は、すべて、物質的・実体的なレヴェルに押し込められているのである。

そして、目に見える文化の多様性に関する登場人物間のやりとりにも、共通した傾向が認められる。彼／女らが、異なった（物レヴェルの）文化に触れた際の発話は、"Wow, it's big!"（SS 1, Program 7, p. 57）、"Can you believe it?"（SS 2, Program 11, p. 86）、"That's a big rock!"（TE 1, Lesson 6, p. 59）、"Wow! It's big!"（OW1, Lesson 8, p. 62）など、驚きを示すものだけでなく、「鑑賞者」の視点からの価値判断を指し示すものが多い。"That's interesting."（NH 1, Unit 10, p. 85）、"Oh, it's beautiful."（SS 1, Program 2, p. 24）、"Interesting."（SS 2, Program 2, p. 14）、"What beautiful buildings!"（SS 2, Program 9, p. 66）、"Oh, it's delicious!"（SS 3, Program 4, p. 31）、"Nice."（NC 1, Lesson 6, p. 51）、"It looks beautiful."（NC 2, Lesson 7, p. 53）、"It's pretty and useful."（NC 3, Lesson 5, p. 36）、"We saw an interesting Japanese custom."（TE 2, Lesson 1, p. 11）、"I've found an interesting custom."（TE 2, Lesson 4, p. 34）、"It was difficult, but so interesting."（TE 2, Lesson 4, p. 36）、"These tacos taste delicious."（OW 2, Lesson 3, p. 24）、"Cool!"（OW 2, Lesson 4, p. 38）、"They are beautiful."（OW 3, Lesson 1, p. 6）、"That sounds nice"（OW 3, Lesson 1, p. 8）（下線強調筆者）がすべて示すように、登場人物は異文化に出会うと、それらに対して、主に「鑑賞者」としての立場から、肯定的な価値づけを行っているのである。

さらに、登場人物が自文化を紹介する（し合う）やりとりにおいても、一定のパタンが見られる。以下に挙げる例からは、文化について知る者と知らない者とが明確に分離された構図を読み取ることができる。

Demi（アメリカ）： Wow! The Blue Mountains are really blue.
Mark（オーストラリア）： Can you guess why?

Demi: No, I can't.
Mark: The blue mist comes from the trees.
Demi: That's interesting.　　　　　　　　(NH 1, Unit 10, pp. 84–85)

由紀（日本）： The new school year started with the entrance ceremony last week.
Kenny（アメリカ）： Entrance ceremony? I've never heard of that kind of ceremony.　　　　　　(SS 3, Program 1, pp. 6–7)

健（日本）： Have you ever seen this?
Tom（アメリカ）： No. What is it?
健： It's a *hashioki*... We put chopsticks on it during meals.
　　　　　　　　　　　　　　　　　　　(NC 3, Lesson 5, p. 36)

Bob（オーストラリア）： Ken, this is a present for you.
健（日本）： Thank you. What is it?
Bob: We use it in cricket.
健： Cricket? What's cricket?　　　　　(NC 2, Lesson 1, p. 4)

Mike（アメリカ）： I went to Ueno Park with my family. We saw an interesting Japanese custom.
亮（日本）： What custom is that?
Mike: We saw many people under the cherry trees. They ate and drank and sang loud songs.
亮： Oh! That's *hanami*. I enjoyed *hanami* the other day, too.
　　　　　　　　　　　　　　　　　　　(TE 2, Lesson 1, p. 11)

Se Ri（韓国）： Oh, you hold your rice bowl when you eat.
あき（日本）： Yes. Don't you?
Se Ri: Never. ... In Korea you have your bowl on the table and eat with a spoon.
あき： Really? We usually eat rice with chopsticks.

(OW 3, Lesson 1, p. 10)

　これらのやりとりにおいては、話題となっている文化的知識・習慣・生産物を持つ者と持たない者とが明確に分離されており、実体・物質に還元された文化による、登場人物の差異化が行われていることが分かる。
　英語教科書において、ものごとに対する態度や価値観など、抽象的な文化の扱いが少ないことは、すでに指摘されている(野村, 1996, p. 72)。しかし、それ以上に注目すべき点は、登場人物間のやりとりに焦点を当ててみた場合、彼／女らが文化について語る時には、肯定的な価値判断を伴うのみならず、それらが誰に独自なものであるのか(＝誰がそれらを所有しているのか)が、はっきりと示されていることである。つまり、今日の英語教科書が描き出す「文化」は、物レヴェルにおいて規定される多様性と所有性とによって構造化されているのである。

(5) 登場人物はどのような「人間」か？

　以上、本節ではここまで、英語教科書における、中学生登場人物のコミュニケーションに焦点を当て、(1)彼／女らが参加するコミュニケーションの枠組と、(2)そこで語られるトピックについての、登場人物の認識を明らかにしてきた。本項では、両者を統合した形で再度記述し、そこから、登場人物の人間像を抽出することを試みる。
　上に述べたように、2002年度版の中学英語教科書における、中学生の英語コミュニケーションとは、日本を含んだアジア諸国、英語圏、アフリカ、中南米など、世界の様々な地域から来た人物間に起こる、「科学・技術」、「戦争・平和」、「公共・福祉」、「環境・共生」、「人間・言語・コミュニケーション」、「異文化理解・自文化紹介」についての語り(合い)である。またそれは、誇りを持って独自性や相違点を発信し、類似性や共通点を見つけ、それらに驚嘆すると同時に、社会の現状や問題点を痛切に感じながら、学び、実体験、価値判断、主張、提案、合意、連帯を導く、協調的なプロセスである。同時にそれは、「技術は積極的に駆使されるべきもの」、「最先端科学は、自ら参加・開拓するもの」、「公共は参画すべきもの」、「戦争は悪・平和は善」、「破壊される地球・環境は人間が保護すべきもの」、「人間はみな個々の自己実現を目指す主体」、「文化は鑑賞の対象であり、それを持つ人間に独自なも

の」、また日本人登場人物にとっては、「アジアの近隣諸国の言語は積極的に学び、それ以外の人々とのコミュニケーションは英語で行うもの」といった、一定の意味的枠組の中で起こるのである。

では、上記のような、登場人物が従事するコミュニケーションが指し示す、彼／女らに内面化された態度や価値観は何か。まず挙げられるのが、技術に適応しようとする態度、また、公共へ積極的に奉仕しようとする態度である。さらに、社会的な問題（平和・環境）を自ら見つけ、それらを解決していこうとする姿勢が、自己実現を志向する態度とともに、登場人物に備わっているといえる。また、彼／女らは、異なる文化の様々な生産物や習慣に対して、肯定的な価値づけを行い、自らの属する地域・文化に関する（言語を含む）知識と誇りを持つ人間なのである。

さて、ここまでに炙り出してきた英語教科書、および、英語教科書登場人物の特徴が、前節で示した題材の変遷の流れの中に位置するものであることは言を俟たない。また、本節でもいくつか言及したとおり、これまでの題材批判によってなされた指摘は、ここで扱っている教科書においても、ある程度までに妥当する。このことを踏まえた上で、次節においては、「（実践的）コミュニケーション」を志向する英語教科書、すなわち、「中学生登場人物によるコミュニケーション」が題材となっている教科書が、（「西洋中心主義」批判では捉えきれない）いかなるコンテクストを指標しているのか、ということについて記述する。

4. 英語教科書登場人物：「教育」と「コミュニケーション」の交点に浮かび上がるもの

(1) 現代日本の教育改革の動向：新自由主義と国家主義の融合

前章で詳細な記述がなされているため、あえてここで紙幅を割くことは避けるが、現代日本における教育改革の流れについて、ごく簡単に概観しておく。1960年代（つまり、1955年から60年にかけて、日本資本主義が「復興から成長へ」と転換を遂げ、財界と政界の癒着が確立して以降）、経済界の教育界への要求の基調をなすものは、産業構造に見合う労働力の確保という観点であった。「技術革新」と「生産性の向上」を基礎とする高度成長政策は、産業構造と労働力需要構造を変化させ、「産学協同」と「能力主義」の

原則を中心として、労働力需要に見合う人材の選別と配分の機関として教育制度を再編することを必要とし、学校制度の多様化と、能力と適性に応じた教育を要求した。また、それによって、分に応じての満足感と「適応能力」を持ち、企業への強い帰属意識を持った労働者が、「質の高い労働者」として推奨され、同時に、愛社精神と愛国心を一元化し、海外への経済進出を支える意識の形成が、次第にその重要性を増してきたのである[11]（大田, 1978, p. 288）。このような、教育における能力主義とは、企業における職務遂行能力とそこでの秩序順応能力を中核とする人格の形成を強調する考え方であり、それは1960年代後半から70年代にかけての日本の教育を支配することとなったのである（中内・竹内他, 1987, pp. 160–161）。

　上記のような、「能力主義」的教育理念の背景には、企業中心社会[12]があった（大内, 2003, pp. 68–69）。しかし、1980年代後半以降（1985年の「プラザ合意」以降）、日本企業のグローバル展開が本格化し、それは国内雇用のあり方に大きな影響を及ぼすことになる。ブルーカラーの仕事の多くが賃金の安いアジア、特に中国に移転し、国内での労働力の需要が急減したばかりか、終身雇用の下で高齢化した労働者も企業の負担となった。そこで企業構造のラディカルな再編成が強行され、中高年正社員のリストラ、新規学卒一括採用の停止、各種非正規雇用の大量導入と正社員への置き換え、企業内福利の切り捨てが起こり、企業社会統合が解体されていった。同時に、「個人の責任と自立」をスローガンとする階層型社会統合が追求されるようになったのである（渡辺, 2004, p. 107）。またこれに平行して、経済のグローバル化に伴う諸課題を担い得る「企業エリート」の育成の必要性が、財界に強く自覚され、「新しい個」（自己の価値基準を明確に認識し、なおかつ、他者をも独自の価値基準をもつ者として尊重し、自他の関わりのなかで、新しい価値を創造することのできる個）の概念が提出されたのである（井深, 2000, pp. 41–42）（このような流れと、英語教育における「コミュニケーション」の前景化が共犯関係にあることに注意されたい）。

　こうして、企業・財界は1980年代終盤以降、平等主義に基づく教育制度、特にそれを支える公教育制度の再編・スリム化を打ち出していった。そして、1990年代、文部省（現文部科学省）は、このような企業・財界の意向を受けて、それまでの「自由化」や「個性化」に警戒的な姿勢を大きく変え、新自由主義政策を次々と行っていくこととなり（大内, 2003, pp. 71–72）、そ

れが（ある種）結実する形で、2006年12月、新教育基本法が、第165回臨時国会において成立し、公布・施行されるに至るのである。

では、上述の「新自由主義」は、今日の日本における教育改革に、どのように介入しているのだろうか。佐貫（2003, pp. 35–37）によれば、新自由主義が教育政策に具体化される際には、以下の4つの理念展開が伴う。

第1に、規制のない市場こそが、世界の資源を最も有効に分配し、社会を効率化・活性化させ、消費者の欲求にあった商品やサービスを作り出すシステムであるとする考え方である。そこでは、国家予算に抱えられた義務教育制度が、すべての子どもに「平等」な教育を保障するという名の下で硬直、非効率化し、競争力が失われ、エリートも育たなくなっているとされるとともに、公教育を国家による丸抱えから開放し、自由な市場で学校を競争させ、その成果に応じて教育予算を配分するような、あるいは消費者がその成果に応じて対価を払うようなシステムを形成することで、教育が活性化し、教育資源が有効に活用されていくとされる。ここから、教育の市場化、民営化、学校選択、学校間競争などが導き出される。

第2に、資本主義的な自由主義に対抗して形成されてきた福祉制度、平等な生活保障を実現するための諸制度が、財政の硬直化、国家の肥大化、そして汚職を生み出し、この制度に寄生して生きる人間を生み出しており、社会の活力を低下させているとする認識である。こうした考えの下、国家制度としての福祉制度や教育制度の見直し、解体、国家的・公共的なサービスの民営化、競争化が求められると同時に、国家財政の役割は、国家的目的達成のための計画を展開するための資金として、重点的に、戦略的に投下されるものへと性格を転換してゆく。

第3に、市場を舞台とした競争こそが、人間を活性化し、個性を展開させる方法であるとする発想である。そこには明らかに、市場主義的競争人モデルがあり、競争に勝ち抜くための資質の形成が各自の責任とされ、「自助努力」や「自己責任」が強調される。またそこでは、「格差」は競争を活性化し、個性化を進めるものとして促進され、「個性」は「競争に勝つ能力を有すること」として把握される。

そして第4に、自由競争、グローバル競争のための、国家による手厚い支援である。すなわち、巨大資本への補助・援助や、特権的な利益提供、そして、グローバル世界での経済活動の安全を保障する国家の軍事的プレゼンス

の強化、さらに、新自由主義によって生み出される底辺層の貧困と社会の階層化に対応するための国内治安強化が求められるのである。

さて、ここで注意すべき点は、今日の新自由主義は、一方で規制緩和、国家関与の否定、徹底した自由主義を強調するが、もう一方では、警察的管理国家、すなわち、国家主義、ナショナリズムを呼び寄せるということである。つまり、市場原理、競争、能力主義、自己責任の原則をもたらす新自由主義は、教育においても「勝ち組み」と「負け組み」、すなわち「エリート」と「ノン・エリート」の両極化を推し進めることになるが、このことによって、社会秩序を脅かすような意識や行動が拡がり、国民統合が弛緩することは、当然、回避されねばならないとされる。したがって、「ノン・エリート」の子どもたちに対しては、「自己責任」の論理が投げつけられ、それでも回収されない部分に対しては、ナショナリズムや愛国心を強調することによって、「社会秩序」に対する危険因子を未然に摘み取ることが図られるのである (児美川, 2004, p. 98)。言い換えるならば、「新自由主義」という大枠においては、教育は「市場主義型競争人」の育成と同時に、社会秩序維持のための国民統合の役割を託されることになるのである。つまり、上記の理念展開が示すことは、新自由主義的発想に基づいた教育政策が、国家主義ないし保守主義によって補完されるという、相補的関係である (堀尾, 2002, p. 85)。このように、今日の日本の教育改革は、新自由主義と新国家主義の融合体 (高橋, 2004, p. 37) として推進されているのである。

(2) 目指される具体的人間像＝英語教科書登場人物という図式

前項で示したように、新自由主義的な教育改革は、格差の拡大によって経済的な活性化を図る国家のヴィジョンに、教育システムを機能的に接合させようとする動向であった (広田, 2004, p. 72)。では、新自由主義と国家主義の融合体としての教育改革は、具体的に、どのような人間の育成を要請するのか。

(旧) 教育基本法改正に関する動きの直接のきっかけとなったのは、2000年12月に、基本法の「見直し」を提案した、教育改革国民会議であるが、その流れを引き継ぐ形で、中央教育審議会は、2003年 (平成15年) 3月に答申を提出した (藤田, 2006, p. 88)。この答申では、これからの教育は「21世紀を切り拓く心豊かでたくましい日本人の育成」を目指し、以下の5つの目

標の実現に取り組む必要があるとされている。

① 自己実現を目指す自立した人間の育成
② 豊かな心と健やかな体を備えた人間の育成
③ 「知」の世紀をリードする創造性に富んだ人間の育成
④ 新しい「公共」を創造し、21世紀の国家・社会の形成に主体的に参画する日本人の育成
⑤ 日本の伝統・文化を基盤として国際社会を生きる教養ある日本人の育成

個々の項目を詳しく見てみると、それぞれにおいて育成されるべき態度や心情、精神がさらに特定されている。まず①においては、「生涯にわたって自ら学び、自らの能力を高め、自己実現を目指そうとする意欲、態度や自発的精神」を育成することが大切であるとされている。②では、「人間として持つべき最低限の規範意識、自律心、誠実さ、勤勉さ、公正さ、責任感、倫理観、感謝や思いやりの心、他者の痛みを理解する優しさ、礼儀、自然を愛する心、美しいものに感動する心、生命を大切にする心、自然や崇高なものに対する畏敬の念」、③では、「情報通信技術の基礎・基本を習得し、それを基に探究心、発想力や創造力、課題解決能力」を育成することが必要であるとされている。さらに④において、「国や社会の問題を自分自身の問題として考え、そのために積極的に行動するという「公共心」を重視」し、⑤においては、「日本人であることの自覚や、郷土や国を愛し、誇りに思う心」をはぐくむことが重要であるとされている。

ここでは、「自己実現」や、「知の世界をリード」という文言に表れるような、たくましい日本人の育成が重視される一方で、心の教育、公共の精神、郷土や国を愛するなど、共同体的な徳目が強調されている（市川, 2003, p. 97）。すなわち、新自由主義改革の推進という国家目標に向かって人々を動員することを目指すために必要な人間像が、言い換えると、経済のグローバル化・大競争時代に挑戦し、国際社会の中で日本が発展してゆくことを担うにふさわしい人材（＝エリート）、および、伝統・文化を基盤とし、「日本」（や公共）に対する帰属意識や愛国心を持った人間が持つべきとされる個性が、「21世紀を切り拓く心豊かでたくましい日本人」として提示されているの

ある (大内, 2003, pp. 102–103)。

　このように、今日の新自由主義的・国家主義的教育改革の目標は、自己実現を目指そうとする意欲や態度、情報通信技術の基礎・基本を基盤とした探究心、発想力や創造力、そして課題解決能力を持った人間を育てると同時に、規範意識や倫理観、他者の痛みを理解する優しさ、自然を愛する心、国や社会の問題を自分自身の問題として考え、そのために積極的に行動するという「公共心」を持ち、ならびに日本人であることの自覚や、郷土や国を愛し、誇りに思う心を兼ね備えた人間（人材）を育成することである。ここで、このような新自由主義教育改革が育成しようとしている態度・個性を、前節において明らかにした、中学英語教科書の登場人物の人間像に重ね合わせると、不気味なほどの類似性が浮かび上がってくる。

　前節で示した通り、今日の英語教科書の登場人物は、技術に適応しようとする態度や、公共へ積極的に奉仕しようとする態度、さらには、社会的な問題（主に平和・環境問題）を見つけ、それらを解決していこうとする姿勢とともに、自己実現を志向する態度を併せ持っていた。また、彼／女らは、自らが属する地域や文化に関する知識と誇りを持ち、なおかつ、異なる文化の様々な生産物や習慣に対して、肯定的な価値を付与する人間であった。このような、英語教科書の登場人物が持つ態度・個性は、すべて上述の「自己実現を目指そうとする意欲や態度」、「情報通信技術の基礎・基本の習得を基盤とした探究心」、「国や社会の問題を自分自身の問題として考え、そのために積極的に行動するという公共心」、そして、「日本人であることの自覚や、郷土や国を愛し、誇りに思う心」に内包されるものである。つまり、新自由主義教育改革が目指す人間像と、今日の中学英語教科書に現れる、中学生登場人物の人間像との間には、極めて完全に近い一致が認められるのである。したがって、英語教科書における中学生登場人物は、新自由主義・国家主義を基盤とした教育改革が必要とする人間像を実現するためのコミュニケーションの具体例を示していると考えられるのである。そしてそれは、英語教科書にまで新自由主義が波及しているという事実の明確な指標に他ならない。言い換えると、登場人物の規範的な「善意・善行」の背後には、それに隠蔽された形で、国家戦略としての新自由主義・国家主義のイデオロギーが「コミュニケーションの原動力」として、いわば潜伏しているのである。

(3) 中学英語教科書の「コミュニケーション」が描き出す世界

　前節において、新自由主義教育改革が目指す人間像と、中学英語教科書に現れる中学生登場人物の人間像が一致することから、英語教科書における登場人物のコミュニケーションが、新自由主義イデオロギー、また、それを補完する国家主義を作動させる（ことに貢献する）ものであるということを示した。以上の点を敷衍して、本項では、「コミュニケーション」を志向する教科書が行っている「知の操作」を明らかにしてみたい。

　これまでの分析から明らかな通り、世界の様々な地域から来た英語教科書登場人物は特定の価値観や態度を共有しているが、このことは、そのような価値観や態度が、広く世界の人々によって共有されているかのような世界を描き出す。つまり、「日本人」が持つべきとされる態度や価値観を、日本人の登場人物だけでなく、中国、韓国、アメリカ、イギリス、オーストラリア、カナダ、ケニア、メキシコ、ブラジルといった、多様な国から来た登場人物も同じく持っているという状況は、それらが世界に広く行き渡った、標準的なものであるという世界観を生み出すと推測される。さらに、そのような価値観が問われたり、反対されたりすることのないコミュニケーションが描か

日本の教育改革が求める価値観・態度

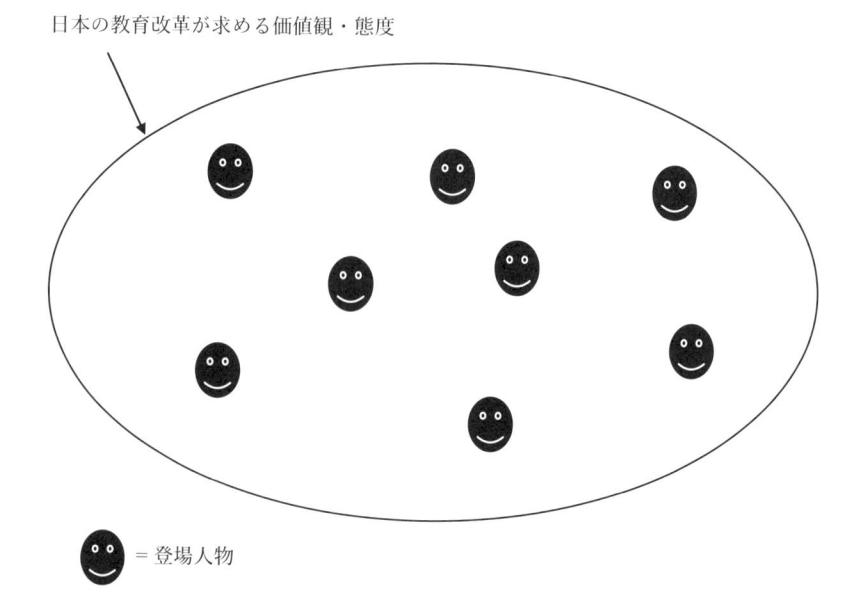

😀 = 登場人物

図2　登場人物を利用した、価値の普遍性の描写

れることで、それらは「当たり前のもの」として現れる。つまりそこには、日本の教育改革を推進するための支配的イデオロギーが明示的に言及されずとも、それが必要としている価値観や態度は前提とされている世界が作り上げられているのである (図2)。

このように、一定の価値観や態度を普遍化させた上で、次になされる操作が、「文化」を通じた、登場人物の帰属の明確化である。

前節において、「異文化理解・自文化紹介」に関する登場人物の語りについて言及した。登場人物が「文化」について語る際に話題となるものは、建物や自然物、行事、食べ物、習慣などといった、鑑賞可能な、静的で、主に「実体レヴェル」に属するものであったが、これらの文化的事象には、或る前提条件がまとわりついている。それらは、「第一に、政治や平凡な日常の世界とは切り離された、審美的な枠組みとしての『文化』、すなわち狭い意味での文化に収斂可能なもの」、「第二に、特定の管理可能な形態かあるいは空間に展示されるもの」、そして「第三に、既存の制度の構造的改変を迫らない、基本的に外面的な装飾の形態にとどまる」ものである（モーリス＝ス

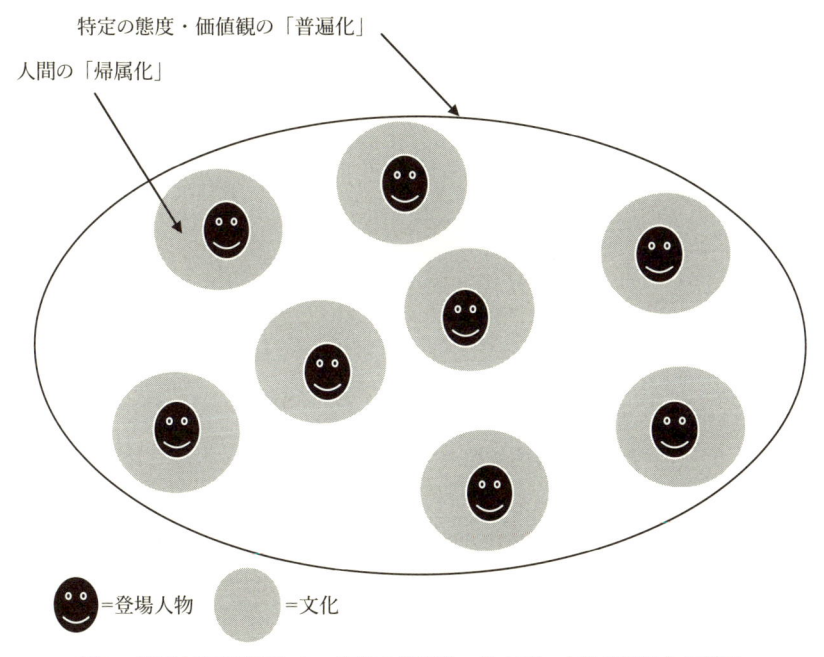

図3 登場人物を利用した、価値の普遍性、および、人間の帰属化の描写

ズキ, 2002, p. 155)。つまり、登場人物が語る「文化」には、態度や価値観といった、個人の内面には抵触しないような形、前提とされている制度を危険に曝すことがないような形が付与されているのである。

　こうして、「政治や平凡な日常の世界とは切り離され」、「管理可能な形態」という枠組に押し込められた、英語教科書における「文化」であるが、さらに重要な点は、「文化」が話題となっている登場人物間のやりとりにおいては、「文化」について「知る者」と「知らない者」、および、「持つ者」と「持たない者」とが明確に分離されていることである (前節4項参照)。言い換えると、登場人物には、「自文化」に対する特権的な所有権が与えられる一方、それ以外の文化に関しては、「鑑賞者」という外在的な立場しか与えられていないのである。つまりそこでは、文化の所有者が明確化されることで、登場人物間の潜在的な「境界」が顕在化し、そのことによって、個々の登場人物の帰属が、はっきりとした輪郭を持った形で指し示されているのである。すなわち、登場人物が語る「文化」は、彼／女らが帰属する集団、そして、所有しているものを指し示し、そのような「占有のプロセス」を描き出すことを通じて、その文化にとって「内在的なもの」と「外在的なもの」とを区別する観念を作動させているのである (姜, 1996, p. 4)。以上を、図2との関連で示したものが、図3である。

　以下、これまでに述べてきたことをまとめてみよう。2002年度版中学英語教科書に登場する、世界の様々な地域出身の中学生には、共通の態度や価値観が内面化された形で備わっている。しかし、その態度や価値観とは、今日の日本の教育が育成しようとしている「日本人」が備えるべきとされる個性なのである。そのような個性が、国境を越え、世界の様々な地域出身の中学生登場人物によって共有されることで、それは「普遍性」を帯びたものとして指し示される。そして、そのような「普遍化」された個性を持つ登場人物は、価値観や態度に抵触しない、管理可能な形態の枠組に押し込まれた「(自)文化」に対する特権的なアクセスを得ることで、明確な帰属を強いられるのである。つまりそこには、特定の態度や価値観が普遍化された世界、そして同時に、そのような態度や価値観を持つ人間が、自らの文化に対する特権的な所有権と、異なる文化に対する鑑賞的な立場を与えられることで、特定の境界線の内側に閉じ込められる世界が描かれているのである。すなわち、今日の日本における、英語教科書の表面的な「国際化」や「多文化化」

の水面下では、日本という国民国家の教育的意図に基づいた態度や価値観の「普遍化」と、それに触れない形に変形された「文化」による「囲い込み」のプロセスとが進行しているのである。以上から、次の最終的結論が導き出される。

　今日の日本の教育（改革）の基盤をなすイデオロギー、そして、それが要請する人間像が、（これも、社会の基盤をなすイデオロギーの一部であるところの）「コミュニケーション」という題材を通して出現しようとするとき、すなわち、「教育」と「コミュニケーション」が交差するときに、その交点の「効果」として浮かび上がってくるものこそが、英語教科書をコミュニケーション的に彩る登場人物なのである。

5. おわりに

　本章では、本書においてこれまでになされてきた理論的整備、およびマクロ社会文化史的分析に引き続き、「コミュニケーション」を志向する英語教科書が、「登場人物」という手法を通じて、新自由主義とそれを補完する国家主義という指針的イデオロギーに支えられた今日の教育（改革）というコンテクストとつながることを、実証的に示した。また、このような結果を導き出したことで、「アメリカ一辺倒から、文化的多様性へ」という流れを示す英語教科書題材論、および、そのような流れの背後にある「西洋中心主義」や「植民地主義」を指摘する題材批判、両者の有効性と限界を明確化することができたのではないだろうか。

　〈グローバル化の進展に伴い、国際的なビジネスの場のみならず、日常生活においてまでも、ますます英語の運用能力が求められるようになった。だから、英語教育を強化すべきである。〉とは、一般の目には全く常識的な見解であるように見えるかもしれない。さらに、日々不測の事態が頻発する教育現場においては、「目の前の生徒とどのように関わるか」という問いが中心的役割を占めるようになることも、全く否定されるべきことではない。

　しかし、本書（特に第1章）において繰り返し述べられているように、「コミュニケーション」とは単なる情報伝達ではなく、社会文化的コンテクストに根ざした相互行為であり、もしそうであるならば、「英語教育」という営みも決して例外ではない。つまり、「文法訳読式」であれ、「コミュニカティ

ヴ」であれ、いかなる「教授法」を採用しようとも、そのような方法に基づいて行われる英語教育そのものが、紛れもなく、社会文化的、歴史的なコンテクストにおいて生起する「コミュニケーション（＝出来事）」なのであり、もしそうであるとするならば、それは「人間的」や「心の通い合う」といった語り方（さらに誤解を懼れずに云うならば、そのような folk ideology）に、すなわち、脱コンテクスト化され、非歴史化された概念に還元した形で考察されるべきものでは**ない**。

今日の英語教育において、「（実践的）コミュニケーション」が声高に叫ばれているならば、「コミュニケーションについてのコミュニケーション」としての英語教育を批判的に思考すること、つまり、**教える内容としての「コミュニケーション」**と、「英語教育」という**社会的相互行為としてのコミュニケーション**との両者を視野に入れることができるような、包括的な理論的枠組としての「コミュニケーション論」との接合を、教育実践の場において模索する必要があるのではないだろうか。

もちろん、ここで扱ったものは、あくまで前者、教科書という「テクスト (text artifact)」でしかなく、上記のような問題意識に則して英語教育の全体を明らかにするためには、教科書が教室内のコミュニケーションにおいてどのように扱われているのか（つまり、教科書を媒介としてどのような相互行為が行われているのか）、また、生徒や教師が教科書の内容に対してどのように自ら・互いを位置づけているのか、といった問題に関する経験的な分析・考察が不可欠である（なぜなら、教科書は、実際の「授業」という社会的相互行為が指し示すコンテクストの、ごく一部に過ぎないからである）。また、「教科書に潜むイデオロギーを明らかにする」というアプローチそのものが、逆に、自らが拠って立つ「批判的」という名のイデオロギーに安住してしまい兼ねないこと、言い換えるならば、〈そのような方法すらも、自らがその参与者であるところの社会文化的コンテクストに根ざした思考・方法に過ぎない〉ということに対して、メタ的視点を欠いてしまい兼ねないことも、十分、認識されるべきである。

実際、本研究で採用した「批判的談話分析 (CDA)」というアプローチに対しては、数々の批判がなされている。その主な論点として、〈CDAは、「権力」「不平等」「抵抗」といった諸条件を前提とし、そのような前提に則して分析を行うため、分析対象となっているテクストの「意味」を（予め）固定

化している〉ということが挙げられる(cf. Blommaert, 2005, Ch. 2)。言い換えると、CDA は、コミュニケーションを通して(コミュニケーションの「場」で)指標されるものというよりはむしろ、コミュニケーションに先立ってすでに存在し、談話に反映されるもの、あるいは、談話によって維持されるものとして、「(「権力」や「不平等」などの社会文化的)意味」を扱うといった傾向を顕著に示すことがある。本章をここまで読み進めてきた読者にはすでに明らかであると思うが、本章においても、「コンテクスト」を「権力」的なものに還元し(たとえば、「教育」)、他の無数に存在するコンテクスト(たとえば、教室におけるコミュニケーション参加者)を排除することによって、「教科書(の内容)」の意味を同定した。つまり、本研究において、CDA というアプローチは、「教科書(という名の text artifact)」の(第1章で示された意味での)「テクスト化」のプロセスに対し、極めて強いメタ・プラグマティクス(metapragmatics)として(無限の解釈可能性を有限化する機能を担ったものとして)作用しているのである("metapragmatics" という概念の詳細については、Silverstein (1993) などを参照)。逆にいうと、CDA というアプローチを採る際には、〈様々な規範が多層的にせめぎあい、本質的に無限であるコミュニケーション出来事の解釈可能性を有限化(統制)する**枠組のひとつ**〉として、自らのアプローチを理解しておくことが極めて重要であろう。

　このように、CDA には認識しておくべき限界・問題点があることは、事実である。しかし筆者は、本章で行った分析・考察が、ある程度までには、妥当性を有していると考える。また、導入部で示した、〈「英語をどのようにして教えるか」という問いを一旦留保し、「(学校という制度的な場において)英語が教えられるとはいかなる社会的行為なのか」という観点から英語教育について考えるための、1つのきっかけを示す〉という意味においては、本論考は十分な役割を果たし得るものであると思われる。繰り返しになるが、今後、本章で行った分析を発展させるための道は、コミュニケーション(＝出来事)を中心に据え、その中で、教科書の(社会文化的)意味がどのように生成されるのか(つまり、(教科書もそのコンテクストの一部であるような)コミュニケーションを通して、どのような(コン)テクスト化が起こるのか)という問題を、「教育」のみならず、広くミクロ・マクロの両コンテクストを考慮に入れた形で(第1章で特に示したような、「出来事モデル」

に則した形で）分析していくことであろう。すなわち、現代言語人類学において十全に為されているように、「指標的（indexical）」なレヴェルと、「象徴的（symbolic）」なレヴェル、これら両者が、コミュニケーションの「今・ここ」においてどのように相互作用するのか、という問題を志向することが必要となると思われる（（教育も含めた）現代言語人類学の具体的な論考に関しては、Silverstein & Urban（1996）、Duranti（2001）、Wortham & Rymes（2003）に所収の論文や Wortham（2006）、およびそれらの参考文献などを参照されたい）。

　以上に示した本研究の限界を認識し、反省しつつ、また、発展の方途を信じつつ、今後、英語教育に関する一般的議論が、英語教育という実践が投錨されている（ミクロ・マクロ）社会文化史的コンテクストに関する議論へ開かれ、既存の棲み分け（研究 vs. 現場）や学問分野の枠組を超えた、（言語学、英語学、英文学、英語教育学以外の学問分野にも開かれた）様々な知が協働する場へと変容していくことを期待したい。別言すれば、英語教育について考えることが、我々が生きる社会（および、それが前提としている諸制度）について、そして、そのような「場」において生き、思考している教師・保護者・研究者・有識者（と呼ばれる人々）自身について、批判的に考えることに繋がっていくことを期待したい。そのような行為が体系的に為されたとき、教育現場や研究機関を含めた、様々な場における**実践**は、「日本の英語教育」という語りに内在する再帰的反省の契機として、再認識されるはずである。

注

1　Hino（1988）は、1868 年からの 120 年を 5 つに時代区分し、英語教科書を "nationalism" と "English as an international language" という問題系において研究したものである。引用は、Fourth および Fifth period に関する部分からである。

2　同様の流れは、淺川（1996）によっても指摘されている。淺川（1996）は、「米国家庭」（New Jack and Betty, 1951）、「日本人学生の登場」（New Prince English Course, 1971）、「日本人駐在員家族の登場」（New Prince English Course, 1977）、そして「日本へのホームステイ」（Sunshine English Course, 1986）という形で、英語教科書における登場人物の異文化接触の変遷を明らかにしている（ibid., pp. 75–76）。

3 詳細については、以下を参照されたい。
   英語イデオロギー：小林, 2001, pp. 90–92, 2003, pp. 60–65; Kobayashi, 2004, pp. 77–84;
     中村, 2001, pp. 139–143, 150–158, 2002, pp. 53–66
   「他者」：中村, 2001, pp. 144–150
   発展途上国：小林, 2001, p. 95, 2003, pp. 66–68; Kobayashi, 2004, pp. 72–77
   環境：小林, 2003, pp. 68–69; Kobayashi, 2004, p. 72; 中村, 2002, pp. 35–39
   ジェンダー：小林, 2003, pp. 69–70; Kobayashi, 2004, pp. 71–72; 中村, 2002, pp. 28–31
   戦争：小林, 2003, pp. 70–71; Kobayashi, 2004, pp. 67–70; 中村, 2002, pp. 31–35
   障害者：小林, 2003, p. 71; Kobayashi, 2004, pp. 65–67
4 First English Series II は、1998年秋に、すでに文部省の検定をパスしていたにもかかわらず、「戦争」を扱った課を差し替えざるを得ない事態に追い込まれた（中村・峯村, 2004, p. 16）。
5 2002年度用中学検定英語教科書の採択占有率は、以下の通りである。2002年度用からは秀文館が新規参入し、2001年度用教科書において1.2%の採択占有率であった中教は撤退した（渡辺, 2001, p. 4）。1位　東京書籍(41.1%)、2位　開隆堂(22.6%)、3位　三省堂(21.9%)、4位　学校図書(8%)、5位　教育出版(3.8%)、6位　光村図書(2%)、7位　秀文館(0.4%)
6 Kachru (1985, pp. 12–15) は、"inner" "outer" "expanding" の3つの層に分かれたWorld Englishes の同心円を設定し、"the inner circle" に、英語を第1言語としている国々（アメリカ、イギリス、カナダ、オーストラリア、ニュージーランド）、"the outer circle" に、英語を公用語としている国々（ナイジェリア、ザンビア、シンガポール、インド等）、"the expanding circle" に、英語が（国際）共通語として認知されている国々（中国、ロシア、インドネシア、日本、韓国、サウジアラビア等）を位置づけた。ここでの「英語圏」とは、上述の "the inner circle" に範疇化された国々である。
7 教科書の中で書名は特定されていないが、写真から判断する限り、『五体不満足』(1998) であると思われる。
8 下線のついた部分について、たとえばフィリピンの人々は、"We will keep this well for a long time." と言えたであろうし、山田さんは、"I want to go to my friend's house." と、自らの意思を表明することもできたはずであろう。
9 SS 2, Program 9 において、武は、有明海と襟裳岬における森林と漁業の密接な関連について発表し、"So we are protected by the forests we protect." (p. 68) と、自然と人間との相互関係について言及しているが、そこにおいても "protect" という枠組が見られる。
10 自然と人間を対立関係に置くこのような自然観は、〈自然・世界のすべての存在が（神の）摂理の支配下にあるとする形而上学と、神を普遍的な真理として前提し、そこから演繹的に結論を導き出す中世スコラ論理学を乗り越え、人間は対象としての自然を理性によって理解しなければならない〉とする、近代自然科学の産物である（根井, 1984, pp. 61–62）。
11 このような状況の中、1966年に、「帰属社会への忠誠心」と、「仕事に打ち込む労働

意欲」を強調する、「期待される人間像」が発表された。そこでは、「仕事に貴賎なし」「重要なのは職業の別ではなく、いかにその仕事に打ち込むかにある」と述べられ、分に甘んじて仕事に打ち込む働き主義が美徳とされると同時に、「社会全体」の福祉のため、「社会的連帯の意識に基づく社会奉仕の精神」が求められたのである。さらにそれは、「日本人としての自覚」とともに、「天皇への敬愛」を説くものであった（太田，1978, p. 297）。

12 企業社会的統合は、1950年代に企業が全労働者を競争に巻き込む構造を形成することによってつくられた。高度経済成長期に入って、大企業は年功制を土台にして昇進・昇格制度を改革し、ブルーカラーとホワイトカラーの昇進昇格を一本化し、ホワイトカラーのみならずブルーカラー労働者も、企業のために忠誠を尽くして競争に勝ち残れば、企業内の階段を上がって賃金を上昇することができ、生活を改善できるという道を作った。同時に、企業は企業内福利厚生を充実させ、企業に依存してさまざまな福祉要求を実現する途を開き、労働者を企業内に封じ込めることに成功したのである（渡辺，2004, p. 104）。

参考文献

青木庸効（1991）．「英語教材の中の題材」『日本英語教育史研究』第6号，87-109頁．日本英語教育史学会．

淺川和也（1996）．「国際化と英語教育：指導要領、教科書の登場人物の考察から」『東海学園女子短期大学紀要』第31号，69-76頁．東海女子短期大学．

Blommaert, J. (2005). *Discourse: A critical introduction.* Cambridge: Cambridge University Press.

Duranti, A. (Ed.). (2001). *Linguistic anthropology: A reader.* Oxford: Blackwell.

江利川春雄（1992）．「戦後の英語教科書にみる異文化理解の変遷」『日本英語教育史研究』第7号，113-145頁．日本英語教育史学会．

江利川春雄（2002）．「英語教科書の50年」『英語教育』第51巻，第3号，27-36頁．大修館書店．

Fairclough, N. (1985). Critical and descriptive goals in discourse analysis. *Journal of Pragmatics,* 9(6), 739–763.

Fairclough, N. (2001). Critical discourse analysis as a method in social scientific research. In R. Wodak, & M. Meyer (Eds.), *Methods of critical discourse analysis* (pp. 121–138). London: Sage.

藤田英典（2006）．「教育基本法「改正」法案の何が問題か」辻井喬・藤田英典・喜多明人（編）『なぜ変える？教育基本法』岩波書店．

Hino, N. (1988). Nationalism and English as an international language: The history of English textbooks in Japan. *World Englishes,* 7(3), 309–314.

広田照幸（2004）．『教育』岩波書店．

堀尾輝久（2002）．『いま、教育基本法を読む：歴史・争点・発見』岩波書店．
井深雄二（2000）．『現代日本の教育改革：教育の私事化と公共性の再建』自治体研究社．
市川昭午（2003）．『教育基本法を考える：心を法律で律すべきか』教育開発研究所．
岩本茂樹（2002）．『「ジャック アンド ベティ」を社会学的に読む』関西学院大学出版会．
Kachru, B. B. (1985). Standards, codification and socioliguistic realism: The English language in the outer circle. In R. Quirk, & H.G. Widdowson (Eds.), *English in the world: Teaching and learning the language and literatures* (pp. 11-31). Cambridge: Cambridge University Press.
姜尚中（1996）．『オリエンタリズムの彼方へ：近代文化批判』岩波書店．
紀平健一（1988）．「戦後英語教育における *Jack and Betty* の位置」『日本英語教育史研究』第 3 号，169-205 頁．日本英語教育史学会．
小林真彦（2001）．「英語教科書に見られる言語・文化・民族観」『社会言語学』Ⅰ，89-100 頁．「社会言語学」刊行会．
小林真彦（2003）．「最新版英語教科書に見るイデオロギー」『社会言語学』Ⅲ，59-74 頁．「社会言語学」刊行会．
Kobayashi, M. (2004). Some ideologies in newly published English textbooks in Japan. 『成城文藝』第 178 号，55-86 頁．成城大學文藝學部．
児美川孝一郎（2004）．「期待される人間像の〈裂け目〉：教育基本法「改正」問題によせて」『現代思想』第 32 巻，第 4 号，93-103 頁．青土社．
Kress, G. (1991). Critical discourse analysis. *Annual Review of Applied Linguistics*, 11, 84-99.
文部科学省（2002）．「新しい時代にふさわしい教育基本法と教育振興基本計画の在り方について（中間報告）」2005 年 1 月 10 日 http://www.mext.go.jp/b_menu/shingi/chukyo/chukyo0/toushin/021101.htm より情報取得．
文部科学省（2003）．「新しい時代にふさわしい教育基本法と教育振興基本計画の在り方について（答申）」2005 年 1 月 10 日 http://www.mext.go.jp/b_menu/shingi/chukyo/chukyo0/toushin/030301.htm より情報取得．
モーリス＝スズキ・T（2002）．『批判的想像力のために：グローバル化時代の日本』平凡社．
仲　潔（2006）．「学習指導要領における言語観―「英語」はどの様に捉えられてきたのか」『アジア英語研究』第 8 号，7-23 頁．
Naka, K. (2007). Values represented in the current English textbooks in Japan: An idealized image of English language learners. *Asian English Studies*, 9, 57-77.
中村敬（1985）．「英語教科書のイデオロギー（1）：中学校の場合」『成城文藝』第 111 号，105-165 頁．成城大學文藝學部．
中村敬（2001）．「英語教科書の 1 世紀（1）：言説としての教科書批判再考」『成城文藝』第 173 号，134-164 頁．成城大學文藝學部．
中村敬（2002）．「英語教科書の 1 世紀(2)：戦後民主主義と英語教科書」『成城文藝』第 177 号，8-68 頁．成城大學文藝學部．
中村敬・峯村勝（2004）．『幻の英語教材：英語教科書、その政治性と題材論』三元社．
中内敏夫・竹内常一・中野光・藤岡貞彦（1987）．『日本教育の戦後史』三省堂．

根井康之（1984）．『近代的自然観と哲学』農山漁村文化協会．
野村真理子（1996）．「国際理解を深める視点から見た英語教科書：文化面に着目して」『鳴門英語研究』第 10 号，63–73 頁．鳴門教育大学英語教育学会．
野呂香代子・山下仁（2001）．『「正しさ」への問い：批判的社会言語学の試み』三元社．
大田尭（1978）．『戦後日本教育史』岩波書店．
大内裕和（2003）．『教育基本法改正論批判：新自由主義・国家主義を超えて』白澤社．
佐貫浩（2003）．『新自由主義と教育改革：なぜ教育基本法「改正」なのか』旬報社．
Silverstein, M. (1993). Metapragmatic discourse and metapragmatic function. In J. A. Lucy (Ed.), *Reflexive language: Reported speech and metapragmatics* (pp. 33–58). Cambridge: Cambridge University Press.
Silverstein, M., & Urban, G. (Eds.). (1996). *Natural histories of discourse.* Chicago: University of Chicago Press.
高木紀子（2003）．「中国と日本の中学校検定済英語教科書比較：登場人物同士の接触場面を中心に」『英語英文学研究』第 9 号，62–77 頁．東京家政大学文学部英語英文学会．
高橋哲也（2004）．『教育と国家』講談社．
van Dijk, T. A. (2001). Multidisciplinary CDA: A plea for diversity. In R. Wodak & M. Meyer (Eds.), *Methods of critical discourse analysis* (pp. 95–120). London: Sage.
渡辺敦司（2001 年 11 月 20 日）．「前年度比 15.3% 増の 4330 万冊に―扶桑社は公民を合わせて 1400 冊―：新課程の中学校教科書採択状況―文科省まとめ」『内外教育』（2–4 頁）．時事通信社．
渡辺治（2004）．「現代国家の変貌：グローバリゼーション・新自由主義改革・帝国主義」『現代思想』第 32 巻，第 9 号，94–110 頁．青土社．
Wodak, R. (2001). What is CDA about – A summary of its history, important concepts and its developments. In R. Wodak, & M. Meyer (Eds.), *Methods of critical discourse analysis* (pp. 1–13). London: Sage.
Wortham, S. (2006). *Learning identity: The joint emergence of social identification and academic learning.* New York: Cambridge University Press.
Wortham, S., & Rymes, B. (Eds.). (2003). *Linguistic anthropology of education.* Westport, CT: Praeger.
八代京子（1989）．「中学校用英語教科書に見る日米関係」『言語文化論集』第 30 号，129–144 頁．筑波大学現代語現代文系．

教科書資料

堀口俊一・岩月精三・仁平有孝・他（2004）．『Total English 1』（New Ed.）　学校図書．
堀口俊一・岩月精三・仁平有孝・他（2004）．『Total English 2』（New Ed.）　学校図書．

堀口俊一・岩月精三・仁平有孝・他（2004）.『Total English 3』（New Ed.） 学校図書.
笠島準一・浅野博・下村勇三郎・他（2004）.『New horizon : English course 1』 東京書籍.
笠島準一・浅野博・下村勇三郎・他（2004）.『New horizon : English course 2』 東京書籍.
笠島準一・浅野博・下村勇三郎・他（2004）.『New horizon : English course 3』 東京書籍.
松畑熙一・松本青也・和田稔・他（2002）.『Sunshine : English course 1』開隆堂.
松畑熙一・松本青也・和田稔・他（2002）.『Sunshine : English course 2』開隆堂.
松畑熙一・松本青也・和田稔・他（2002）.『Sunshine : English course 3』開隆堂.
森住衛・斎藤栄二・高梨庸雄（2002）.『New crown : English series 1』三省堂.
森住衛・斎藤栄二・高梨庸雄（2002）.『New crown : English series 2』三省堂.
森住衛・斎藤栄二・高梨庸雄（2002）.『New crown : English series 3』三省堂.
佐々木輝夫・樋口忠彦・田中正道・他（2004）.『One world : English course 1』（New Ed.） 教育出版.
佐々木輝夫・樋口忠彦・田中正道・他（2004）.『One world : English course 2』（New Ed.） 教育出版.
佐々木輝夫・樋口忠彦・田中正道・他（2004）.『One world : English course 3』（New Ed.） 教育出版.

終章　英語教育研究の向こうに見えてくるもの

綾部保志

　終章では、これまでの論文で明らかにしてきたことを総括すると同時に、それぞれの内容を整理し、できるだけ分かりやすい言葉で再度説明したいと思う。各論文は、異なったアプローチで英語教育の様々な側面に接近を試みたため、全体を通して論文同士の結束性が弱いように感じられるかもしれない。そこで、そのことを意識しながら、3つの論文の中心に太い芯を通して、それぞれを統合して深化させるために、本書の全体的な結論を以下にまとめる。

　現代の英語教育観では、単純に、「文法」といえば退屈で難解なもの、「コミュニケーション」といえば楽しく話し活動すること、といったイメージばかりが先行している感があり、その内実や在り方を根源的に深く問おうとする姿勢があまり見られない（少なくとも、科学的・学問的見地から追求しようとする態度は弱いと言える）。そこで、本書全体に通底していた問題意識は、私たち英語教育に関わる者たちが「自明」、もしくは、「所与のもの」として自然的、感覚的に受け止めがちな「文法」や「教科書」、「コミュニケーション」や「コンテクスト」など、英語教育を考える上で不可欠な個別的概念を、俯瞰的に再考することであった。そのため「社会記号論系言語人類学」、「歴史的教育社会学」、「批判的談話分析」など、一般読者にとっては、かなり耳慣れない領域の、一見、英語教育とは何の関係もないように思える専門分野の用語が飛び交っている印象を受けられたのではないだろうか。その意味で、本書に収録された論文は、これまでの英語教育研究が典型的に依拠するような方法論とは、かなり違った角度から対象に迫っていることを、

まず確認しておきたい。

〈英語〉を学び、教えるという実践行為は、それだけで独立的に考えるべきもので、つまり、「英語教育」という領域のみに拠って展開されるべきもので、周辺科学の知見を持ち出すことは無用な混乱を招くだけだと思われる読者もいるかもしれない。では、なぜ、このような多元的手法を採用し、小難しい議論をわざわざ展開するのだろうか。それは、グローバリズムとナショナリズムが交錯する今日の英語教育の現状を見てみると、早期英語教育、第2公用語化論、欧米コンプレックス、言語帝国主義、多言語主義、言語権、言語アイデンティティ、言語能力格差、過剰な英語教育産業、一連の英語教育改革など、色々な課題が露になっているが、本質的で全体的な議論があまりなされていないような印象を受けるからである。

「国家百年の計」といわれる教育が、政府の言語教育政策や、審議会・懇談会の報告書を見る限り、慌しく揺れ動いており、それに左右されるように教育現場や社会でも様々な情報や言説が飛び交っているため、そのような事態は直接的に被教育者に影響を及ぼす。だからといって、本書の目的は、そのような社会状況を全面的に否定することではなく、むしろ、英語教育の全体的な支柱となり得る科学的、且つ経験的な理論と、複雑な社会文化的事象を、多面的に把握できる視座を具体的に提供することで、今後の英語教育が向かう方向性に何等かの貢献をしようとすることにあった。今までの論文を読まれた読者ならば、納得いただけるだろうが、関連諸学の知見を応用して従来の英語教育を視ると、それまでとは随分違う新たな世界観を供給できたのではないだろうか。

概して、私たちが英語教育について考えるとき、「教育者」は目新しい指導方法や、目に見える指導効果を探し求め、「学習者」は売れ行きの良い教材や、成功者の学習法に妄信的に頼る傾向が強いと感じられる。両者にとって共通のテーマは、どのようにすれば言語習得は成功するのか、ということである。もちろん、当事者たちにとって、それは切実な問題であるわけだが、本書の問題提起は、そのような英語教育の「成功・失敗」論議を一端休止してみて、「英語教育」という知のスコープを広げ、別の角度から見つめ直すことである。

このようにする時、言語を如何に身につけるか、という意識が足枷となって、今まであまり気づかなかった誘因、例えば、文法、発話、談話、パラ言

語、教材、教授法、言語イデオロギー、アイデンティティ、相互作用、権力関係、通俗常識、規範的意識、文化的慣習、政治経済システム、時代的趨勢、歴史的文脈など、私たちの周りに確かに存在し、大きな影響を及ぼすような諸々の因子を、意識の上に昇らせることができる。実際に、私たちが言語を学んだり使用したりする際には、様々な要因が何等かの形で介在し、密接に絡みあいながら、言語習得の問題に関係しているのである。

　したがって、言語教育に携わる者たち全てにとって大切なことは、〈ことば〉を短絡的に「道具」もしくは「技術（スキル）」として決め込み、その「使い方」を学び教えることだけで満足してはいけないということである。学習者自身が、言語習得の過程において、言語とは何なのか、コミュニケーションとは何なのか、それにより私たちの社会文化は一体どのように構成されている（きた）のか、という深い問題にまで思案を巡らせた場合、それらを説明できるような、確固としたフレームワークを準備することも重要なのではないだろうか。すなわち、英語教育界には、言語と、言語が使用される場から切り離すことができない要因と（言語と一体化した部分的事象）、それを取り巻くコンテクスト（言語外的世界）、これらをすべて体系的に説明できるような、包括的な理論的枠組みが今まさに必要とされているのである。それを例えるならば、ちょうど高等学校の「化学」という科目が、19世紀に定立された「近代原子理論」の物質観にたって学説を紹介し、あらゆる物質構造、化学反応を位置付けているように[1]、言語教育においても、「コンテクスト」や「コミュニケーション」という概念の本質が、いかに複雑で解明し難い総合的な現象（出来事）だとしても、その実態をきちんと定義できる、より妥当性の高い社会文化的な言語教育理論を提起したいという想いが、本書の出発点となっている。

　そのような壮大な問題に答えるために用意したのが、第1章の小山・綾部論文である。ここでは、このテーマに向き合うために、社会記号論系言語人類学が掲げる「出来事モデル」というコミュニケーション・モデルを紹介した。一般的に、私たちが「コミュニケーション」という用語を聞いて頭に描くのは、サイバネティクスの「意味論的モデル」である。このモデルは、自分の考えや情報を言語に託し、コードとメディアを媒介して、それを相手に伝える様子を単純に表したようなモデルである。最大の特徴は、人間中心主義的な見方でコミュニケーションを捉えるため、「情報交換」、「意味伝達」、

「関係性構築」、「心の在り方」、「分かり合う技術」などが主な関心の対象となり、社会環境や文化的状況など、コミュニケーションに絡む広範な視点(＝全体的コンテクスト)が排除されてしまうことが多い。

つまりそこでは、「何を言うべきか(what to say)」、「どのように言うべきか(how to say)」、「相手がどのように感じるか(how do you feel?)」などがコミュニケーションの中心的な議論となる。英会話でよく語られる「文法なんて気にせず、とにかく話せば相手に気持ちは伝わる」という平板で俗なキャッチフレーズは、このような自己中心的なコミュニケーション観の表れだといえるだろう。本論文が取る立場は、こうした現代に広く見られる英語教育観やコミュニケーション観が、基本的に誤っていると言いたい訳ではなく、この前提に立つとき、先述したような、言語習得に及ぼす多種多様な視点が覆い隠されてしまうため、言語教育の理論的支柱とするには不完全で物足りないと主張することである。

これとは対照的に、本書が掲げる「出来事モデル」は、その呼び名の通り、ある種の「出来事」をコミュニケーションの主軸に置き(自己中心的なコミュニケーション観ではないことに留意)、「今・ここ(オリゴ)」の場で起こる発話出来事との近接関係で、コミュニケーションに関わる状況依存性が高いミクロな近因・近景から、象徴性が高いマクロな遠因・遠景までの、すべての現象を網羅しようとする。確認のため、その特徴を再度概述すると、以下の3点に集約できる。

(1) コミュニケーションは、その1つひとつが「出来事」であり、「情報伝達」のみならず、それ以外のあらゆる行為(返事、笑い、叫び、脅し、呼びかけ)や出来事(共感、疎外、衝突、儀礼、アイデンティティの共有、力づけ、圧迫)も含むものであるということ

(2) それは必ず、歴史的、文化的、社会的環境(コンテクスト)で生起し、コミュニケーションという出来事を通して、その出来事を取り巻くものや人や環境が結びつき、社会的意味をつくりだし、その全体性が、次に起こるコミュニケーションの前提となっていくこと

(3) 前から後ろに進む直線的(リニア)な時間軸(過去→現在)だけでは

なく、「どんでん返し」の例が指し示すように、後ろから前を変える非直線的（ノン・リニア）な力（過去←現在）も想定するため、時間的進行に合わせて移行する変化態（連動的なコンテクスト）もコミュニケーションの過程として顧慮する。コミュニケーションを双方向的な相互作用の流動的、弁証法的、過程論的プロセスだと理解すること

　よって、言語人類学の「出来事モデル」に拠れば、情報伝達的な「言及指示機能」のみならず、コミュニケーションが成立する多様な範疇を柔軟に取り込むことができるため、権力関係やアイデンティティなどの「社会指標機能」も包含することができるのである。要するに、このモデルの観点に立てば、コミュニケーションに関わるすべての要因（コンテクスト全体）を前景化できる可能性が開かれる。今、英語教育の中で一番ホットなテーマは、「コミュニケーションのための英語教育」という言説であるが、これを情報伝達モデルとして捉えると、相手との円滑な人間関係づくりのためのノウハウばかりがクローズ・アップされて（ソーシャルスキル・トレーニングなど）、狭義の意味でのコミュニケーション理解と体験活動に留まり、全体的なコンテクストが後景化してしまう懼れがある。たしかに、言語やコミュニケーションに、精神的・技術的な側面があるのは事実であろうが、その認識だけでは、結果的に看過されてしまい、意識化できない世界観が多いことも事実なのではないのだろうか。以上が、第1章の論文の前半部分で述べた、コミュニケーション・モデルに関する論考である。

　続いて、第1章の後半部分で取上げたのが、「普遍文法の枠組み」と「社会言語空間の範疇」である。社会記号論系言語人類学の「出来事モデル」が描く世界観に従えば、世界のどの言語にも共通する文法機能である「名詞句階層」、「述語句範疇階層」、「言及指示継続範疇」、「節結合範疇」の4つの文法的特徴（すなわち、普遍文法）の中の各細目は、今・ここ（此岸）のオリゴから、今・ここを超越した世界（彼岸）までの間に位置づけられ、それぞれが階層を形成している。現代英語の例を幾つか挙げながら、4つの範疇について例示し、言語学、特にミクロ語用論、会話分析、社会言語学などで集中的に扱われてきた、「発話行為」、「ポライトネス理論」、「隣接ペア」、「イヴェ

ント・タイプ」、「スピーチ・ジャンル」、「方言」、「レジスター」など、社会言語コミュニケーション理論で扱われてきた相互行為的な現象とも相関を示すことを明らかにした。これにより、私たちは、文法から言語変種までの言語全般と、言語が実際世界で使用される状況と、社会文化コミュニケーションまでを特定・把握できる全体的な認識を持つことが可能となる。

　これまでの英語教育を見たときに、乗り越えなくてはならない大きな課題の１つは、「文法」と「状況（コンテクスト）」を如何に理解し、相互に体系づけ、それを現実のカリキュラムにどう具体的に反映させるか、ということであった。ごく大まかに言って、日本では明治以来、文法的なカテゴリーを区分けして、組織的に学び教えることが広く行われ、コンテクストがそれ程重視されていない教育が行なわれてきたといえる。ところが、1970年代以降、このような「文法訳読」に対する批判と、社会的な「コミュニケーション」志向により「生きた使える英語」習得の需要が高まったことから、「コミュニカティヴ・ランゲージ・ティーチング（CLT）」という教授法が主流となり、系統的な文法指導は周縁に追いやられる。それ以来、コミュニケーションが行われる日常生活の場面別に、その都度適宜「文法」を取り上げるような緩い指導法が好まれている。全体的に見れば、「コンテクスト」や「コミュニケーション」などの言語使用面、語用実践面への配慮が高まっているが、「文法」と「コンテクスト」を融合させられるような、一貫性のある包括的な言語コミュニケーション理論が確立されているわけではない。

　ここで今一度、〈英語〉を取り巻く社会文化的な状況を考えてみたい。現代では、グローバルスタンダード（価値基準の統一）により〈英語〉は、「国際共通語」ないしは「地球語」として認められつつあり、実用性・効率性を考慮した場合、〈英語〉が学校教育で行なわれることは否定されるべきではなく、むしろ積極的に推進されるべきなのかもしれない。だが、世界の言語教育政策や文化的状況を鑑みた場合、近年のバイリンガル研究や言語社会学の研究が示す通り、アメリカやイギリスは言うに及ばず、アジアやヨーロッパの諸国でも、「一国家・一文化・一言語」という状況は考えにくく、多言語・多文化・多民族が複雑に入り混じり、互いに鬩ぎ合いながら社会空間が構成されているとみて間違いはない。

　だから〈英語〉という言語を教えるためには、単一的な価値基準によって、つまり、学習者のアイデンティティや地域・民族性を無視したようなや

り方ではなく、人間と集団の根幹に関わる社会文化的な側面を十分考慮する必要がある。社会言語学者ラボヴの云うように、第2外国語学習者が産出する言語や、まとっている文化を、「欠陥」(deficit)としてではなく、「差異」(difference)として捉えるような複眼的視点や、多層的なものの考え方を持つことが欠かせないのである。重要なのは、数値目標など英語習得の成否だけに目を囚われるような〈閉じた英語教育〉ではなく、人間、言語、コミュニケーション、社会文化が持つ多様性に適合させられるような**〈開かれた言語教育〉**を展開する必要があるということである。

現代の世界が多言語的・多文化的ならば、願わくは、他の言語（英語を含む外国語）にも通用するような「共通の言語的基盤」と、実際に言語を使う時に、どのような状況でも応用可能な「社会言語空間の了見」の両方を一貫指導できれば、学習者にとって大いに有益となるはずであり、それでもって言語教育の意義が果たされると言っても過言ではない。そしてそれは、現在、「英語帝国主義批判」によって指摘されているような、「英語・対・外国語」、「英語帝国主義・対・多言語主義」という、単純で狭い二項対立図式も容易に乗り越えられるはずである。本論文が呈示する「コミュニケーション・モデル」、「普遍文法」、「社会言語空間の範疇」は、それぞれが分断的に独立したものではなく、すべて「コミュニケーションのための言語教育」に結実するものである。その境域は、〈英語〉という一言語の枠内のみならず、（母語や近代標準語や少数民族言語を含む）すべての言語と、あらゆる場でのコミュニケーション活動で機能する理論である。以上が第1章の総括である。

第1章で提起された理論的基盤にしたがって、日本での「英語教育」を現実的、経験的に考えた場合、次の関心事になるのが、私たちの文化内では、どのような象徴的世界（信念体系や社会通念など）が存在して、前提的な機能が社会や人間に働き、次に起こるコミュニケーションを制約しているのか、という問題である。言語人類学の「出来事モデル」が示唆したように、コミュニケーションが起こる場には、信念体系や価値基準、文化的慣習や時代的背景など、象徴性が高いマクロ的な要因も大きな影響を及ぼす。言葉を換えれば、「今・ここ」で語ろうとする言葉、行おうとする行為は、以前に起こった過去の出来事に不可避的に一定の制約を受けると解釈できる。その意味で、「今・ここ」を理解するためには、まず、その場に関わる連続的

な過去・歴史の意味を知る必要がある（コミュニケーションのダイナミズムは、過去と現在の双方向の連動的プロセスであったことを想起されたい[2]）。よって、言語教育政策を考えたり、言語教育の現状について議論したり、評価を下したりするならば、つまり、全体関連的な分析をするならば、マクロ的な変数や現象、社会構造や文化体系などの抽象概念を明らかにし、過去において何が実際に為されてきて現在まで至り、それにより現在の空間が社会的にどのように構築されているのかを分析しなければならない（つまり、言語教育の歴史を社会的文脈と絡めて再構成するということ）。

　そのような問題意識で、マクロ的な社会構造分析を試みたのが、第2章の綾部論文である。日本の英語教育といった、全体的な社会・歴史研究を行うには、散り散りになった出来事を統括できるようなメタ的な考察をする必要がある。その時に有用な視点が、教育社会学が行っているようなアプローチの仕方である。教育社会学では、教育を社会的事実・現象（出来事）として捉え、教育思想や教育行政、教育実践、教育問題などを、社会学的に研究する。近年の教育社会学では、教育の目的は、個人の発達と成長の援助という平等主義だけではなく、社会維持と文化的再生産機能を果たす側面を持つことが、明らかにされている。教育が、秩序と統制を意図するものならば、それが実際に現場で実施されるとき、当然すんなりと遂行できるものではないはずである。現代のように、教育目標が個に応じたものになればなるほど、それはますます難しくなる。第2章では、このような教育社会学の見解に基づき、教育を、国家の標準化政策として正当化し、静的にみるのではなく、揺れや葛藤、混乱や矛盾を抱えた、動的な多角的現象として受け止めている。

　教育を多動的な現象と捉えるには、教育機能を、国家政策だけでなく、生活環境と社会環境を構成する様々な媒体によって、分業的・分散的に担われているものと広い視野で理解したい（例えば、消費文化やマス・メディアなどを想起）。だから第2章では、「教育答申」、「学習指導要領」などの国家の言語教育政策に加えて、「メディア英語」、「英会話学校」などの、サブ・カルチャーとしての「英語文化」も分析対象とした。この点が、今までの英語教育研究に無かった新しい試みである。私たちが「英語教育」を語るとき、標準英語を上から垂直的に学習者に落として、その指導効果を計測しようとする向きが強いが、実際には、学習者の意識や個々の状況は相対的で、社会

的・文化的環境と一体化して創生されていると言える。この二重性を取り込むことが、「コンテクスト」全体を考慮するということに繋がるだろう。このため、歴史的な観点から、時代を象徴するイヴェントや事件を記録したデータや、それらの文献記述（学術書から雑誌の記事までを含む）を基底にして、総合的に社会制度、社会思潮、社会ネットワークの特徴や変容、時代的な風潮を読み取り、最終的には、「英語教育」と「英語文化」の社会的な言語イデオロギー（言語に対する意識）が、どのように錯綜し現在まで至っているのかを明らかにした。

　この結果、明確になったことは、「英語教育」も「英語文化」も社会的、歴史的文脈の中でしか生成せず、その時局の進展と無関係には存立しえないという事実であった。従来の「英語教育」は、他の教科同様、露骨な一元的能力評価による社会的選抜や配分を行ってきた。ところが、「コミュニケーションのための英語教育」という言説が、学校現場だけでなく社会的にも流布すると、現代では、特段、グローバリズム、新自由主義、ナショナリズムの思潮により、「英語教育」と「英語文化」の双方とも内在的な結びつきを強め、プラグマティック（実利主義的）な方向、つまり「生きた英語」に触れて「使える英語」を習得しようとする方向へと傾斜する。よって、合理的、効率的に言語を身に付けて運用するという発想は、文字通り、言語を道具化・システム化し、先述したような情報伝達的な狭い意味でのコミュニケーションに終始してしまう恐れがある。更に、「コミュニケーションのための英語」という言説が、「文法」や「社会言語空間」から遊離したものとして分断的・断片的に捉えられ、そのような言語コミュニケーション意識が教育によって急速に拡大再生産されると、社会認識と時代認識が画一化されて、先述したような超越論的な認識力、批判的な思考力、客観的なメタ認知能力が低落することに警笛を鳴らした。

　上述の第2章の結論を、自己批判の含意を込めて、第1章の統合的な理論の上に位置付けて、その限界性を探ってみたい。まず、第1章の「出来事モデル」によれば、コミュニケーションとは、社会や歴史や文化をすべて含む、双方向的な相互作用プロセスであった。この理解を前提とするならば、本論文の歴史的な社会分析は、現在という限られた一地点での解釈分析であり、ここでの理解は、今後起こる出来事によって変容していくかもしれないということが考えられる。歴史とは、決して不可変的なものではなく、過去

の意味も、時間的経過と今後起こるコミュニケーション（跡付け）によって、修正されたり、突き崩されたり、取り違えられたり、抹消されたり、忘却の闇の中へと消えたりする、可変的で不確定な記録だと言ってよいからである。

次に、出来事の中心（オリゴ）は、世界に１つだけしかないという性質のものではなく、コミュニケーションの数だけ無数に存在する。それならば、第２章で試みた歴史記述分析は、現実世界で行われてきた出来事（コミュニケーション）のほんの一部しか扱っていないということになる。ミクロレヴェルの全てのオリゴを回収し、歴史的に記述することは実質的に不可能であり、記録として遺されたものから、その時代史を推測特定していくのが歴史研究であるのだが、そこに様々な限界があることは認識するに値する。

最後に、第２章の方法論的な問題としては、著者自らが各時代の出来事に直接的に関わったり、歴史の目撃者や体験者にインタヴューをしたりしたデータではなく、文献を読み込むという「非干渉的な調査方法」により明らかにした社会的状況だということが挙げられる。戦後日本の歴史を通覧するために、多方面の文献を収集し、より高次の分析を試みたが、研究資料としては不十分で不完全な点も多いことも、ここで断わっておきたい。更に言えば、今後は、研究資料に欠けているものを補いながら発展させる必要もあるし、例えば「オーラル・ヒストリー」などの手法も用いて、文献資料には記録されなかった「見えない歴史」も探る必要があり、継続的な研究を行なう必要がある。以上が、第２章の要約と課題である。

続いて、第３章の榎本論文は、第２章の社会歴史分析では扱えなかった、よりミクロ次元でのコミュニケーション観を明らかにするために行われた、「英語教科書」の共時的研究である。実際に、教育行為が行われる場である「教室空間」に、最も近い距離で関わることになる「教科書」を分析することは大きな意義がある。なぜならば、英語教科書は周知のように、文部科学省の検定を経て、日本全国で採用されているからである。逆に言えば、これらの「教科書」を分析すれば、そこから、時代的な英語教育観やコミュニケーション観を、具体的に特定することができるからである。そのように考えると、第２章の綾部論文と、第３章の榎本論文は相補的な関係にあり、その意図するところには、分析対象や研究手法はそれぞれ異なるものの、共通性と連続性を持つ。

第3章で明らかになったように、英語教科書に登場する人物たちが備える文化的特性、語るトピック、それについての態度、感情、価値基準など、これらすべては、現代日本の教育政策が掲げる、理想的人間像と規範意識の双方と、極めて相似していた。教科書に現れる登場人物たちは、文化の重層性を剥奪され、明確な帰属意識を与えられ、特定の意識が支配する固定的な領域に押し込められている。したがって、そこで行われるコミュニケーション行為は、このような他者や相手方の文化や既存の制度を脅かすような存在ではなく、安定的で管理可能な形態で映し出された人工的・理想的な人間であった。すなわち、今日の支配的な「教育イデオロギー」は「教科書」にそのままの形で投影されており、「登場人物」と、彼／女らが紡ぎだす「テクスト」とは、つまり、「教育」と「コミュニケーション」の交点の具現化・顕在化・実体化の方法の効果として誕生する、云わば「構築物」なのである。これが、本論文の分析で明確になった結論である。

　それでは、最後に、第3章の課題を指摘して、3つの論文の結論をまとめ、今後の展望を述べて、本書を締めくくることにしたい。第3章の限界性から始めると、著者である榎本氏自身が言及しているように、「教科書」という媒体は、実際のコミュニケーションが行われる場所（教室）では、コンテクストのごく一部に過ぎないということだ。授業で教科書が扱われる場合、それは「授業」という出来事のまわりに存在するコンテクストとして前提的に指標されるが、必ずしも教室で起こる教育活動のすべてを規定するものとはなりえない。つまり、教科書の登場人物たちが語るテクストやトピックが、たとえ現代日本の教育イデオロギーを反映しているにせよ、実世界のコミュニケーション（授業）に参与する生徒や教師によって、それがそのまま、字義通りの意味として受けとめられる訳ではないということである。この批判は、この「終章」の結論にもそのまま繋がるので、もう少し詳しく説明しなければならない。

　第1章で示した「出来事」モデルによれば、コミュニケーションには、「前提的な指標」と「創出的な指標」の二面性があった。これから起こるコミュニケーションは、既に起こったコミュニケーションを前提として（指標して）創出される。第2章のマクロ社会分析と、第3章のミクロ教科書分析の持つ重要な意義は、実際の教育現場（オリゴ）における、コミュニケーションの「前提的な指標」を探り出そうとする共通の狙いを持っているというこ

とである。行為・出来事に先行する、マクロ及びミクロ次元の社会文化コンテクストを明らかにすることで、教師や生徒たちは、「自明の真理」として疑わないような、自らが属する社会文化的な規範意識や文化的特性などの、外在的なコンテクストを把握することができ、「再帰的」な視点を持つことができるだろう。そのような自省的な視点を持って、これからコミュニケーション（＝出来事）に参与し、ある行為によって（主にミクロ社会的な）コンテクストを共同構築しようとする際、自らの限界性や問題点などを自覚しながら、現在置かれている状況を正確に認識し、それまでとは違ったスタンスからの新たなコミュニケーション行為を創出できるはずである。それによって、未来を展望し、現実を切り開き、より良いものを生み出すことができる可能性が広がる。

　以上のように考えてくると、私たちは、1つの収斂点に辿り着いたことに気づく。実際の教育現場（教室）で教育行為（＝コミュニケーション行為）が行われるときには、そこに前提的な指標が働くため、様々な制約を受けることが免れないとしても、これから、そこで、どのような出来事（＝コミュニケーション）が起こるのか、という「創出的な効果」はある意味未知数であり、無限の可能性を秘めていると言っても良い。そう考えるならば、教育現場こそが、人間を、社会を、世界を開拓できる最も重要な場ということになる。本書が呈示したコミュニケーション理論は、第2章と第3章で証示した、現代社会の情報伝達的なコミュニケーション観や、人間中心主義的な言語教育観とは、明らかに一線を画している。

　詰まるところ、未来の英語教育の可能性を広げるためには、本書を読まれた読者が、本書の提起するコミュニケーション観を理解し、単に会話力や対人関係力のスキルアップのような一面的なコミュニケーション能力ではなく、社会や文化や歴史、言語や人間や物事を、より多様で複雑な考え方で理解でき、自己限界さえも再帰的に特定できるような**「超越論的な認識力（批判的な理性）」**、更には、家族や友人などの隣人、様々な文化圏に属する人々に加えて、人間に深く関わる自然や天地宇宙を含む万物（動植物、天候、自然現象、天体の変化など）とも対話・交感できるような**「包括的なコミュニケーション能力」**の2つを言語教育の究極的な目標に据えることが必要となるだろう。その上で、一度言語教育の根源的な始元へと立ち返り、批判的自己省察をもって英語教育全体の相対的位置付けを行い、自身が関与するオリ

ゴを基点としてコミュニケーションに絡む全容的なコンテクストを射程に収めることができたとしたら、真にコミュニカティヴな言語教育研究と実践が実現化する。そうした魅力的な挑戦や取り組みが、今後、各々のフィールド（今・ここ）で持続的且つ創造的に追求されていくならば、近い将来、「英語教育」は歴史的な転換点を迎えると確信する。このことを心から願いつつ、最終的には読者の手に委ねる形で、本書の締めくくりとしたい。

注
1 周知の通り、「原子」は「素粒子」の発見によって、もはや最小単位ではなくなり、この「素粒子」を完全解析し、究極的な宇宙統一理論を探求する大規模で先駆的な研究が、最先端の現代物理学においてなされている。
2 例えば、ある国の人々がデモを行い、政府がそれを武力で鎮圧する様子がニュースで報道された時、歴史的経緯を知らなければ、その出来事の意味を把握することはできない。要するに、現在、起こっていることは、過去との連続性の延長上にあるということ。

あとがき

　本書は、先進的な学知である社会記号論系の言語人類学が呈示する言語コミュニケーション理論を、英語教育に導入した本格的な著作である。日本での「英語教育」は、長年、英語学、英米文学、心理学などに根ざして展開されてきたわけだが、欧米では、パースの記号論、ヤコブソンの言語観、ハイムズの「ことばの民俗誌」の伝統に則って、言語の構造と機能、社会的相互行為としての言語使用、言語を取り巻くコンテクスト、これら全てを包摂する言語研究が広く行われ、言語教育に大きな影響を与えている。今後は日本の「英語教育」でも、言語を社会文化空間に位置づけようとする、真にコミュニカティヴな研究活動や授業実践が、徐々にではあろうが広まってくるものと予想される。

　今回、こうして英語教育、言語教育を「全体の学」として位置付けようとする大胆な学術書を刊行できたのは、すべて立教大学大学院異文化コミュニケーション研究科（2002年設立）から受けた学恩による。同研究科が掲げている「異文化コミュニケーション学」は、多文化共生と持続可能な未来づくりのため、〈コミュニケーション〉という総合的な現象を、言語、文化、社会、環境といった切り口から全体的に探求しようとする学問分野である。したがって、その研究領域は言語学、人類学、社会学、環境学など、実に多様な分野に跨り、既成の枠に縛られない学際的な研究が進められている。

　振り返ってみると、そこで過ごした2年間がなければ、本書を書き上げることはおろか、「英語教育」を再帰的に考えようとする機会を持つことさえなかったように思う。学部を卒業して教職に就いたものの、時代の変化の速度に翻弄されるかのように教育現場で右往左往し、専門的知識の不在による限界性と、リカレント教育の必要性を感じ、5年前（2004年）に埼玉県の私立学校を退職し、思い切って大学院に進学する決意をした。そのまま教育現場に留まることもできただろうが、理論不在の状態で断片的な経験を蓄積するのではなく、一度現場を離れてみて、大学院で、時代の波（市場原理主義

など）に流されることのないような理論体系を学び、再び現場の教育実践を通して再構築していきたかった。

　教育現場が直面する言語習得や言語政策に関して、より良い実践と成果を求めるためには、複雑なネットワークが絡み合う現代社会と、そこに生きる多様な人間や文化を深く理解し、教育活動を進めていかなければならない。そうした視点が、英語教育に、コミュニケーション教育に、人間教育に不可欠だと強く感じた。そのためには、従来の英語教育学に加えて、関連諸学も同時に学べ、分野横断的な研究ができ、それらを最終的には統合していくことを目標とするような、新しいタイプの大学院が相応しく、幸運にも、「キリスト教」と「自由の学府」の精神を持つ立教にめぐり逢えた。

　入学式後に開かれた新入生歓迎会で、平賀正子先生がおっしゃっていたのは、大学院で学ぶ目的は、視野を狭くするためではなく、柔軟な思考力を培い、自己の視野を広げるためであり、そのことが必ずより良い社会実践に繋がる、という言葉だった。「研究」なしの「実践」ではなく、また、「研究」のための「研究」でもない。「理論」と「実践」を融合させて、持続可能な未来を創造するための人材育成を目指している研究科の理念を象徴するメッセージであり、今も強く心に残っている。その理念こそが、ずっと探し求めていたものだった。

　入学後、言語教育領域にとらわれず幅広い科目を履修したが、基礎知識が無く苦労することも多かった。けれども、様々な社会経験と、幅広い好奇心、向学心、探究心を併せ持った多くの方々に囲まれて、いつも刺激を受けることができたのは何よりも幸せだった。そうした未知の世界へ導いてくれた多彩な授業と、そこで出逢えた方々との活発な意見交換により、それまでの自分の世界が、いかに狭いものであったのかに気づかされる毎日であった。同研究科で共に学んだ学友の皆様と、ご指導くださった先生方に心よりお礼の辞を申し上げます。

　その中でも榎本剛士さんには、修士論文の執筆中、何度となく励まされました。言語教育に携わる同志として共通の問題意識を抱えていたからこそ、お互いの想いを素直に共有できたのだと感じています。豊島区要町にあった「ジョナサン」で、深夜まで言語教育を自由に、真剣に、そして楽しく語り

合えたことが懐かしく、本書の話を持ちかけた時も快諾してくださり、こうして2人の論文を1冊の本として残せることをとても嬉しく思います。

入学当初、新しい環境に不安を抱えていた時、和やかな雰囲気で私たち院生と接して下さり、異文化コミュニケーション、対人コミュニケーション、組織コミュニケーションを、身をもって教えてくださった久米昭元先生。ユニークな教材と独特のユーモアを交えながらの講義で多くの院生に慕われ、いつも微笑みながら講義をされていた先生の授業と温厚な人柄が大好きでした。私にとって先生の授業は、大学院での交流の幅を広げることに加えて、英語教育をコミュニケーションへと繋ぐ橋渡しとして貴重なものでした。

平賀正子先生には、言語学の知識に加えて、〈ことば〉の魅力と奥深さを探求する醍醐味と、言語に関わる研究者としての姿勢・生き方のようなものを教えて頂きました。語用論、認知言語学、オーラル・コミュニケーション研究の授業や「言語と人間」研究会などで感じたのですが、先生は、言語学者として日常生活の様々な場面で〈ことば〉に注意を払っていらっしゃるせいか、語られる〈ことば〉が名言に溢れていました。いつの日か、先生がおっしゃっていたように、現場に復帰したこれからも、〈ライフワーク〉として研究を続けていけたらと思います。

鳥飼玖美子先生には、英語コミュニケーション論、英語教育特論、通訳翻訳文化論の授業を通して、現実世界の言語と文化と人間の関わりについて深く考えさせられました。先生は、人間と文化の架け橋である通訳者として活躍されていた長い経験があるからこそ、コミュニケーションや言語教育が直面する難しい問題（言語文化接触）においても、常にバランスの取れた思考で、的確に事態の本質を見極めていらっしゃるのだと感じています。立教学院の小中高大の一貫連携教育を牽引して頂き、いつも多くを学ばせて頂いています。

そして、小山亘先生。先生には、言語論、社会言語学、言語人類学、リサーチ・ワークショップ、ゼミなど、多くの授業でお世話になりましたが、そのなかでも記号論の授業は衝撃的でした。記号論の授業は、1度受講しただけ

では全く内容が分からず、翌年も聴講し、修了後もご著書・論文を何度も読み返しました。そして最近になってようやく、以前、先生が話されていた「記号論こそが言語教育の理論的支柱になり得る」ということが理解できてきました。記号論の授業が難解だったのは、記号論自体の射程範囲が、あまりにも壮大なスケールだったということに加えて、授業の質（講義内容）を決して落とさない、という先生の強いこだわりがあったからだと思います。

　専門用語が並び院生を慄かせるシラバス、授業で配布される全てオリジナルのハンドアウト、院生からの質問に対して膨大な背景知識から生み出される特有の長い語り、広い黒板を埋め尽くす解読不能なテクスト、研究室の床に積み上げられた足の踏み場も無いほどの文献の山、シカゴでの10年間の様々な研究生活のエピソード、戴いた1000頁以上に及ぶ重厚な博士論文、論文指導をして頂いた時の一字一句に対する厳格さ、「全体性」を示すことで「内在的な批判」を行うという反時代的な研究スタイル。こうした瞬間を目の当たりにするたびに、学問研究に対する妥協を許さない信念のようなものを感じました。先生なくして、本書と、未来の教育実践はありませんでした。ここで改めて深い感謝の意を表させて頂きます。

　それから、大学院以外でも、今までお世話になった方々に、この場をお借りして、感謝の気持ちを申し上げます。まず、言語学、言語教育学関連の、質の高い学術書を刊行し続けている出版社である、ひつじ書房の松本功編集長には、執筆・編集過程において、専門的な立場から貴重なご助言を賜りました。また、日頃からお世話になっている立教池袋中学校・高等学校の皆様と、本書の執筆にかかるずっと以前から、様々な形で支えて下さっている友人と家族に心から感謝します。そして最後に、未来の言語コミュニケーション教育を担うすべての方々へ、勇気と希望の願いを込めて本書を捧げたいと思います。

2009年1月

池袋にて　綾部保志

索引

A～Z

BICS　81
CALP　81
CIE　97-99, 165
CL　202
CLT　10, 88-89, 124, 130, 135, 151, 164, 178
ECC　132, 177
ELT　88, 179
ESP　178
ETS　133, 177
GHQ　97-99, 165
Jack and Betty　100, 156, 198-199
JETプログラム　128, 130, 156, 176
MEF　176
NOVA　132, 135, 177
SELHi　144, 156, 160, 165, 181
SPEAKING　24
TESOL　164
TOEFL　133, 135, 164, 177-178
TOEIC　133-135, 141, 178

あ

アフォーダンス理論　12
アメリカ一辺倒　197, 199-201, 205, 233
アメリカニズム　168
生きた英語　118-119, 131, 133, 135, 178
異文化コミュニケーション研究　77
異文化理解・自文化紹介（英語教科書題材）　206-207, 212, 220, 223, 231
イマージョン・プログラム　144, 178
インターナショナル・スクール　145-146
隠喩的コード・スイッチング　25, 78
ウィーバー　14
ウィルソン　49
ウォーフ　43, 76
受身（受動態）　47, 62
内側の円　88, 237
埋め込み節　70-71
英会話　125, 132, 135, 160, 180-181
英会話学校　131-132, 179
英学史　94
英検　118, 133, 178
英語会話　103-105, 108, 118, 131, 160, 166-167
英語会話（科目名）　116, 124, 172
英語活動　144, 160, 180
英語科廃止論　93
英語教授法　94, 134-135, 150-151
英語帝国主義批判　93
英語の第2公用語化論　93
英文学　101-103, 151, 164, 166-167
エゴイズム　173
エスノサイエンス（民族認知科学）　77
エスノ・ポエティクス（民族詩学）　77
エスノメソドロジー　12
エリート主義　118
応用言語学　89
オースティン　26, 48
オーディオリンガリズム　110, 168
オーディオリンガル・メソッド　124
オーラル・アプローチ　130, 132, 151, 172
オーラル・ヒストリー研究　77
オーラル・メソッド　100, 105, 166-167
岡倉由三郎　101, 167
岡野清豪　106
乙武洋匡　210, 220
オリゴ　29, 34, 37, 41-42, 44, 59, 67-68, 72

か

外国語　107-108
解釈人類学　77
会社主義　127
概念・機能シラバス　124
外来語　119, 130, 173
会話分析　24, 50-51, 80, 164
科学・技術（英語教科書題材）　206-207, 212, 223
科学主義　107
学習活動　115, 169, 171
拡大する円　88, 237
格標示　45, 67
学歴主義　114
カザン学派　22
カタカナ　119, 168, 182

加藤学園　144
カムカム英語　103, 156, 168
カルチュラル・スタディーズ　77, 95, 160, 165
環境・共生（英語教科書題材）　206-207, 212, 217, 223
環境主義　136
韓国語　219
冠詞　45, 47
鑑賞者　221, 232
カント　11
ガンパーズ　19, 24, 28, 43, 77
管理主義　121
官僚主義　108, 110, 114, 158
完了相　60-61, 64, 72
関連性理論　49
記号論　11, 22, 40, 77-78
帰国子女　116, 130
岸信介　111
既出情報（テーマ）　65-67, 69, 78
期待される人間像　113-114, 138
疑問法　59, 70, 81
逆コース　98, 102, 105, 107, 109
教育学　95
教育課程審議会（教課審）　122-125, 128, 140
教育基本法　139, 171, 226-227
教育再生会議　138
教育社会学　74, 95
教育的働きかけ　111, 151, 170
教室空間　90-91
教室ディスコース研究　80, 163, 183

教職観　153
共通語　110, 130, 167, 170, 182
協同言語学習　134
教養主義　101, 105, 108-110, 125, 153, 167, 169
儀礼　18
空間名詞　45, 47, 58
具体名詞　45, 47, 56, 58
グライス　48
クリロビッツ　22
グローカリゼーション　141, 183
グローバリゼーション　137, 141, 183
軍国主義　97, 108, 111
経験主義　107-108
経済審議会（経済審）　112-113, 117
経済ナショナリズム　112
形質人類学　43-44
形容詞句　58
言及指示機能　17, 19, 26
言語イデオロギー　88, 92
言語活動　115, 123, 172
言語変種　27, 34, 78
語彙統制　108-109, 169
効果　25-26
工学　14, 77
公共心　228-229
公共・福祉（英語教科書題材）　206-207, 212, 214, 223
考古学　43
構造主義　22
構造人類学　77
交替適合箇所（TRP）　51
構築主義　126, 159, 175
行動心理学　175
合理主義　126
国語　100, 104-105, 119,

147, 166, 177
国語教育　100, 102, 110, 130, 166-167, 182
国際理解　115-116, 123-124, 128, 130, 142, 144, 156, 176, 180, 200
個人主義　220
国家主義　101, 105, 196, 227, 229
コミュニケーション能力　124, 129, 176, 178
固有名詞　45, 47, 51, 56-58, 66
語用論　23-24, 89, 181
コンテクスト化　24, 29-30, 35-37, 39, 195, 235
コンテクスト化の合図　19-21

さ

サール　26, 48
再生産　90, 92, 158
サイバネティクス　12-14, 31, 34, 38, 77
サピア　43, 76-77
詩　17-18, 78
自己中心主義　136
指示詞　45, 47, 51, 56-57, 78-79
市場原理主義　140, 227
時制（テンス）　60, 70-72, 79-81
自然科学　43-44, 237
自然法　100
シチュエーショナル・ランゲージ・ティーチング　124
実践的コミュニケーション　142-143, 156, 196, 202-203, 211, 224, 234

実用主義　124
私的英語教育論　93-95, 159
詩的機能　16-18
指標　40-41, 153, 236
シブリー　43, 77
社会科学　11-12, 28, 38, 44, 54, 73, 174
社会記号論　77
社会決定論　92
社会言語学　19, 23-24, 28, 74, 76, 79, 89, 181
社会構築主義　92
社会指標機能　26-27
社会人類学　77
社会ダーウィン主義　88
社会方言　27, 52-53
シャノン　14, 78
従属節　68, 70-71, 75, 80-81
受験英語　103, 123, 125, 133, 151, 158
主語　47, 53, 63, 66, 68, 215
順番交替　50-51
生涯学習　126, 135
状況的コード・スイッチング　25, 78
象徴　33, 40-41, 153, 236
象徴人類学　77
象徴的資本　145, 182
象徴的暴力　112, 170
情報処理　175
植民地主義　88, 200-201, 216-218, 233
叙想法　59, 80
所有格形　45
シルヴァスティン　11, 18, 43, 45, 77
新英語　141, 181
新学力観　127-128, 130
進行相　60-61, 63, 72

人口知能　14, 77
新国家主義　139, 146, 227
新自由主義　126, 139-140, 143, 146, 156, 165, 175, 196, 225-230
人種主義　43, 88
新出情報（レーマ）　65, 67, 69, 78
親族名詞　56-58, 65, 75
心理主義　136
数量詞　67
スピーチ・イヴェント　22-24
スペルベル　49
スワデシュ　43, 76
成果主義　138
成熟社会　127
生態学　77
生徒中心主義　99
青年文法学派　22
生命記号論　77
西洋中心主義　201-202, 224, 233
世界各地の英語　141, 237
世界同時革命　114
セビオク　77
ゼロ照応詞　66, 68, 75
戦争・平和（英語教科書題材）　206-207, 212-213, 223
相（アスペクト）　60-62, 70-71
相対的自律性　148
ソシュール　19, 22, 78
外側の円　88, 237

た

第1次英語ブーム　103, 158
ダイグロシア（2重言語使用）研究　76

対抗文化　122
第3次英語ブーム　143-144, 158, 182
第2言語習得　90, 134
第2次英語ブーム　108, 118, 131, 158, 181
多言語主義　130, 176
タスク中心指導法　134, 178
タネン　77
多文化主義　124, 130, 141, 150
談話分析　23-24, 76-77
地域主義　141, 220
地域方言　27, 34, 52-53
地球語　141, 144, 147
地球村　114
中央教育審議会（中教審）　106, 113, 120, 123, 129, 138-140, 180, 227
中国語　219
抽象名詞　45, 47, 56, 58, 74-75
超国家主義　97, 108, 171
直接法　100
直説法　59, 63-64, 70-71, 81
チョムスキー　23, 28, 68, 73, 79-80
通訳　118-119, 134, 146-147, 178, 182
使える英語　130, 144, 158, 160
帝国主義　43, 88, 111, 114, 176, 216
テイラー　113
適切さ　25-26
テクスト化　24, 30, 32, 35-36, 39, 195, 235
等位接続　68, 75
動詞類　62-63, 79
動物記号論　77

読解中心主義　108

な

内容中心アプローチ　134
ナチュラル・アプローチ　90, 164, 178
ナラティヴ研究　77
難易度ランキング　117
日常言語学派　26
日常的ルシクラージュ　136
日米会話手帳　104, 156, 172
日本語　130, 147, 177, 182
ニューマン　43, 76
人間・言語・コミュニケーション（英語教科書題材）　206-207, 212, 218, 220, 223
人間名詞　45, 56-58, 65-66, 75
認識心理学　77
認識人類学　77
認知言語学　77
認知心理学　126, 175
ネイティヴ信仰　200
脳研究　77
能力主義　112-113, 117, 121, 224-225, 227

は

ハース　43, 76
パース　11, 22, 40
パーマー　100, 166
ハイムズ　11, 23-24, 43, 77, 124, 174
バイリンガリズム　76, 141, 178
発話行為理論　48
発話内照応詞　49, 56, 66

ハビテュス　92, 182
ハリデー　78
パロール　19, 22, 43, 78-79
バンヴェニスト　22
反近代主義　112, 136
比較社会学　18, 77
批判的応用言語学　89, 95
批判的教育学　89, 95
批判的談話分析（CDA）　202, 203, 234-235
批判的理性　38, 42, 162
批判的リテラシー　95
百万人の英語　118, 146, 172, 182
表記改革　98, 166
標準英語　89, 132, 141, 143-144, 161, 164, 181
標準語　34, 53, 75, 78, 99-100, 105, 110, 130, 167, 170
平等主義　128, 138, 173
平泉渉　93, 125, 175
平川唯一　103-104, 108
ファースト事件　200
フォークロア研究　77
フォーディズム　124, 174
フォード　113
藤村作　93
普通名詞　45, 47, 57, 66, 75
フッサール　22
普遍主義　44, 220
普遍文法　64, 68, 73-74, 76, 79
ブライト　43, 77
ブラウン　49
プラグマティズム　11, 40, 44
フリーズ　172
フリードリック　18
ブルデュー　90, 92, 158, 170, 182
ブルームフィールド　23, 132, 168
フレーム　19-20
文学研究　44, 77, 165
文化人類学　19, 43, 77
文化相対主義　43, 143
文化的恣意　170
分析哲学　44
文法シラバス　109
文法訳読　99, 125, 130, 151, 158
偏差値　117, 121, 133
弁証法　34, 39
ボアス　22, 28, 43, 76
法（ムード）　22, 59-60, 70-72, 81
方言　99-101, 105, 110, 130, 170, 182
方言研究　77
ホーン　48
ポスト構造主義　78
ポスト・フォーディズム　124, 131, 134-135, 140, 143, 156
ポスト・モダニズム　124, 126, 131
ポピュリズム　156, 160
ポライトネス　49

ま

マリノフスキー　23
ミクロ社会学　12
民主主義　97-99, 101-102, 111, 115
メイヨー　113
命令法　59, 70, 81
メタ意味論的機能　19
メタ・コミュニケーション　19
メタ語用論的機能　19

メタ認知能力　38, 162
メタ・プラグマティクス　235
メディア・イヴェント　119
モダニズム　124, 136

や

ヤコブソン　11, 14-16, 18, 22-23, 28, 78
有生名詞　45, 56, 58
ゆとり　122-123, 125, 127, 136, 138, 140, 179-180
様態（モダリティ）　22, 59-60, 70-72

ら

ラボヴ　28
ラング　19, 22, 43, 78-79
留学　131, 134, 145, 176
理論言語学　89
臨時教育審議会（臨教審）　126-128
隣接ペア　50-51
類像　40
レヴィンソン　49
歴史学　44, 165
歴史言語学　22, 79

歴史語用論　79
レジスター　34, 53, 78
浪人生　121, 173
ローマ字　98, 102, 165
6機能モデル　16, 31
ロシヤ・フォルマリズム　22, 78
ロック　11, 34, 38
ロンドン学派　174
論理学　44, 237

わ

渡部昇一　93, 125, 175

【執筆者紹介】　※編者

※綾部保志（あやべ　やすゆき）　1977年生まれ、茨城県出身。埼玉栄中学・高等学校を経て、現在、立教池袋中学校・高等学校英語科教諭。

小山 亘（こやま　わたる）　1965年生まれ、京都府出身。立教大学大学院異文化コミュニケーション研究科教授
（著書）『記号の系譜：社会記号論系言語人類学の射程』（2008　三元社）

榎本剛士（えのもと　たけし）　1978年生まれ、愛知県出身。立教大学大学院異文化コミュニケーション研究科博士後期課程、東海大学非常勤講師。
（論文）「Dell Hymesにおける"Communicative Competence"の可能性：教育的再コンテクスト化から「出来事」中心のコミュニケーション・モデルに向けて」『異文化コミュニケーション論集』第7号（2009）

言語人類学から見た英語教育

発行	2009年5月22日　初版1刷
定価	2600円＋税
編者	© 綾部保志
発行者	松本 功
装丁者	吉岡透、大野博（ae）
組版者	内山彰議（4 & 4, 2）
印刷所	三美印刷株式会社
発行所	株式会社 ひつじ書房

〒112-0011 東京都文京区千石2-1-2 大和ビル2階
Tel.03-5319-4916　Fax.03-5319-4917
郵便振替 00120-8-142852
toiawase@hituzi.co.jp　http://www.hituzi.co.jp
ISBN978-4-89476-445-3

造本には充分注意しておりますが、落丁・乱丁などがございましたら、小社かお買上げ書店にておとりかえいたします。ご意見、ご感想など、小社までお寄せ下されば幸いです。